Günther Alsbach
Bundesmeister

Scouts

Bundes-
Ausbildungs-
Ordnung

Europäische
Pfadfinderschaft Sankt
Georg e.V.
EPG

Günther Alsbach
Bundesmeister der
Europäische Pfadfinderschaft Sankt Georg e.V. EPG
Bundesamt, Georgshof
56754 Dünfus
email: Bundesamt@georgspfadfinder.de
www.georgspfadfinder.de

Titelfoto:
Herbstlager Stamm Quo Vadis Speicher in Mauel/Eifel 1991
von Michael Dahm

1. Auflage 2002

Herstellung: Books on Demand GmbH, Norderstedt
Georgsburgverlag, Georgshof Dünfus
ISBN 3-8311-3531-2

Erlösung

kommt von innen- nicht von außen-
und wird erworben nur und nicht geschenkt.
Sie ist die Kraft des Innern- die von draußen rückstrahlend Deines
Schicksals Ströme lenkt!
Was fürchtest Du? Es kann Dir nur begegnen-
was Dir gemäß und was Dir dienlich ist.
Ich weiß den Tag- da Du Dein Leid wirst segnen-
das Dich gelehrt zu werden- was Du bist!
EPHIDES

Wie man die Welt
sieht und empfindet,
darin liegt begründet,
ob man arm
oder reich ist.

Kernsprüche
Josef Alsbach
***1907 +1976**
Maler, Dichter und Denker

Ich danke meinen Eltern
Josef Alsbach
und
Magdalena Alsbach geb. Klein
für ihre Liebe und all das,
was sie mir mit auf den Weg
gegeben haben

Widmung

Diese Bundes-Ausbildungs-Ordnung der EPG
widme ich in großer Dankbarkeit
Kai (Adolf Moseler)
meinem großen Vorbild
und Pfadfinderischen Lehrmeister

Vorwort

Am 6.April 1990 wurde die EPG gegründet.
Nun erscheint in diesem Jahr 2002 die Bundes-Ausbildungsordnung. Nach Bundes-Satzung und -Ordnung, der Bundes-Probenordnung und dem Bundes-Liederbuch rundet sie das Schrifttum der EPG vorläufig ab. Sie erläutert die in diesen Schriften gemachten Aussagen zum pfadfinderischen Inhalt der EPG und soll allen Hilfe geben bei der Bewältigung der Aufgaben in Sippe, Stamm und Bund.
Ich denke, dass die Leiter dieser Hilfe bedürfen. Nicht alle kennen die Entwicklung des Pfadfindertums bis hin zur EPG. Und obwohl viele gute Pfadfinderarbeit leisten, fehlen doch oft die elementaren Grundkenntnisse, die sie zu befriedigender Leistung befähigen. Sie fühlen sich vielleicht manchmal allein gelassen und den vielfältigen Aufgaben nicht ganz gewachsen. Diese Lücke will ich nun versuchen mit dieser Schrift zu schließen.
Danken möchte ich meinem Freund Markus Berens für seine Hilfe bei der Umsetzung meiner Gedanken zur Herstellung dieses Buches.

Günther Alsbach, Bundesmeister

Inhaltsverzeichnis

Einleitung

Der Weg unseres Pfadfindertums bis zur EPG ist so stark mit meinem eigenen Lebensweg verwoben, dass ich ihn wie eine Biographie niederschreibend beginnen kann:
Am 7. März 1938 wurde ich in Güls geboren (heute ein Stadtteil von Koblenz am unteren Moselende). Dort gründete sich 1951 der DPSG Pfadfinderstamm Johanniter.
Kai, ein Kriminalbeamter, war damals Gaufeldmeister vom Gau (heute Bezirk) Koblenz und bildete dort und an vielen anderen Orten an Rhein und Mosel Führungsnachwuchs aus. 1951 trat ich mit einer ganzen Reihe gleichaltriger Schulfreunde in den Stamm ein und wir bildeten damit die Sippe der Eichhörnchen.
Mit unserem Sippenleiter, der nur ein Jahr älter war als wir aber schon eine Gitarre hatte und auch darauf spielen konnte, zogen wir durch die Gegend. Unsere Ausbildung jedoch übernahm glücklicherweise hauptsächlich Kai. Er war das, was Baden Powell mit „Boy Man“ gemeint hat. So lernte ich das Pfadfindertum auf vorbildliche Weise kennen und legte 1952 mein Versprechen ab.
Durch die Nähe zum Brexbachtal und die Zusammenarbeit zwischen Kai und Häns Brog (Begründer Pfadfinderzeltplatz Brexbachtal und später Ehrenmitglied der EPG), nahmen wir natürlich an den ersten großen Nachkriegs-Pfingstlagern teil. Diese Zeit hat mich - und sicher auch viele andere - tief beeinflusst und geprägt.
Als ich 19 Jahre alt und Buchdruckergehilfe geworden war, zog ich aus beruflichen Gründen nach Haan bei Düsseldorf. Nach der Bundeswehrzeit, wieder in Koblenz, zog ich mit der Firma, die umgesiedelt war, nach Speicher in die Nähe von Bitburg und Trier.
Es folgte eine Zeit des beruflichen und privaten Aufbruchs, in der ich pfadfinderisch eher passiv sein musste. Mein Kontakt zu den Pfadfindern blieb jedoch erhalten und so erfuhr ich einiges über die tiefgreifenden Veränderungen, die sich insbesondere in meinem alten Verband abspielten.
Ende der 70er Jahre besuchte ich dann das gute, alte Brexbachtal und besichtigte zusammen mit meinem jüngsten Sohn das stark belegte Pfingstlager.

Dabei drehte ich einen Super 8 Film, den ich mir dann zu Hause immer wieder ansah. Schließlich hielt ich es nicht mehr länger aus. Ich rief in Speicher zur Gründung eines Pfadfinderstammes auf. Am 15. Mai 1981 ging ich dann in Kluft und mit dem Lilienbanner unter dem Arm, den Sohn an der Hand, zum alten Feuerwehrhaus. Dort fanden sich um 18 Uhr rund 45 Kinder und Jugendliche ein. Darüber war ich sehr froh, wenngleich auch nicht überrascht, denn was uns damals faszinierte, würde auch diese Generation begeistern. Dessen war ich mir absolut sicher.

So begann ich also zunächst alleine, erhielt aber nach und nach Unterstützung durch ehemalige Pfadfinder. Ich meldete uns ab 1. Juli 1981 bei der DPSG im Bezirk Trier an. Am 13. September 1981 fand dann die feierliche Bannerweihe während eines Gottesdienstes mit dem Bezirkskuraten Helmut Gammel an der Freizeitanlage im Wald nahe Speicher statt.
Während wir uns bei den Aktionen des Bezirks Trier engagierten, waren bei unserer Bannerweihe zwei Nachbarstämme mit einer jeweils 3 Mann Abordnung vertreten. Bei unserer ersten Fußwallfahrt nach Klausen, (ca. 25 km), am 10. Oktober 1981 nahm aus dem Bezirk keiner mehr teil. Über die Gründe konnten wir nur rätseln. Sie wurden aber bald klar und deutlich.
Als aktive Pfadfinder besuchten wir auch, neben den Leiterrunden der Stufen und der StaVos, die Bezirksversammlungen. Natürlich betraten wir den schönen Versammlungsraum in Kluft - und wurden stürmisch begrüßt. Kurz gesagt, wir wurden auf allen Ebenen verspottet. Die Freunde kannten keine Kluft mehr. Sie lehnten das Lilienbanner ab. Das Pfadfinderversprechen fanden sie lächerlich und die Pfadfindergesetze längst überholt. Und überhaupt - wahrscheinlich deshalb, weil ich schon älter sei - wären unsere Vorstellungen vom Pfadfindertum nicht mehr zeitgemäß und indiskutabel.
Die scheidende Bezirksvorsitzende teilte mir auf meine Nachfrage mit, sie gehe wieder ins „Privatleben“ zurück, gehöre zu keinem Pfadfinderstamm und sei auch nie als Pfadfinderin aktiv gewesen. Ebenso der neuzuwählende Kandidat. Er interessiere sich für das

Amt, weil er dann eine Zivildienststelle in der kath. Jugendzentrale bekommen werde. Als Pfadfinder sei er nie aktiv gewesen.
Wir hatten so sehr gehofft, in der pfadfinderischen Gemeinschaft unter Gleichgesinnten, Freunde zu finden und wurden so furchtbar enttäuscht. Trotzdem versuchten wir, das Beste daraus zu machen.
Aus der Chronik des Stammes, der ab 1986 den Namen „Quo Vadis" angenommen hatte, gehen eindeutig die zahlreichen Bemühungen hervor, mit den anderen Stämmen des Bezirks gemeinsame Unternehmungen zu starten. Es gelang leider nur teilweise. Besser lief es mit Pfadfindern aus Belgien, Luxemburg, Holland und insbesondere auch den Boy Scouts aus den USA, mit denen öfter Lager durchgeführt wurden. Dann natürlich auch mit vielen Pfadfindern aus anderen Ländern bei Lagern und Großfahrten. Seit dem Sommerlager im Brexbachtal 1986 verbindet uns eine ganz besonders intensive Freundschaft mit Pfadfindern aus England, die inzwischen auch zur EPG gehören. In diesem Lager erfuhr ich von Häns Brog, den die DPSG inzwischen rausgeschmissen hatte, zum ersten mal vom UMK= Untermerzbacher Kreis.
Wir fuhren also am Palmsonntag 1987 zu einem UMK-Treffen nach Bendorf und waren sehr angenehm überrascht, als wir dort eine Versammlung von Pfadfindern, alle in Kluft, vorfanden.
Der UMK ist eine lose Vereinigung von Pfadfindern (gegründet von unzufriedenen DPSG-Pfadfindern) verschiedener Bünde, denen das Pfadfindertum nach Baden Powell am Herzen liegt.
Aus diesem Kennenlernen entwickelte sich der Wunsch, die DPSG zu verlassen.
Nach so vielen Jahren der Verbundenheit natürlich ein sehr schmerzhafter Gedanke. Aber mit dem Bezirk Trier verband uns nun wirklich nichts Pfadfinderisches mehr. Gesagt werden muss aber, dass die Leute vom Bezirksvorstand und auch aus den Stämmen durchweg in Ordnung waren. Gute Freunde, nette Menschen, durchaus brauchbar für offene Jugendarbeit - nur eben keine Pfadfinder, in dem Sinne, wie wir uns das Pfadfindersein vorstellten. Hinzu kommt noch, dass jeder Stamm im Verlauf von mehreren Jahren seine eigene Pfadfinderkultur entwickelt. Bei uns wurden inzwischen die auf vielen Fahrten gelernten Lieder gesungen. Wir hatten nur noch schwarze Zelte, trugen wieder den großen Hut und

bildeten nach der Probenordnung aus. Es wurde nicht nur diskutiert, sondern Pfadfindertum nach Baden Powell gelebt.
Der Gedanke, die DPSG zu verlassen, brachte die Leiterrunde in arge Bedrängnis und führte schließlich nach tränenreichen Runden zur Spaltung. Ein Teil gab auf und zog sich zurück.
Nach einigen Monaten der Stille berief ich eine Leiterrunde ein. Aus dem Stammesnachwuchs, der inzwischen gut ausgebildet und alt genug war, bildete ich eine neue, brauchbare Leiterrunde.
Über den UMK hatten wir Pauli Hinkel, der dort Vorsitzender war, kennen gelernt. Mit anderen Stämmen traten wir schließlich 1988 in den EPSG = Europäischer Pfadfinderbund Sankt Georg, ein, dem der eben genannte auch als Bundesführer vorstand.
Vom 12.5. -15.5.1989 richteten wir das 1. EPSG Bundeslager Eifel aus auf der Turnierwiese unter den Türmen der Burgruinen von Manderscheid.
Wir alle, auch die anderen neu eingetretenen Stämme, waren voller Enthusiasmus. Leider wurde unsere Hoffnung enttäuscht. Bei uns allen herrschte große Ratlosigkeit.
Was also kann man tun, wenn der alte Bund aus der eigenen Kindheit und Jugend die Richtung verlassen hat. Wenn der neue Hoffnungsträger nicht das erfüllt, was er versprochen hat. Es geht doch nur darum, einen festen Halt für sich und die einem Anvertrauten zu finden. Eine Möglichkeit, die Ideale, denen man sich verbunden fühlt, ausleben zu können. Mit anderen ganz einfach Pfadfinder sein zu können, ohne wenn und aber.
In dieser Zeit traten die vorher so hoffnungsfroh in den EPSG eingetretenen alle wieder aus. Im Norden gründete sich ein neuer Bund, dem wir aber nicht beitreten wollten, obwohl wir mit den Initiatoren sehr befreundet waren. Für mich selbst war das eine schwierige Zeit, denn alle warteten auf eine Entscheidung. Oder sollte alles zu Ende sein, was aus so vielen Träumen entstanden war?
Von vielen Seiten kamen gut gemeinte Ratschläge, aber natürlich auch giftige Angriffe und nicht immer faire Vorwürfe.
Dazu möchte ich hier einige Gedanken festhalten, die als Grundlage für die Gründung der EPG angesehen werden dürfen.

In meiner Kindheit lernte ich ein Pfadfindertum kennen, nahegebracht von prächtigen Menschen, das meine ganze Seele erfasste und dem jungen Menschen als das Ideal überhaupt erschien.
Dann musste ich erleben, wie diese Ideale von unwissenden Sozialarbeitern umgewandelt und vernichtet wurden. Schließlich der Rettungsversuch in abgewandelter Form von Menschen, die den Anforderungen nicht standhalten konnten. Und nun das Fiasko. Was also war mir am Pfadfindertum so wichtig?
Ich wollte jungen Menschen die Möglichkeit geben, die gleichen frohen Lebenserfahrungen zu machen, wie man sie mir selbst ermöglicht hatte. Also, musste eine Gruppe, ein Verbindung von Menschen, ein Bund her, der diese Voraussetzungen garantierte. Und wenn er nicht da war, dann musste er eben geschaffen werden. Aber schon wieder ein neuer Pfadfinderbund? Es gibt doch schon so viele. Vielleicht viel zu viele? Es gibt doch Pfadfinderbünde für alle Weltanschauungen.
Es gibt die ganz frommen, für katholische und evangelische Christen, für Nichtchristen, für alle möglichen anderen Glaubensformen und Gemeinschaften, und nicht zu vergessen für viele Heilige.
Aber Baden-Powell, der Gründer, was wollte der eigentlich?
Wenn ich das richtig verstanden habe, wollte er ganz einfach nur Pfadfinder. Die Jugend sollte sich in Kleingruppen verbinden, um miteinander nach gewissen Grundregeln das Leben zu erobern. Eine gemeinsame Kluft sollte ihre Zusammengehörigkeit auch nach außen hin dokumentieren. Dabei sollte jeder möglichst seinen Glauben an seinen Gott haben. Als Ideal für die Grundlage von Pfadfindergesetz und Pfadfinderversprechen sollten die ritterlichen Merkmale des hl. Georg gelten.
Eigentlich alles ganz einfach. Und nicht so kompliziert wie so oft dargestellt.
Was mochte ich eigentlich an der alten DPSG nicht. Das keine Mädchen mitmachen durften fand ich eigentlich schon immer ziemlich blöd. Das alles so überfromm zuging, gefiel mir auch nicht. Musste denn ein Pfadfinderversprechen unbedingt eine Sache mit einem Kuraten und einer weinenden Mutter sein. Wie schrecklich, fand ich. Aber die alte Lilie. Die war toll. Und das Lilienbanner. Ganz prima.

Also ließ ich in der Firma, in der ich als Druckermeister inzwischen die techn. Betriebsleitung seit 1965 übernommen hatte, nach meinen Vorstellungen von einem Graphiker eine Pfadfinderlilie zeichnen. Das Lilienbanner sollte das rote Georgskreuz erhalten. Es ging also um das Georgspfadfindertum. Dann der Name. Am Karfreitag, bei einer „Fahrt ins Blaue“ mit dem Stamm Speicher zur Grotte von Remouchamps und weiter nach Banneux zum Marienwallfahrtsort und schließlich zum Kriegsmuseum in der Bastogne (alles in Belgien), kam ich darauf. Im zusammenwachsenden Europa verbunden mit dem treffenden Wort Pfadfinderschaft und dem von Baden Powell gewählten Heiligen sollte der neue Name E P G = Europäische Pfadfinderschaft Sankt Georg sein.
Unter diesen Voraussetzungen schrieb ich dann die erste Fassung der Satzung und Ordnung der EPG. Am 6. April 1990 erfolgte im Jugendhaus Speicher die Gründungsversammlung. Satzung und Ordnung wurden einstimmig angenommen. Am 23. Juli 1990 wurde die EPG in das Vereinsregister beim Amtsgericht in Bitburg eingetragen.
Am 17. Juni 1990 erschien die 1. Ausgabe EPG Bundes-Liederbuch und etwa gleichzeitig die ebenfalls von mir erstellte 1. Ausgabe der EPG Bundes-Probenordnung.
Im Laufe der Jahre wurden von mir einige neue Symbole und Abzeichen entwickelt, über die ich noch sprechen werde.
Da in Deutschland nur einige Verbände übergeordnet anerkannt sind, stand die EPG, der inzwischen einige Stämme beigetreten waren, ziemlich alleine da.
Deshalb schlug ich vor, den Antrag auf Aufnahme in den AzJ = Arbeitskreis zentraler Jugendverbände e.V. zu stellen. Das taten wir dann auch. Vom 12. - 14.März 1993 fand in Laboe an der Ostsee die 27. Mitgliederversammlung des AzJ statt. Dort stellte ich zusammen mit meinem Stellvertreter Hans-Peter Simon die EPG vor. Wir wurden aufgenommen und sind seit dieser Zeit aktiv als einer von 11 Verbänden dabei. Der AzJ vertritt rund 110.000 Kinder und Jugendliche.
Das Organ des AzJ ist die Verbandszeitschrift AzJ-aktuell. Sie erscheint 2x im Jahr mit jeweils 5000 Exemplaren. In ihr können sich alle 11 Mitgliedsverbände durch geeignete Artikel präsentieren.

Seit der Gründung 1990 hat sich die EPG durch ein sehr aktives, pfadfinderisches Zusammenleben bei Lager, Fahrten und den jährlichen Bundesversammlungen ständig gefestigt und weiterentwickelt.
Der ab Januar 1998 für Treffen und Ausbildung zur Verfügung stehende Georgshof in Dünfus wird sicher den Bund wieder ein Stück weiter voran bringen.

1. März 2002

Gut Pfad

Günther!BM.

Jugendhaus Speicher, EPG Gründungsstätte

Gründungsversammlung der EPG

am 6. April 1990 um 19 Uhr 30
im Jugendhaus Speicher.

Gründungsmitglieder

Günther Alsbach
Hans-Peter Simon
Anke Zunker
Dirk Karmann
Michael Dahm
Jürgen Olk
Olaf Rose
Franz Grün
Stefan Krämer
Jörg Traut
Erich Dahm
Silvia Schlaghecken

EPG Bundes-Ausbildungs-Ordnung

Der Titel beschreibt schon, um was es im Nachfolgenden gehen wird. Es soll versucht werden, auf möglichst viele Fragen, die sich im Zusammenhang mit der EPG im Speziellen und dem Pfadfindertum im Allgemeinen stellen, eine befriedigende Antwort zu finden.
Das kann für alle Beteiligten recht abenteuerlich werden, denn ich beabsichtige, kein Blatt vor den Mund zu nehmen.
Wenn man ein Buch schreibt, so ist das so ähnlich, als ob man sich in einem persönlichen Brief einem Freund offenbart.
Jedenfalls gibt man, wenn man aufrichtig ist, eine ganze Menge von sich her. Nun stelle ich mir vor, wer du bist, der du dieses Buch in den Händen hältst, um vielleicht nur darin zu blättern oder ein paar Gedanken von mir in dich aufzunehmen.
Nun, egal ob du ein Kind, jugendlich oder erwachsen, weiblich oder männlich bist, ich nenne dich Freund, Pfadfinder oder Gleichgesinnter und sage „Du" zu dir.
Und du, nenne mich bitte in deinen Gedanken und wenn wir uns treffen ebenso und – „Günther". Dann kommen wir miteinander zurecht und das ist ja ganz wichtig.

Das Pfadfindertum ist mit der offenen Jugendarbeit, (übrigens ein hässliches Wort, für das ich aber noch keinen passenden Ersatz gefunden habe) die heute von sehr vielen Seiten angeboten wird, überhaupt nicht zu vergleichen. In vielen Vereinen werden Kinder und Jugendliche lediglich beschäftigt. Man schlägt gemeinsam die „Zeit tot". Natürlich gibt es auch dort oft ein Gefühl von Zusammengehörigkeit, z.B. in einer Fußballmannschaft. Aber bei all diesen Betätigungen, die sicher für viele einen ganz großen Stellenwert haben und sehr wichtig sind, zählt nur das gegenwärtige Erlebnis. Es ist rein äußerlich und nicht anhaltend.

Vor meiner Einleitung habe ich ein paar Verse gesetzt, die auf das -Innen und Außen- hinweisen.
Das halte ich, gerade bei uns Pfadfindern, für sehr wichtig. Du bist noch kein guter Pfadfinder, nur weil du eine saubere Kluft anhast die

mit Abzeichen gut bestückt ist. Es kommt auch und ganz besonders auf *dein* inneres Pfadfindertum an. Dadurch unterscheidest du dich erst richtig von vielen anderen. Innen und Außen müssen also miteinander im Einklang stehen, wenn das Gesamtwerk stimmen soll. So wie die Seele in dieser materiellen Welt einen Körper als Träger braucht, so sind gewisse äußere Erscheinungsformen als sichtbare Symbole und Bilder für unsere Bewegung unerlässlich.

Die EPG Bundeslilie

ist einer alten Pfadfinderlilie nachempfunden. Die Spitze zeigt dir, wie die Kompassnadel, deine Marschrichtung an. Darunter ist sie ausgearbeitet wie ein Kreuz. Es erinnert dich auch an die drei Punkte deines Pfadfinderversprechens. In der Mitte erhebt sich geradlinig und unbeugsam wie dein Charakter der Schaft, an dem links und rechts die Lilienblätter angebracht sind. Sie werden unten durch ein Seil mit Pfadfinderknoten gehalten. Die weiße Lilie gilt als Symbol der Reinheit. Die Lilie ist ganz dezent mit Gold eingefasst und steht auf violettem Untergrund. Violett sind die Strahlen der Sonne, die der Mensch zum Leben braucht. Es ist aber auch die Bezeichnung für die am stärksten brechbare Farbe des sichtbaren Farbspektrums. Sie gilt außerdem als die Farbe der Stetigkeit und der Treue.

Das EPG Lilienbanner

ist 250x150cm groß und zeigt ein Rotes Kreuz auf weißem Grund. Es ist dies das Georgskreuz der alten engl. Fahne. Wenn man heute im Fernsehen ein Fußballspiel mit der engl. Nationalmannschaft sieht, meint man nur unsere Fahne schwenken zu sehen. Das konnten Freunde auf Großfahrt in Schottland erleben, als man sie recht unfreundlich, wegen der vermeintlich falschen Fahne anmachen wollte. Die mitgebrachte schottische Fahne regelte aber alles schnell. In das Kreuz eingearbeitet ist die EPG Bundeslilie wie beschrieben. Das Bundesbanner hängt im Georgshof in Dünfus. Es ist ein handgearbeitetes Einzelstück und wird nicht mehr mit in Lager genommen. Alle Stämme haben ein EPG Lilienbanner entsprechend dem Bundesbanner.

Das EPG Lilienbanner

Die EPG Europafahne

gibt es seit der 2. Bundesversammlung vom 30.10. - 1.11.1992 auf Burg Stahleck bei Bacharach am Rhein. Sie ist 200x120cm groß und zeigt die schon beschriebene EPG Bundeslilie in der Mitte, umgeben von 12 Europasternen auf blauem Grund. Rechts unten der Text „...the Best for you and the world!!!". Diese Fahne habe ich kreiert und herstellen lassen, weil die Nachfrage nach unserem Lilienbanner recht groß war. Sammler, Museen, Stämme und einzelne Pfadfinder wollten sie haben. Ich denke aber, dass unser Lilienbanner dadurch entwertet worden wäre.

Das EPG Spannband

gibt es seit der 5. Bundesversammlung vom 27. -29.10.1995 auf der Festung Ehrenbreitstein bei Koblenz. Es ist 500x150cm groß und zeigt auf violettem Untergrund in weiß die Schrift in Versalien (Großbuchstaben) EPG PFADFINDER SCOUTS und die ausgesparte EPG Lilie ebenfalls in weiß. Das Spannband ist gedacht für Werbezwecke bei Veranstaltungen mit der Öffentlichkeit.

EPG - Der Goldene Pfeil

Bei der Versprechensfeier im Bundes-Pfingstlager Waldweiler 1995 sprach ich erstmals über die Aktion „Der Goldene Pfeil". Es handelt sich um eine von Baden-Powell anlässlich eines Welt-Jamboree ins Leben gerufene Idee. Bei verschiedenen Aktionen der EPG können Punkte erworben werden, die dann ab dem Jahr 2000 nach einer speziellen Endausbildung zur Verleihung des „Goldenen Pfeils" führen. Bei der 7. Bundesversammlung vom 31.10. - 2.11.1997 auf Burg Stahleck haben wir ein Projekt daraus gemacht. Für die EPG ist der Goldene Pfeil vergleichbar mit der Ausbildung für das Woodbadge-Abzeichen.

Es ist aus Stoff, ca. 5x2 cm groß und zeigt einen goldenen Pfeil mit Sonnenstrahlen auf grauem Grund mit blauem Rand.

Das EPG Georgskreuz

Das ist die höchste Auszeichnung, die in der EPG zu erreichen ist. Sie wird nach abgeschlossener spezieller Ausbildung vom Bundesmeister auf dem Georgshof verliehen. Es ist die EPG Lilie weiß emailliert auf Gold, 5cm hoch, mit den Buchstaben EPG, oben mit Ring als Anhänger freistehend gearbeitet. Auf der Rückseite eingeprägt oben im Kreuz „GEORGSKREUZ“, darunter links „Gut Pfad“ und rechts „Günther“.

Das EPG Liedgut

In meiner Jugendzeit und auch später wurde bei der DPSG recht wenig gesungen. Nach 1981 durch Lager und Zusammentreffen mit anderen Pfadfindern, wie schon beschrieben, wurde der Liedschatz größer. Inzwischen haben wir unser Bundes-Liederbuch. Die 2. Auflage ist 1994 erschienen und nach der 3. Auflage erscheint im März 2002 die 4. erweiterte Auflage Sie hat ein Format von 14,8x21,0cm,einen festen maigrünen Umschlag und nach 64 jetzt 84 Innenseiten.
Anregungen mehr zu singen und auch für die ersten Freunde Gitarre spielen zu lernen, kamen wohl von einem alten Nerother, den man Piraten Fred nannte. Wir lernten ihn mit seinen Mannen bei einem Sommerlager in Ernzen kennen und er besuchte uns später öfter. Durch ihn bekamen wir auch Kontakt mit dem Nerother Wandervogel. Es handelt sich um einen reinen Jungenbund.
In der Silvesternacht 1919 wurde er von den Gebrüder Ölbermann und einer Handvoll Freunde in der Grotte der alten Burgruine auf der Nerother Kuppe in der Eifel gegründet. Die Ölbermanns waren junge Offiziere, die aus dem verlorenen 1. Weltkrieg von der Westfront kommend zu Pferd in Neroth Rast gemacht hatten. Sie wollten einen Jugendbund gründen, um der ziellos gewordenen Jugend zu helfen wieder Halt zu finden. Auf der Nerother Kuppe kannst du heute noch eine Gedenktafel und zwei Buchen mit Metallbändern finden, die an das Ereignis erinnern. Der Nerother Wandervogel hat heute rund 3000 Mitglieder. Sein Bundesführer lebt wie ein Einsiedler auf der Burg Waldeck im Hunsrück. Manchmal zeigen die Nerother bei einer Großveranstaltung z.B. in der Rhein-Mosel-Halle in Koblenz, was sie können. Ihr Ziel ist u.A. die Erhaltung von Liedgut. Wer die Möglichkeit hat, einmal so etwas zu erleben, sollte es nicht versäumen. Ein wirklich großes Erlebnis.
Während der F.M. gegen DPSG Pfadfinder sehr abweisend ist, sind wir als EPG willkommen. Nur das es eben nur Jungen sein dürfen. Die Nerother haben auf ihrem Territorium strenge Vorschriften.

Auf der 1. Innenseite des Umschlages unseres Liederbuches findest du die Vorworte von Jürgen und von mir. Daraus geht unser großer Wunsch hervor, es mögen immer mehr Freunde sich mit Instrumenten und dem Gesang befassen. Alle Lieder wurden ja einmal von jemandem geschrieben. Und warum sollst nicht gerade auch du dazu fähig sein. Wenn man manchmal eine Geschichte erfährt, unter welchen Bedingungen und an welchen Orten Lieder entstanden, ist man erstaunt und bekommt ein ganz anderes Gefühl dafür. Nehmen wir als nur ein Beispiel das Lied „Wen das Herz nicht müde macht". Es wurde 1946 in einem britischen Kriegsgefangenenlager in Belgien von dem DPSG Pfadfinder Klaus-Ludwig Laue geschrieben. Unter diesem Gesichtspunkt erscheinen die Worte jedem nachdenklichen Menschen ganz anders und man versteht den Sinn besser.
Auf die verschiedenen, für uns besonders wichtigen Lieder werde ich mich an anderer Stelle äußern. Auch und ganz besonders zu BiPi´s letztem Brief. Hinweisen will ich aber noch auf die Grifftabelle auf der Rückseite. Gitarre spielen ist, soweit es sich um die einfache Begleitung von Fahrtenliedern handelt, keine so große Kunst. Lass dir eine Gitarre schenken und fang einfach an. Lass dir dabei von einem anderen Pfadfinder helfen, der es schon begonnen hat. Du wirst sehen, wie froh es dich macht. Und wenn es überhaupt nicht geht, dann lass die Ohren nicht hängen und sing so gut du kannst einfach nur mit. Wenn ich mit meinen kurzen Fingern mal Gitarre spiele, fordere ich meine Freunde immer auf, wenigstens so falsch aber laut zu singen, wie ich spiele. Wir sind ja unter Freunden.
Und wenn du ein neues Lied geschrieben oder bei einem Hike gefunden hast, oder wenn du irgend etwas loswerden willst, so schreib doch ganz einfach an das Bundesamt der EPG oder an mich persönlich. Ich helfe dir immer weiter und melde mich ganz sicher bei dir.
Um den Gesang in den Sippen, den Stämmen und dem Bund zu fördern und die Erhaltung und Weiterentwicklung des Liedgutes zu unterstützen, werde ich immer wieder Gruppen mit Gitarren auf den Georgshof nach Dünfus einladen. Vielleicht treffen wir uns ja mal dort.

Der Arbeitskreis zentraler Jugendverbände e.V. AzJ

Wie schon erwähnt ist die EPG seit 1993 Mitglied im AzJ.
Als Zusammenschluss freier Träger der Jugendhilfe auf Bundesebene umfasst der 1959 gegründete AzJ derzeit 11 gleichberechtigte Mitgliedsverbände. Der AzJ repräsentiert über 110.000 jugendliche Mitglieder, davon ca. 40 % weiblich.
Im Rahmen der verfassungsmäßigen Ordnung vertritt der AzJ seine Mitgliedsverbände in allen jugendpolitischen Bereichen und hat sich folgende Aufgaben gestellt:

- Wahrnehmung der Interessen seiner Mitglieder gegenüber der Öffentlichkeit sowie dem Staat mit seinen Verwaltungen und Einrichtungen
- Mitwirkung an der Lösung von Problemen der jungen Generation
- politische Bildungsarbeit
- Erfahrungsaustausch zwischen den Jugendorganisationen
- Durchführung gemeinsamer Aktionen und Bildungsveranstaltungen im In- und Ausland
- Zusammenarbeit mit allen demokratischen Kräften

Der Arbeitskreis zentraler Jugendverbände trifft sich regelmäßig zu Mitgliederversammlungen/Arbeitstagungen. In der Regel wird zweimal im Jahr zu einer Tagung eingeladen. Diese werden normalerweise von zwei bis vier Delegierte der Mitgliedsverbände besucht, wovon zwei Delegierte stimmberechtigt sind.

Mit den Mitgliederversammlungen werden folgende Aufgaben und Ziele verfolgt:

- Austausch von Informationen und Materialien um Synergieeffekte in der Jugendarbeit zu nutzen.
- Koordination von gemeinsamer Jugendarbeit und der Vertretung nach Außen; Vergleich von Problemen

untereinander in der Jugendarbeit und Suche nach gemeinsamen Lösungsansätzen.
- Vermittlung von neuen Vorstellungen und Ideen in der Jugendarbeit von Außen.
- Ermöglichen, dass gemeinschaftliche, aber auch bilaterale Unternehmungen in der Jugendarbeit zwischen den Verbänden in Angriff genommen werden können.

In Form von Arbeitsgruppen oder als vortragendes Referat werden Lösungsansätze für Probleme gefunden, neue Abläufe in der Koordination aufgebaut und neue Ideen und Ansätze zur Jugendarbeit eingebracht. Zu diesem Zweck bemüht sich der AzJ auch, Personen außerhalb der Mitgliedsverbände zu finden, die ihn hier weiter bringen und neue Ideen geben. Die Teilnehmer der Mitgliederversammlung übernehmen dabei auch die Funktion von Multiplikatoren in ihren jeweiligen Verbänden. Für sehr wichtig erachtet der AzJ, dass sich die Mitgliedsverbände auf den Arbeitstagungen näher kennen lernen und es dadurch auch außerhalb des Arbeitskreis zentraler Jugendverbände unter den verschiedenen Mitgliedsverbänden zu bilateraler Zusammenarbeit kommt.

AzJ- aktuell; das Organ des Verbandes

In der Regel zweimal im Jahr erscheint in einer Auflage von 5000 Stück das Verbandsorgan AzJ-aktuell mit Berichten und Beiträgen aus den Verbänden und über deren Jugendarbeit. Das AzJ-aktuell wird unter den Verbänden, aber auch an anderen Stellen in und außerhalb Deutschlands verteilt und bringt die Arbeit des AzJ, aber auch die seiner Mitgliedsverbände, anderen näher.

Der AzJ ist Mitglied in anderen Anschlussverbänden

Der Arbeitskreis zentraler Jugendverbände ist mit seinen 11 Verbänden wiederum selbst Mitglieds- bzw. Anschlussverband in mehreren Organisationen, in denen er diese vertritt.
Die Vertreter des AzJ in die einzelnen Organisationen werden von der Mitgliederversammlung des AzJ gewählt und entsandt.

Der AzJ ist

- Anschlussverband des Deutschen Bundesjugendring (DBJR)
- Mitglied im Internationalen Jugendaustausch – und Besucherdienst der Bundesrepublik Deutschland e.V. (IJAB)
- Mitglied in der Stiftung Wald in Not
- Mitglied im Hauptverband des Deutschen Jugendherbergswerkes (DJH)

Mitgliedsverbände im AzJ:

- Bund der Kaufmannsjugend im DHV
- Christliche Gewerkschaftsjugend (CGJ)
- Dachverband der Jugendpresse (DdJ)
- Deutsche Marine Jugend e.V. (DMJ)
- Deutsche Philatelisten- Jugend (DPhJ)
- Deutscher Jugendbund Kyffhäuser e.V. (DJBK)
- Deutsche Stenografenjugend (DSTJ)
- Deutsche Waldjugend (DWJ)
- Europäische Pfadfinderschaft St. Georg e.V. (EPG)
- Paneuropa- Jugend Deutschland (PEJ)
- THW- Jugend e.V.

Der AzJ hat einen Förderkreis, den FzJ

Der Förderkreis zentraler Jugendverbände e.V. (FzJ) ist ein Zusammenschluss von Personen, Vereinen, Firmen, Institutionen und Verbänden, die von der Wichtigkeit der Jugendarbeit überzeugt sind. Im Rahmen der Arbeit des FzJ werden insbesondere Projekte des Arbeitskreises zentraler Jugendverbände e.V. gefördert. Durch die

Projektförderung des FzJ ist es dem AzJ möglich, die eigene Arbeit effizienter zu gestalten. Aufgrund von Zuschussvorschriften; der AzJ erhält jährlich Finanzmittel aus dem Bundeshaushalt, ist es dem AzJ nicht gestattet, ein Vermögen anzusparen. Der FzJ fördert auch Projekte, die nicht zu den routinemäßigen Aufgaben des AzJ gehören. Gezielte, spontane Aktionen im Sinne der Jugend können durch den FzJ unbürokratisch und schnell gefördert und abgewickelt werden und kommen so auch den Mitgliedsverbänden speziell und insgesamt zu Gute.

EPG Förderkreis Bund

Am 23. Februar 2002 wurde im Georgshof in Dünfus der EPG Förderkreis Bund (EPG FB) gegründet. Zweck und Ziel werden in der Satzung wie folgt beschrieben: Im EPG FB haben sich auf Bundesebene natürliche und juristische Personen des öffentlichen Lebens zusammen geschlossen, die sich den Gesamtproblemen der jungen Menschen widmen und für ihre Lösungen eintreten wollen. Grundlage der Vereinsarbeit sind insbesondere die Förderung der „Europäischen Pfadfinderschaft Sankt Georg e.V. EPG“ auf Bundesebene und allen anderen örtlichen Ebenen gemäß ihrer Ideale, wie diese in ihrer Satzung und Ordnung niedergelegt sind.
Diese Förderung geschieht nach dem Grundsatz der Freiwilligkeit und unter Ausschluss von parteipolitischen, konfessionellen und ethnologischen Gesichtspunkten.
Zur Verwirklichung seiner Ziele hat der EPG FB sich insbesondere folgende Aufgaben gestellt:
Unterstützung der Europäischen Pfadfinderschaft Sankt Georg e.V. EPG bei der Durchführung ihrer jugendpflegerischen Aufgaben, Zusammenarbeit mit allen freien und öffentlichen Trägern der Jugendhilfe sowie anderen gesellschaftlichen Institutionen und Organisationen, die sich um das Wohl der Jugend bemühen, Mitwirkung an der Lösung von Problemen der jungen Generation insbesondere auch im Hinblick auf die guten Möglichkeiten des Pfadfindertums zur Überwindung von Ausländerhass, Fremdenfeindlichkeit und Schwierigkeiten der Gesellschaft mit andersaussehenden, andersdenkenden und andersgläubigen Menschen.
Zur Unterstützung der Europäischen Pfadfinderschaft Sankt Georg e.V. EPG soll eine Stiftung eingerichtet werden. Das Ziel der Stiftung ist die finanzielle Konsolidierung der Jugendarbeit der EPG, aber auch darüber hinaus die Unterstützung von einzelnen Gruppen oder einer Einzelperson innerhalb der EPG. Bei herausragenden Taten von Gruppen oder Einzelpersonen außerhalb der EPG – aber immer nur im Sinne der Ideale der EPG – können aber auch diese die Unterstützung durch die Stiftung nach besonderer Maßgabe der Mitgliederversammlung und des Präsidiums des EPG FB erfahren;

Erfahrungsaustausch in allen Fragen der Jugendarbeit und Einflussnahme auf die Jugendpolitik sowie die Jugendgesetzgebung in der Bundesrepublik Deutschland und in der Europäischen Union, Anregung und Förderung der weltweiten internationalen Jugendarbeit.
Der EPG FB wird geführt von einem Präsidium, das sich zusammensetzt aus dem Präsidenten, einem Vizepräsidenten und einem Schatzmeister/Schriftführer sowie dem EPG Bundesmeister und dem EPG Bundesvorstand.

Förderkreis Bund

Die Satzung der EPG

Um einen Verband zu gründen, den man nach dem öffentlichen Recht „Verein“ nennen muss, bedarf es einer Satzung. Wie auf Seite 3 der Satzung aufgeführt, wurden wir mit dieser geprüften Satzung in das Vereinsregister unter der Nummer 693 eingetragen. Der Bundesvorsitzende ist mit seinen beiden Stellvertretern dem Gericht gegenüber für den Verein verantwortlich. Alle Veränderungen im geschäftsführenden Vorstand und in der Satzung müssen dem Gericht gegenüber mit den Protokollen der Bundesversammlungen dokumentiert werden. Die Beschreibung des Vereinszweck über den Weg und das Ziel des Verbandes führen dann, wie in unserem Fall, schließlich dazu wie auf Seite 5 und 6 erörtert, vom Finanzamt als gemeinnützig anerkannt zu werden.
Die Anerkennung der Gemeinnützigkeit bedeutet die Befreiung von der Körperschaftssteuer, der Gewerbe- und Vermögenssteuer. Der als gemeinnützig anerkannte Vereinszweck ist die „Jugendpflege und Erziehung“. Die EPG ist berechtigt, Spendenbestätigungen auszustellen. Der Ablauf sieht folgendermaßen aus: Die Spende wird auf das Spendenkonto eingezahlt und das Bundesamt schickt dem Spender die Spendenbestätigung auf offiziellem Vordruck. Die Spenden sind bei der Steuer absetzbar. Auch bei Sachzuwendungen ist die Ausstellung einer entsprechenden Spendenbestätigung möglich. Nach der Registrierung der Spende beim Bundesamt, können die Mittel entsprechend dem Vereinszweck eingesetzt werden. Das Finanzamt prüft alle drei Jahre, ob die Kriterien der Gemeinnützigkeit noch erfüllt sind und ob ordnungsgemäß verfahren wird. Inzwischen sind auch viele EPG Stämme als gemeinnützig von ihren zuständigen Finanzämtern anerkannt und verfahren ebenso, wie gerade beschrieben.

Vereinszweck, Weg und Ziel der EPG

beschreiben auf den Seiten 3, 4 und 5 der Satzung sehr deutlich, was wir als EPG wollen. Es geht um die Lebensideale des Pfadfindertums nach seinem Gründer Lord Baden Powell. Was sonst könnte mich bewogen haben, den beschwerlichen Weg über die Neugründung eines Pfadfinderbundes zu gehen.
Die Verwischung der ursprünglichen Vorstellungen Baden-Powells von dem was er wollte ist bereits soweit fortgeschritten, das nur noch dieser Schritt möglich war. Darauf werde ich noch deutlicher eingehen.
Die Frage, die ich mir stelle, ist die: Was könnte dir, als Leser, egal ob du nun Jungpfadfinder, Kornett, Sippenleiter oder sonst was – aber auf der Suche nach Hilfe, Erklärungen und Erläuterungen bist – an den Formulierungen unklar sein.
Mir erscheint der Hinweis wichtig, das die EPG eine unpolitische Erziehungsbewegung ist. Wir rufen nicht zu Demonstrationen für oder gegen etwas auf. Meiner Überzeugung nach ist die Gefahr sehr groß, dass Kinder und Jugendliche in Organisationen mit politischem Hintergrund schnell von Geführten zu Verführten werden können. Die politische Erziehung ihrer Kinder überlassen wir den Eltern. Uns geht es nur darum, den jungen Menschen etwas von den positiven Erfahrungen aus dem Pfadfindertum mit auf den Lebensweg zu geben.
Ganz bewusst wollen wir auch offen sein gegenüber allen Unterschieden von Herkunft, Rasse und Glaubensbekenntnis. Ich bin mir ganz sicher, das der Versuch nach Pfadfindergesetz und Pfadfinderversprechen zu leben ausreichend ist, um ein brauchbares Mitglied der menschlichen Gesellschaft zu sein.
Es kann nicht sein, das heute immer noch Menschen wegen ihrer eben beschriebenen Merkmale eingeteilt oder ausgegrenzt werden.
Gerade das Pfadfindertum nach Baden-Powell wollte diese von Menschen geschaffenen Grenzen überwinden. Nun gibt es Leute, die das anders auslegen. Die Pfadfinder, fein säuberlich getrennt nach Glauben, Rasse und Herkunft, arbeiten über die von ihnen selbst

aufgestellten Barrieren trotzdem international zusammen. Welch ein überholter Unsinn.
Baden-Powell hat natürlich unter Berücksichtigung der Beschränktheit seiner Zeit aber mit der weisen Voraussicht eines Visionärs von der Weltbruderschaft der Pfadfinder gesprochen. Mehr konnte er seinen Zeitgenossen nicht zumuten. Wir wissen und sehen heute, wie die Menschen auf unserem Globus die Grenzen überwinden und zusammenwachsen. Gerade bei uns Pfadfindern sollten diese Dinge als erledigt angesehen werden. Die EPG hat dieses Spießertum hinter sich gelassen. Sie ist offen für alle, die guten Willens sind. Das schließt auch die mit ein, die aus welchen Gründen auch immer, mit körperlichen oder geistigen Einschränkungen belastet sind.
Diese Ausführungen schließen die Angaben und Texte der Satzung bis Seite 6 mit ein.
Die Pfadfindergesetze, das Pfadfinderversprechen und das Georgspfadfindertum sind so komplexe Themen, das ich diese an anderer Stelle sehr ausführlich und umfassend behandeln werde.
Die Beschreibung der Gliederung, der Mitgliedschaft, der Rechte und Pflichten der Mitglieder und der Arbeitsweise der verschiedenen Organe sind von Seite 6 bis 12 ausführlich und wie ich meine unmissverständlich beschrieben.

Die Ordnung der EPG

Die Satzung und Ordnung der EPG ergänzen sich gegenseitig. Sie beziehen sich immer wieder auf den Gründer Lord Baden Powell und stellen das Pfadfindergesetz und das Pfadfinderversprechen ganz eindeutig und klar in den Mittelpunkt aller Bemühungen um die Jugend. Der „Europäische Gedanke“ wird klar hervorgehoben im Zusammenwirken mit allen demokratischen Kräften zum Wohle der internationalen Staatengemeinschaft.
Unter Name, Zweck und Standortbestimmung des Verbandes wird auf den Seiten 14 und 15 der Ordnung dazu Näheres erläutert.
Die Erhaltung des Ursprungs des Pfadfindertums ist ebenso das Anliegen der EPG wie der Wunsch, von dem Neuen der Zeit das Gute

zu übernehmen. Es kann aber nicht sein, das alles dem Zeitgeist geopfert wird. Wer das Pfadfindergesetz abschafft und durch andere, selbst erfundene Formulierungen ersetzt, sollte auch gleichzeitig den Namen Pfadfinder ablegen und sich eine andere Bezeichnung einfallen lassen. Es gibt sehr viele Gruppen, die offene Jugendarbeit leisten und den Teilnehmern dadurch bei der Freizeitgestaltung helfen. In diesem Zusammenhang ist sehr interessant, das viele Pfadfinderstämme die Ideen ihrer Bundesleitung ganz einfach ignorieren. An der Basis wird an vielen Orten noch richtiges Pfadfindertum praktiziert und dabei lebt, auch nach außen hin, vieles was die Nichtpfadfinder in der obersten Spitze bereits abgeschafft haben, weiter. Jedoch halte ich diese Art für sehr unaufrichtig und nicht gerade pfadfinderisch. Es kann doch nicht in Ordnung sein, wenn Pfadfinderstämme ihre eigenen Wege gehen und sich ganz anders verhalten wie der Bund, dem sie angehören, es vorgibt. Dann sollten sie auch den Mut haben, sich zu trennen und einem Bund wie der EPG beitreten, wo sie unter Gleichen sein könnten. Wo aber Zuschussdenken, Bequemlichkeit und Schwäche regieren zum Nachteil der Kinder und Jugendlichen im Stamm, ist keine positive Veränderung möglich. Rache nimmt man dann oft traurigerweise über falsche Angaben die Mitgliederzahlen betreffend. Dann kann man aber den Mitgliedern gegenüber sehr schlecht von Pfadfinderischen Idealen sprechen.

Die schlimmste Variante, die ich mir vorstellen kann, ist die Resignation der Stämme vor den ungewollten aber stattfindenden Veränderungen in ihrem alten Bund. Dann treten die Stämme aus und gründen sogenannte Pfadfinder-Vereine e.V. Nach einigen Jahren weiß kaum noch jemand, was eigentlich das Pfadfindertum war. Dann ist es ein Verein, der allgemeine Jugendarbeit macht. Ich kenne einige solcher Abarten. Sie schaden unserem immer noch guten Image.

Traurig aber wahr ist auch die Tatsache, das eine ganze Reihe von Pfadfinderleitern aus den bereits genannten Gründen ihren Pfadfinderbund verlassen und zu anderen Jugendverbänden überwechseln. Dort sind sie natürlich herzlich willkommen, denn sie bringen ja einiges an Können und Wissen mit. Für das Pfadfindertum sind sie jedoch verloren.

Der Aufbau des Verbandes

beschreibt, wie die Einzelmitglieder in den Sippen zusammengefasst sind und wie diese mit ihren Leitern im Trupp und Stamm zusammenarbeiten. Weiter wird hingewiesen auf das Schrifttum der EPG und besonders auch die Ausbildung nach der Bundes-Probenordnung.
Die Altersgruppen des Verbandes werden beschrieben und verschiedene Abläufe, die mit dem Alter zu tun haben, angesprochen. All diese Dinge sind sicher leicht nachvollziehbar.

Die Kluftordnung des Verbandes

ist ein Thema, das kurz besprochen werden muss. Seit der Gründung des Pfadfindertums im Jahre 1907 tragen Pfadfinder eine Kluft, also eine zweckmäßige Kleidung, als äußeres Zeichen ihrer Zusammengehörigkeit. Sie war sehr oft Bestandteil von Angriffen und Kritik, ist nach Kultur seiner Träger weltweit etwas unterschiedlich und unterliegt auch ständigen Änderungsversuchen.
In meiner Zeit als Jungpfadfinder und Pfadfinder trugen wir in der alten DPSG grüne Fahrtenhemden. Wir haben uns heute, nachdem unsere Freunde von der Waldjugend in grün auftreten, für khakifarbene Fahrtenhemden entschieden. Sie sind pflegeleicht und robust, kühlen im Sommer und wärmen im Winter. Nichts ziehe ich lieber an, als mein Klufthemd. Unsere Kopfbedeckung ist wieder der große Pfadfinderhut. Er ist durch nichts zu ersetzen. Wer mit ihm auf Fahrt war, weiß, was er – bei jedem Wetter – an ihm hat.
Mit der Pfadfinderkluft unterwegs kann man die unterschiedlichsten Erfahrungen machen. Mehrfach wurden wir von dummen, unwissenden Menschen mit „Hitlerjugend“ beschimpft. Einmal in einem kleinen Ort im Westerwald, der den gleichen Namen wie ich trägt. Wir haben den Mann freundlich gegrüßt und sind weiter marschiert. In der Stadt Wiltz in Luxemburg, die sich als Europahauptstadt der Pfadfinder bezeichnet, wurden wir von einem

nicht mehr ganz nüchternen Zeitgenossen als Nazis bezeichnet. Wir haben ihm einen Trink bestellt und sind gegangen.
Übrigens ist Wiltz erwähnenswert. Dort gibt es ein Pfadfinderbüro, das umfangreich Zeltplätze vermittelt. In der Stadt lebte ein engagierter Pfadfinder, der wohl Bauunternehmer war und Häuser für Treffen bereitstellte. Er ist inzwischen verstorben, aber es gibt noch 11 Chalets mit je 15 bis 50 Schlafgelegenheiten, die man über das Büro buchen kann.
Auf dem Marktplatz steht das sogenannte Pfennig-Denkmal. Es wurde mit Spenden von Pfadfindern aus der ganzen Welt gebaut. Drei Marmorsäulen erinnern an das Pfadfinderversprechen.
Es ist Baden Powell gewidmet. Besichtigen kann man auch ein kleines Pfadfindermuseum und im Scoutbüro kann man allerhand Abzeichen zum Tauschen erwerben.

Die Abzeichenordnung des Verbandes

ist, ebenso wie die Kluftordnung, eindeutig und lässt keine Fragen offen. Bei den Stufen ist noch nachzutragen, das Gildenmitglieder ein grau/rotes Halstuch tragen. Ebenso gibt es inzwischen eine neue Stufe als Versuchsprojekt für Kleinkinder im Alter von 3-5 Jahren, die zusammen mit ihren Leitern weiße Halstücher tragen mit naturfarbenem Lederknoten und hinten drauf das Motiv der „Mäuse“.

Besondere Pfadfinderische Merkmale des Verbandes

Der Pfadfindergruß ist *Gut Pfad.* Du wünschst deinem Pfadfinderbruder damit alles Gute auf seinem Weg. Wir reichen uns dabei die linke Hand mit abgespreiztem kleinen Finger. Sie kommt von Herzen. Wir grüßen mit der Rechten. Die drei Finger erinnern wieder an die drei Punkte im Pfadfinderversprechen. Manche Freunde genieren sich, den Pfadfindergruß zu praktizieren. Das ist ein Zeichen

von Unreife. Man muss zu den Dingen stehen, die einem am Herzen liegen. Hemmungen sind da völlig fehl am Platz.
Wir heben auch die rechte Hand zum Pfadfindergruß, wenn das Liliebanner gehisst oder eingeholt wird. Solche Dinge gehören ganz einfach zu unserer Pfadfinderkultur. Sie sind nicht Ausdruck von Überheblichkeit, sondern sind einfach ein Teil unseres Zusammenlebens.
Der Pfadfinder-Wahlspruch lautet *Allzeit Bereit.*
Allzeit Bereit willst du sein, den Versuch zu machen, dich auf ein Leben als Pfadfinder nach Gesetz und Versprechen einzulassen. Das hört sich ungeheuer ernst und schwierig an, ist aber, wenn man es nicht so verbissen sieht, recht einfach und vor allen Dingen sehr beglückend. Auch darüber an anderer Stelle mehr. Auch über die anderen Dinge auf Seite 21 wie das Bundeslied, das Abschiedslied, das Pfadfindergebet und das Georgslied. Der Wahlspruch der Wölflinge ist „Ich tue mein Bestes“ und die Rover und Leiter wollen selbstlos „Dienen“.

Die Beitragsordnung der EPG

Hier geht es um die Finanzen. Auf der 7. Bundesversammlung wurde vereinbart, das die Stämme, entsprechend ihrer eigenen Situation und der ihrer Mitglieder, die Mitgliedsbeiträge anheben oder absenken können. Der Beitrag an den Bund bleibt davon unberührt.
Die im unteren Abschnitt beschriebenen Regelungen betreffen den Versicherungsschutz. Man sollte in diesen Dingen bei allen Aktionen wie Lager und Fahrt noch einmal prüfen, ob der jeweilige Versicherungsschutz ausreicht. Oft reicht er nicht aus und es wäre ratsam, für einen unbedeutenden Betrag eine für dieses spezielle Unternehmen eher zutreffenden Abschluss zu tätigen. Unsere Versicherungen sind eher sehr allgemeiner Natur.
Über das Pfadfindergebet, das Schutzgebet und das Gebet des Franz von Assisi später ausführliches.
Gegen Ende meiner Ausführungen zur Satzung und Ordnung der EPG möchte ich auf etwas hinweisen, das ganz besonders wichtig ist

und weil es so zwischen anderen wichtigen Texten steht, etwas untergehen könnte.
Auf Seite 10 steht unter § 9.8 :
In die Organe der EPG auf allen Ebenen kann nur gewählt oder berufen werden, wer volljährig und Pfadfinder ist, entsprechend den Forderungen der Bundessatzung und -Ordnung, sowie der Bundes-Probenordnung und Bundes-Ausbildungsordnung.
Auf Seite 18 heißt es dann weiter:
In Ausnahmefällen können geeignete Personen ab 20 Jahre auch über eine Funktion als Mitarbeiter in den Stämmen mitwirken und später aktive Mitglieder werden. Über die Aufnahme entscheidet nach Antrag die jeweilige Stammesversammlung.

Um etwaigen falschen Auslegungen zuvor zu kommen, möchte ich diesen Punkt noch etwas deutlicher machen.
Ich empfehle dem geneigten Leser das Buch von Reinhard Schmoeckel: Strategie einer Unterwanderung. Vom Pfadfinderbund zur revolutionären Zelle. Es ist erschienen im Günter Olzog Verlag München-Wien unter ISBN 3-7892-7141-1.
Darin beschrieben ist der Weg des Bund Deutscher Pfadfinder, der von linken Soziologen gezielt unterwandert wurde. Politisch und pädagogisch geschulte Nichtpfadfinder drangen bis in die Bundesführung vor. Sie verdrängten die idealistisch und ehrenamtlich für ihren Bund tätigen Pfadfinder. Schließlich kam es zur Spaltung in BDP und BdP. Der alte BDP = Bund Deutscher Pfadfinder, geriet ganz in die Hände linker Gruppen und der neue BdP = Bund der Pfadfinderinnen und Pfadfinder, wurde zum Sammelbecken der gemäßigten ehem. Mitglieder und legitimer Erbe des „alten“ BDP.
Diese Versuche der Unterwanderung und Umformung gab es besonders in den Jahren 1965 bis 1973 auch in anderen Pfadfinderverbänden.

Die EPG steht noch am Anfang ihrer Entwicklung. Ich will schon jetzt allen Versuchen dieser Art vorbeugend entgegenwirken und warne dringend vor gut gemeinter Nachgiebigkeit.

Auch der Mangel an Führungskräften z.B. beim Aufbau eines neuen Stammes, darf nicht dazu verführen, jeden Interessenten, ohne entsprechende Ausbildung, in maßgebliche Ämter zu heben.
Die Einhaltung der Vorgaben in Satzung, Ordnung, Probenordnung und Ausbildungsordnung der EPG, wenn sie auch und besonders in diesen Punkten sehr konsequent erscheinen mögen, wurden zur Absicherung des Gründungszwecks geschaffen.
In der EPG hat jeder Stamm im höchsten Gremium – der Bundesversammlung – ein Mitspracherecht.
Von daher ist es gut und verständlich, das für Neuaufnahmen eine gewisse Probezeit besteht und das dafür die Bundesversammlung zuständig ist.

EPG Ehrenmitglieder

Auf Seite 18 steht in der Ordnung der EPG:
Die EPG kann auf Bundes- und Stammesebene Ehrenmitglieder aufnehmen. Es müssen verdiente Personen sein, die Pfadfinder sind oder waren, oder dem Pfadfindertum verdienstvoll nahe stehen oder gedient haben. So können z.B. ehem. Stammes-, Landes- oder Bundesvorsitzende zu Ehrenvorsitzenden ernannt werden. Die letzte Entscheidung trifft auf Antrag jeweils die nächste Bundesversammlung.

(stand Februar 2002)

Häns Brog
*15.7.1919 +28.3.1992
aufgenommen
1. Bundesversammlung
29.11.-1.12.1990
Festung Ehrenbreitstein Koblenz

Roswitha Dahm
aufgenommen
3. Bundesversammlung
29.-31.10.1993
Starkenburg/Heppenheim

Paul Streit
aufgenommen
4. Bundesversammlung
28.-30.10.1994
Burg Bischofstein/Mosel

Pastor
Hubert Göbel
aufgenommen
10. Bundesversammlung
27.-29.10.2000
Festung Ehrenbreitstein Koblenz

Häns Brog *15.7.1919 +28.3.1992

wurde auf meinen Antrag hin das 1. Ehrenmitglied der EPG.

Begründung: Häns Brog war ein hochverdienter Pfadfinder. Schon vor dem 2. Weltkrieg aktiv trug er kurz nach dem Einmarsch der Amerikaner das Lilienbanner in die Pfarrkirche.

Später war er Gaufeldmeister und baute das Pfadfinderlager Brexbachtal zu dem aus, was es heute ist. In den 60er Jahren kämpfte er sehr engagiert gegen den Umbau der DPSG und versuchte, nach seiner Meinung, zu retten was noch zu retten war. Als Ergebnis wurde er von den neuen Herren, den Sozialarbeitern wie er sie nannte, aus seinem Verband ausgeschlossen. Häns hat Großes für die Jugend und das Pfadfindertum geleistet. Eine öffentliche Anerkennung – wie die Verleihung des Bundes-Verdienstkreuzes – zu dem er von anderen und auch mir verschiedentlich vorgeschlagen worden war, lehnte er ab. Er sei schließlich Pfadfinder und das reiche ihm aus. Für ihn war das fröhliche Lachen im Lager Dank und Anerkennung genug.

Im Lager Brexbachtal gibt es ein kleines Ehrenmal, das an diesen einfachen, aber großen Pfadfinder erinnert.

Roswitha Dahm

wurde auf meinen Antrag hin das 2. Ehrenmitglied der EPG.

Begründung: Roswitha Dahm ist seit dem ersten Tag, an dem der Pfadfinderstamm Quo Vadis Speicher besteht, auf unserer Seite. Das hört sich einfach an und ist es scheinbar auch. Sie hat alle Aktionen unterstützt, im Hintergrund für die Pfadfinder gewirkt, zum Wohle des Ganzen gearbeitet und wenn es sein musste auch gefochten und gestritten. Daneben sind 3 Söhne in unseren Reihen.

Michael *22.7.1969 +8.8.1992, der Stammesmeister war, starb bei einem Verkehrsunfall.

Er ist uns unvergessen.

Paul Streit

wurde auf meinen Antrag hin das 3. Ehrenmitglied der EPG.

Begründung: Paul Josef Streit war als stellvertr. Vorsitzender und Geschäftsführer des AzJ mein Ansprechpartner bei den Vorbereitungen zur Aufnahme der EPG in den Arbeitskreis zentraler

Jugendverbände e.V.. Er hat sich dabei für uns eingesetzt, unsere Position stark vertreten und damit alle Kriterien erfüllt, die zur Aufnahme als Ehrenmitglied in die EPG vorausgesetzt werden. Durch ihn, als ehem. aktiven Pfadfinder, wurde uns auch die Zusammenarbeit mit den anderen 11 Verbänden im AzJ und dem AzJ-Vorstand ermöglicht und erleichtert.

Hubert Göbel

wurde auf meinen Antrag an die Bundesversammlung das 4. Ehrenmitglied der EPG.
Begründung: Hubert Göbel ist ein Freund, der immer und überall die Pfadfinder unterstützt und für sie wirbt. In seiner Eigenschaft als Pastor ist er eine Person, die in der Öffentlichkeit steht und dessen Meinung zählt. In vielen Lagern und bei zahlreichen anderen Anlässen hat uns Hubert Göbel in Wort und Tat bei der Umsetzung unserer pfadfinderischen Lebensphilosophie geholfen. Mit der Ehrenmitgliedschaft drücken wir unsere Verbundenheit und unseren bescheidenen Dank aus.

Baden-Powell

Wenn man als Kind zu den Pfadfindern kommt, hört man gelegentlich den Namen Baden-Powell oder BiPi. Ohne genau zu wissen, wer oder was gemeint ist – denn es ist einem auch ziemlich gleichgültig und egal – ziehen die Wortfetzen an einem vorbei.
Erst später, wenn man vom Funken des Pfadfindertums erfasst ist, beginnt sich das Dunkel etwas zu lichten.
Als kleiner Pfadfinder im Brexbachtal ging es mir mit den „alten" Pfadfindern ebenso. Ich erinnere mich noch daran, dass in einem der ersten Pfingstlager nach dem Krieg, auf dem Platz, wo heute der große Totem steht, ein Podest aufgebaut war. Darauf erschienen vor versammelter Lagerrunde abwechselnd Männer, die von ihren Erlebnissen in der Nazizeit und der Gefangenschaft berichteten. Es waren Pfadfinder, die als Kriegsteilnehmer oder KZ-Insassen sicher schlimmes erlebt hatten und nun zum Neubeginn aufriefen. So leid es

mir heute tut, viel habe ich davon damals nicht verstanden und behalten.

So wird es auch unserem heutigen, jüngeren Nachwuchs gehen. Das wurde mir auch mehrfach von Herangewachsenen bestätigt. Es ist also ein ganz natürlicher Vorgang, auf den wir uns eingestellt haben.

Robert Stephensen Smyth Baden-Powell, späterer Lord of Gilwell, wurde am 22. Februar 1857 in London geboren. Seine bewegte Lebensgeschichte kann man in vielen Büchern nachlesen. Will man aber hinter das Lebenswerk von Baden Powell schauen, dann empfehle ich das Buch von Hans E. Gerr „Pfadfindererziehung“. Es ist erschienen im -Deutscher Spurbuchverlag- in Baunach unter ISBN 3-88778-150-3.

Weitere sehr interessante Bücher über Baden-Powell und sein Modell der scoutistischen Jugenderziehung sind „Scouting for Boys“ und Spuren des Gründers, beide aus dem DPSG-Georgsverlag.

Für mich selbst war es ein ganz besonderes Erlebnis, als ich einen Videofilm über BiPi geschenkt bekam und darin eigentlich sein ganzes Leben und die Entstehung des Pfadfindertums in Bild und Ton nachvollziehen konnte.

Der Mann, den man bisher nur auf alten Fotos oder Zeichnungen gesehen hatte, sprach plötzlich zu einem. Obwohl man sich denken konnte, das ein Mensch, der sich mit solchen Idealen befasst hatte, ein „lieber Kerl“ sein musste, war ich, trotz der Kürze und nicht so besonders guter Bildqualität des Materials, von seiner Ausdruckskraft und seinem Charisma tief beeindruckt.

Wenn du die Möglichkeit hast, dir die angesprochenen Bücher zu besorgen, dann tue das. Vielleicht kommst du aber auch einmal dazu, das Video zu sehen. Dann weißt du, was ich gemeint habe. Wenn du aber mit all diesen Dingen – auch über deinen Stamm – nicht weiter kommst, dann schreibe an das Bundesamt der EPG oder an den Georgshof.

Baden-Powell starb am 8. Januar 1941 in Kenia. Auf seinem Grabstein sind neben den Weltpfadfinderlilien, seinem Namen und seinen Daten eingemeißelt sein Titel:

CHIEF SCOUT OF THE WORLD und unten ein Kreis mit einem Punkt in der Mitte das bedeutet: Aufgabe erfüllt – nach Hause gegangen.

Am Pfadfindertum Baden-Powells ist, wie üblich, oft herumkritisiert worden. Dabei ging es nicht selten um die Frühphase, die nach vormilitärischer Erziehung aussah. Uns interessiert aber das, was sich aus der Weiterentwicklung herauskristallisierte.
BiPi schreibt selbst, das Pfadfindertum sei keine Wohltätigkeitsorganisation, die der gehobenen Klasse die Möglichkeit gebe, es gut mit armen Kindern zu meinen. Ebenso sei es keine Botenorganisation für die Ansprüche einer bequemen Öffentlichkeit. Weiter soll es auch keine oberflächliche Ausstellung sein, wo durch Zahlung in Verdienstmedaillen und Abzeichen Ergebnisse erzielt werden.
Das alles, so schreibt Baden-Powell, komme von außen. Die Pfadfinderausbildung aber komme von innen.
Das muss man sich auf der Zunge zergehen lassen.
Da schreien alle die armen Geister, die keine Ahnung haben, die Pfadfinder seien Wald- und Wiesenheinis, die mit ihren Anführern im Gelände undefinierbare Räuber- und Gendarmenspiele durchführten – um es vorsichtig auszudrücken – und da schreibt dieser Mann, die Ausbildung zum Pfadfinder komme von innen.
Erinnerst du dich, dass ich zu Beginn von „Innen und Außen" gesprochen habe.
BiPi sagt weiter, dass er dadurch, dass er das Pfadfindertum frei und ungezwungen hält, für Förmlichkeit und Bürokratie (ich füge hinzu: Spießertum) keine Möglichkeit besteht, sich einzuschleichen. Das ist auch mein großes Anliegen, denn das Pfadfindertum gehört uns, den freien Menschen, die von seinem Bazillus befallen sind, die von BiPis Spirit erwischt wurden.

Baden-Powell war wohl der größte Pädagoge der Neuzeit, denn bevor sich irgendjemand Gedanken über den Zustand der Jugend machte, empfahl er das Sippensystem mit Gebrauchsanweisung. Auch darauf komme ich noch zurück.

Das erste Lager eröffnete Baden-Powell am 25. Juli 1907 auf *Brownsea Island* in Poole Harbour. Indem er seine Jungen, die sich aus allen Schichten quer durch die Gesellschaft zusammensetzten, in Sippen zu je 5 Mann unterteilte und den Ältesten vollverantwortlich

zum Sippenleiter ernannte, probierte er seine Methode zur fortschreitenden Selbsterziehung der Jugend aus. Bereits in diesem Lager nahm er den Jungen das erste Pfadfinderversprechen ab und auch deshalb betrachten wir dieses Datum als den Gründungstag des Pfadfindertums.
Jede Sippe bekam ihren Lagerplatz zugeteilt, bildete eine Einheit bei Spiel und Arbeit und der Sippenleiter übernahm volle Verantwortung. Alle Lagerteilnehmer wurden bei ihrer Ehre dazu verpflichtet, allen Anordnungen freiwillig zu folgen. Untereinander in gesundem Wettkampf und in eigener Verantwortlichkeit wurden fortschreitend die Dinge des Pfadfindertums erkundet, erfahren und eingeübt.
Auf diesen Erfahrungen basiert unser heutiges Georgspfadfindertum, nach Pfadfindergesetz und Pfadfinderversprechen.

Das Georgspfadfindertum

Baden-Powell war ein englischer General und der Nationalheilige der Engländer war St. Georg. So einfach ist das. Deshalb erhob BiPi zum Schutzpatron der Pfadfinder – den wie er sie sah „Rittern der Gegenwart“ – den ehem. Krieger von Kappadozien und späteren Patron der Ritter, Reiter und Soldaten: St. Georg.
Die EPG bekennt sich auch in diesem Punkt ganz klar zum Gründer. Deshalb heißt es unter Weg und Ziel dazu:
Der Schutzpatron aller Pfadfinder ist, nach dem Willen des Gründers Lord Robert Baden-Powell, der hl. Georg.
Die Ideale, die sich mit diesem Sinnbild verbinden, sind auch die Ideale der Georgspfadfinder, sprich der Europäischen Pfadfinderschaft Sankt Georg.
Die angesprochenen Ideale, die sich aus dem alten Ritterspiegel ableiten, sind auch von ihrem Gehalt her Inhalt von Pfadfindergesetz und Pfadfinderversprechen: Die ritterlichen Regeln – vergleichbar mit – Scout Law – das Gesetz.
Die Ehre war den Rittern heilig. Niemals wurde ein gegebenes Wort gebrochen.

Treue, Hilfsbereitschaft, Verteidigung der Armen und Schwachen, geradezu symbolisch für die Taten des Ritters Georg.
Höflichkeit, selbstloses Dienen, Ritterlichkeit, Opferbereitschaft und Reinheit, das alles verbindet man mit dem Schutzpatron der Pfadfinder, dem Ritter Georg.

Stammesabzeichen mit dem hl. Georg,
hier am Beispiel vom Stamm Speicher

Aber ist das heute wirklich noch realistisch und zeitgemäß.
Der Zeitgeist jedenfalls spricht da eine ganz andere Sprache. Da ist die Rede von der Ellbogengesellschaft. Kampf ist angesagt, am Besten schon im Kindergarten. In der Schule dann geht es weiter mit Rücksichtslosigkeit. Die Medien helfen bei der Erziehung des modernen Menschen kräftig mit, um ihn auf das konsumorientierte

Erwachsenenleben vorzubereiten. Scheinbar sind, jedenfalls die breite Masse betreffend, zarte Seelen nicht mehr gefragt. Man muss Cool sein, um Erfolg zu haben. Oberflächlich wird uns dieses Menschenbild vorgegaukelt.
Ich denke mir nur, diese coolen Typen schauen doch auch in den Spiegel. Sie wissen doch auch, dass sie das, was sie da zu sehen bekommen, in Wirklichkeit nicht sind. Eine Zeit lang – und wenn der Intelligenzgrad etwas schwach ist vielleicht etwas länger – kann dieser Selbstbetrug ja halten.
Aber auf der Suche nach sich selbst findet doch jeder von uns dieses kleine Menschlein. Hinter der Fassade lebt eine Seele, die auch ein Gewissen hat. Das kann man natürlich mit allen möglichen Beruhigungshilfen zu beschwichtigen suchen. Nur hält das nicht lange. Und wenn dann die Droge noch stärker wird, macht der Körper als Träger des Ganzen nicht mehr mit. Ein Teufelskreis also. Deshalb gibt es auf der Welt so viele unglückliche Menschen.
Von Kindheit an zur Oberflächlichkeit und falscher Betrachtungsweise der Lebensprinzipien erzogen können sie nicht den Weg zu Freude und Glück nicht finden.
Erinnerst du dich noch – Innen und Außen. Hier füge ich noch etwas hinzu und sage dir:
Wie Innen, so Außen.
Ich werde dieses Thema bei der Verdeutlichung der Pfadfindergesetze und des Pfadfinderversprechens weiter intensivieren. Nur hier schon einmal vorweg soviel: Der Weg zu sich selbst und dem Glück, das wir doch alle so sehr suchen, ob cool oder nicht, führt ausschließlich über die Liebe und das, was damit zusammenhängt.
Hier nun bitte ich dich, lies jetzt den Abschiedsbrief von Baden-Powell. Er ist abgedruckt in unserem EPG Liederbuch auf der letzten Innenseite des Umschlags.
BiPi schreibt darin, dass er rechtzeitig Abschied nehmen will, von uns, seinen Pfadfindern.
Er hat dieses Pfadfindertum nicht für sich geschaffen, sondern für die Menschheit. Für die Generationen nach ihm. Zu ihrem Glück.
Mein Leben, schreibt er, war glücklich, und ich möchte nur wünschen, dass jeder von euch ebenso glücklich lebt.

Dann gibt er mit einfachsten Worten und für jeden verständlich an, was zum eigenen Glück führt und findet seinen Höhepunkt in dem Satz:
Das eigentliche Glück aber findet Ihr darin, dass Ihr andere glücklich macht.
Allein dieser Satz, geschrieben 1941, also vor jetzt rund 60 Jahren, als der zweite Weltkrieg tobte und von Liebe weit und breit nichts zu spüren war, macht deutlich, was Baden-Powell für ein großer und ungewöhnlicher Mensch war.
Vielleicht verstehst du das alles noch nicht so schnell, aber im Verlauf unseres gemeinsamen Weges durch dieses Buch wirst du vielleicht dahinter kommen.
Liebe hat mit Geben und Nehmen zu tun. Das beruht auf den Naturgesetzen. Du kannst nur ernten, was du gesät hast. So wie du keine Bohnen ernten kannst, wenn du Weizen gesät hast, so wirst du auch nicht Liebe ernten, wenn du Hass ausgestreut hast.
Alle Weltreligionen sprechen von der Liebe.
Buddha sagt: Es gibt nur einen Weg, den Hass aus der Welt zu vertreiben, und das geschieht durch die Liebe.
Das Christentum ist die reine Lehre von der Liebe. Und lass dir nichts erzählen von Gott, als dem Strafenden, der dich für alle deine kleinen und großen menschlichen Schwächen furchtbar niedermacht. Ich bin zutiefst überzeugt, dass wir es mit einem liebenden Gott zu tun haben.
Vielleicht sind wir ja auf diese Erde gekommen, um endlich zu begreifen, was die Liebe ist.
Lies jetzt bitte das Gebet des Franz von Assisi. Es steht auf der Seite 26 in der Satzung und Ordnung der EPG. Was in diesem Gebet steht, zieht sich doch eigentlich wie ein roter Faden auch durch das Georgspfadfindertum. Liebe schenken, verzeihen, Hoffnung wecken, helfen und Freude bringen. Der Wölfling verspricht, täglich jemanden eine Freude zu bereiten. Der Pfadfinder denkt an die Gute Tat und will jederzeit und allen Menschen helfen. Rover und Leiter wollen selbstlos Dienen. Verstehst du was ich meine?
Und das Schärfste kommt noch.
Trösten, verstehen, lieben, hingeben, alles ohne eine Gegenleistung zu erwarten. Du denkst jetzt vielleicht, ich wollte eigentlich kein

Heiliger werden, ich wollte doch nur ein bisschen bei den Pfadfindern mitmachen. Alles klar. Keine Angst.
Aber in der Lebensphilosophie des Pfadfindertums eingebaut sind diese wunderbaren Dinge, über die man nicht andauernd nachdenken muss, die einem aber so ganz allmählich ins Unterbewusstsein gelangen und von einem Besitz ergreifen.
Das Beglückende und Unausweichliche daran sind die Konsequenzen.
Denn wer da hingibt, der empfängt, wer sich selbst vergisst, der findet, wer verzeiht, dem wird verziehen, und wer da stirbt, der erwacht zu ewigem Leben.
Es erscheint an dieser Stelle vielleicht etwas weit hergeholt, aber dieser Gedanke der Uneigennützigkeit kann manchmal gewaltiges bewirken.
Im Jahre 1909 zeigte ein kleiner engl. Pfadfinder einem fremden Herrn in London den Weg zu seinem Hotel. Als der Fremde ihn für seine Mühe mit einem Geldgeschenk belohnen wollte, lehnte dieser das ab mit den Worten: Vielen Dank, ich bin Pfadfinder.
Pfadfinder, was ist denn das, wollte der Mann wissen. Der Junge beantwortete ihm einige Fragen und brachte ihn schließlich zum Pfadfinder-Hauptquartier in London.
Dort erfuhr er mehr über das Pfadfindertum. Zurück in Amerika erzählte er begeistert von der wunderbaren Bruderschaft junger Menschen, die gute Taten tun, ohne dafür etwas haben zu wollen.
Aus dieser Begegnung entstanden die Boy Scouts of Amerika, heute der größte Pfadfinderverband der Welt.
An anderer Stelle will ich zum Thema noch einmal philosophieren, hier aber möchte ich Baden-Powell noch einmal wörtlich zitieren.
In Indien sieht man Fakire, die einem Gelübde gemäß einen Arm in die Höhe halten und nie gebrauchen. Der Arm stirbt natürlich ab. Er verdorrt. Ebenso erlischt und stirbt der Funken Liebe in jedem Menschen, wenn er nicht gebraucht wird. In Tätigkeit gesetzt aber wird er täglich größer und stärker und verbreitet immer mehr Helligkeit.
Dienen heißt, dein eigenes Vergnügen und deine Bequemlichkeit aufgeben, um anderen, die es nötig haben, die Hand zu bieten.

Wenn du Tag für Tag, in kleinen wie in großen Dingen, dich im Dienste für andere betätigst, so wirst du finden, das du jenen Funken Liebe in dir entwickelst, bis er so stark wird, dass er dich freudig über all die kleinen Schwierigkeiten und Plagen des Lebens hinwegträgt. Du erhebst dich über sie, du bist voll guten Willens gegen die Menschen, und das Gewissen, deine innere Stimme, sagt „Wohlgetan".
Diese Liebe ist wie die Gnade, der Shakespeare eine zweifache Tätigkeit zuschreibt: Sie segnet den Geber wie den Empfänger. Diese Liebe ist das göttliche Etwas, das in jedem Menschen lebt – das ist seine Seele. Je mehr Liebe und Barmherzigkeit jemand seinem Nächsten zuteil werden lässt, desto mehr entwickelt er seine Seele.
Professor Drummond hat in seinem Werk „Natural Law in the spiritual World" den Gedanken entwickelt, dass hier für Menschen die Möglichkeit besteht, zu dem zu gelangen, was man unter ewigem Leben versteht. Er entwickelt seine Seele aus einem winzigen Stücklein zu einem Teil Gottes. Hier findet er das Glück, ein Spieler in Gottes Mannschaft zu sein. Hier findet er die Freuden, des Himmels, hier und jetzt auf Erden und nicht später in einem unbestimmten Irgendwo über den Wolken.

Kai

Wie die alten Pfadfinder, die mit Baden-Powell im ersten Lager auf Brownsea Island waren, im Film von ihm schwärmen, so bin ich und alle, die mit ihm waren, immer noch begeistert von Kai.
Bis vor ein paar Jahren, als er schon verstorben war, wusste ich nicht einmal seinen richtigen Namen und das ist auch völlig bedeutungslos.

Kai,
von Pfadfindern
umringt

Kai
stehend Mitte
vor
Lilienbanner,
Günther
Mitte sitzend

Kai zweiter
von rechts

Kai war für einige Generationen das absolute Idol. Ein bescheidener Mann, in meiner Zeit so um die vierzig, unverheiratet und Kriminalbeamter. Er wohnte damals in Neuendorf, direkt am Rheinufer, schräg gegenüber Festung Ehrenbreitstein und dem Deutschen Eck in Koblenz.

Im Neuendorfer Stamm gab es eine Sippe Eichhörnchen und da unsere Sippe auch diesen Namen trug, entstand schnell eine gewisse Rivalität, die aber auch ein wenig mit leichter Eifersucht gepaart zu sein schien, denn Kai hatte natürlich mit den Neuendorfern viel zu tun.

Im Wettkampf, wie z.B. um den Georgsschild waren wir immer, wenn auch knapp, unterlegen. Das spornte uns natürlich ungemein an und so waren wir auch ganz heiß auf jede nur mögliche Gelegenheit, mit Kai unterwegs zu sein um von ihm möglichst viel zu lernen und mit ihm zu erleben. Ich will hier nur drei kurze Geschichten anklingen lassen, die auch geeignet sind, um sie am Lagerfeuer zu erzählen.

Wir, die Eichhörnchen, 6 Jungpfadfinder im Alter von 13 Jahren plus Kornett als Sippenleiter 14 Jahre alt, waren mit Kai unterwegs auf den Lahnhöhen bei Bad Ems. Den ganzen Tag marschierten wir durch recht schwieriges Gelände mit vollbepackten Affen (alte Rucksäcke) beladen und durchquerten schließlich eine Heide, bevor es dann hinab ins Tal der Lahn ging. Auf der anderen Flussseite, etwa einen Kilometer außerhalb, kamen wir zu einem Haus, in dem uns ein Raum zugewiesen wurde. Es sollte wohl so etwas wie eine Jugendherberge sein, aber in diesen Nachkriegsjahren war alles anders als heute. So hatten wir halt nur ein Dach über dem Kopf.

Trotz des anstrengenden Tages und wie das so in ganz jungen Jahren ist, begann langsam eine freundschaftliche Rauferei, in die Kai voll mit eingeschlossen war. Mir wurde es nach einiger Zeit zu wild und so zog ich mich in eine Ecke des Raumes zurück und beobachtete das wilde Durcheinander. Es ging sehr laut zu und man wusste nicht immer, wer gerade oben oder unten war. Plötzlich jedoch wurden die Bewegungsabläufe anders. Es hatte sich etwas geändert, denn einer lag dazwischen und bewegte sich nicht mehr. Das Menschenknäuel wickelte sich auseinander und am Boden lag bewusstlos, Kai.

Die Jungen glaubten an einen Spaß. Kai bewusstlos, das war unmöglich. Sie rissen und zerrten an ihm, führten die wildesten Affentänze um ihn herum auf, lachten wie die Blöden und konnten schließlich und letztendlich nicht fassen, dass sich nichts veränderte. Er lag einfach da, bleich bis kreideweiß und regungslos.
Sie kitzelten ihn, sprangen auf ihm herum, zerrten an Armen und Beinen, pitschten ihn um ihm Schmerzen zu bereiten, alles vergebens. Aus den Gesichtern der Freunde verschwand ganz langsam aber unaufhaltsam der jugendliche Übermut und machte einer ersten Besorgnis Platz. Auch ich, ein etwas sensibleres Wesen, trat auf die Szene und versuchte, durch zartes Klopfen der Wangen und gutes Zureden, den hoffentlich nur bewusstlos spielenden zum Einlenken zu bewegen. Aber es war erfolglos.
Der Sippenleiter schließlich übernahm die Initiative. Ein Eimer kaltes Wasser wurde geholt.
Zuerst wurde geträufelt, dabei laut gerufen – ja beschworen, dann brutal geschüttet. Es tat sich nichts. Was tun? Die Besorgnis wich vorübergehend noch einmal wildem Tatendrang und eigentlich verzweifelter Hilflosigkeit. Dem regungslos daliegenden wurde Mund und Nase zugehalten. Jetzt musste er um Atemluft ringen. Da er es nicht tat, war doch die logische Folgerung – aber das wollte man einfach nicht weiterdenken. Ratlos und den Tränen nah knieten alle um ihn, den sie so verehrten – ja eigentlich liebten. Ihr Idol, ihr Held, was hatten sie getan.
Ein Aufschrei gellte durch den Raum und das blanke Entsetzen stand in ihren Gesichtern. Der Hans hatte mit der ausgestreckten Hand auf Kais Gesicht gezeigt. Dabei hielt er sich seins halb zu. Aus dem Mundwinkel des Freundes lief Blut und färbte das nasse Halstuch rot, tropfte auf den Boden und brachte die Sippe in Bewegung. Sie hatten schließlich gelernt, was bei Schwerverletzten getan werden muss. Kai wurde auf die Seite gelegt mit dem Erfolg, so dass sich noch mehr Blut seinen Weg nach draußen suchte.
Man schrie nach Hilfe, nach einem Arzt, aber woher einen nehmen, man wusste noch nicht einmal genau, wo man war. Mit Telefon oder Handy, wie heute, war damals noch nichts. Der Sippenleiter sorgte für Ruhe. Er teilte zwei Mann ein, die sofort los sollten, um das Krankenhaus zu suchen und einen Arzt zu besorgen, egal wie.

Die Jungen stürmten aus der Tür und man hörte sie nach unten poltern, die verzweifelten zurücklassend, die um ihr Opfer saßen und nicht mehr weiter wussten. Was sollte nur werden?
In die Stille hinein, richtete sich der Regungslose auf und öffnete die Augen.
Die Eichhörnchen wichen schreiend zurück bis in die hintersten Ecken des Raumes.
Der Sippenleiter sprang auf und stoppte das Arztsuchkommando. Kai sah in die Runde und lächelte seine Peiniger sanft an. Das war nur eine kleine Demonstration sagte er, wie man sich in einer ausweglosen Situation verhält. Selbstbeherrschung heißt das Rezept, das nicht nur in dieser Lebenslage von Nutzen sein kann.
Die Jungen begriffen damals noch nicht so ganz, was ihr Feldmeister ihnen damit im Einzelnen alles sagen wollte. Sie waren nur so überaus glücklich, das der Spuk vorbei und alles wieder gut war. Vor lauter Freude vielen sie dann wieder über Kai her, wenn auch vielleicht etwas vorsichtiger.
Bleibt zu diesem Wochenende noch abschließend zu erwähnen, dass wir in der Nacht in ein Seitental der Lahn zogen, um dort in einer Burgruine nach einem Schatz zu suchen. Gefunden wurde er nicht, aber dafür wimmelte es in völliger Dunkelheit überall von den Geistern der alten Rittersleute.
Wie der geneigte Leser erkennen kann, ein unvergessliches Erlebnis, das seine Spuren im Leben von jungen Menschen hinterlassen hat.
Und du, wirst du auch Spuren hinterlassen haben, wenn du einmal in eine andere Dimension gegangen bist? Ich wünsche es dir. Aber es müssen positive Spuren sein.
Kai war ja ein Kriminalbeamte, der im Einsatz war. Das Erlebnis mit ihm deutete auf seine umfangreiche Ausbildung in diesen Dingen hin. Er erklärte uns auch zu diesem Themenkreis so einiges. Für uns Unwissende natürlich ein unerschöpflicher Brunnen von Abenteuern, die für ihn harte Arbeit bedeuteten.
Da gab es eine Zeit, in der wir Kai lange nicht zu sehen bekamen. Man sprach davon, er sei irgendwie abgesackt. Das wollte keiner glauben. Abgetaucht war er allerdings. Einer wollte ihn gesehen haben, wie er besoffen in der Koblenzer Altstadt mit zweifelhaften Gestalten hantierte.

Die Eichhörnchen planten, der Sache auf den Grund zu gehen.
An einem Freitagabend trafen wir uns mit Fahrrädern an der Mosel. Von dort fuhren wir über Metternich und Lützel nach Koblenz-Neuendorf und fanden das Haus am Rheinufer.
Kai wohnte parterre, war aber nicht da. Ein hübsches, junges Mädchen sah aus einem Fenster der oberen Etage und erzählte uns, dass der Mieter wohl selten da sei, bestenfalls spät in der Nacht heimkomme.
Wir waren zu allem entschlossen und wollten nicht so einfach wieder abziehen. Unter dem Protest des Fräuleins, das sicher, wenn wir ohne Kluft gewesen wären, die Polizei gerufen hätte, bestiegen wir die Fensterbänke, untersuchten alles und fanden schließlich die uns von Kai angekündigte Alarmanlage. Sie war ganz einfach und wie damals üblich, rein mechanisch. Schnell war sie überwunden, ein Fenster geöffnet und alle Eichhörnchen von der Straße verschwunden. Die Wohnung wurde kurz inspiziert und wir konzentrierten uns auf das Wohnzimmer, das wohl gleichzeitig auch Arbeitszimmer war. Dort waren ganz viele pfadfinderische Dinge zu sehen. Unter anderem fanden wir auch die Gegenstände, die wir selbst für unsere Proben hergestellt hatten. Das von mir geschnitzte Messer aus Hirschhorn hing auch an der Wand und ich erinnere mich sehr intensiv daran, wie tief mich der Gedanke beeindruckte, dass so einer wie der Kai uns wohl doch ernst nahm.
Irgendwann hatten wir dann alles begutachtet und gegen die Langeweile – wir hatten gehofft er käme plötzlich heim – stellten wir schließlich die Möbel fein säuberlich um.
Wenn ich mir vorstelle, was wohl heute ein Vermieter in einer Stadt zu solchen Aktionen sagen würde.
Beim Abschied nahmen wir gemeinsam eine Tafel mit 25 Knoten von der Wand. Sie sollte beweisen, dass die Eichhörnchen da waren. Ich klemmte sie auf meinen Gepäckträger und ab ging die Fahrt. (Heute hängt sie an einem Ehrenplatz im Georgshof.)
Kurz vor Koblenz-Lützel kam uns von Weitem ein einsames Licht entgegen. Wir sprangen in den Graben und vorbei fuhr, ohne uns zu bemerken, der gute Kai auf seinem Drahtesel. Er sah im Mondlicht sehr fertig aus. Über unseren Besuch bei ihm haben wir nie

gesprochen. Er hat uns nur gelegentlich so wissend angelächelt und dabei wurde uns dann immer etwas seltsam in der Magengegend.
Kai war zu dieser Zeit wirklich einer, der unrasiert und arbeitsscheu seinem Broterwerb in zweifelhaften Kreisen nachging. Dabei lernte er die absurdesten Typen kennen. Im Spiel verlor er sein letztes Geld und lebte auf Pump. Der reichliche Alkoholgenuss machte ihn labil und so geriet er in kriminelle Kreise, die ihm kleine Jobs bei Einbrüchen und anderen Lumpereien vermittelten. Die leichten Mädchen konnten ihn gut leiden, denn er war nicht so brutal wie die anderen Kerle aus der Szene.
Wenn die Polizei das Viertel durchkämmte, wurde er auch schon mal mit auf die Wache genommen, aber letztlich konnte man ihm nichts nachweisen und so wurde er mit seinen Gefährten wieder laufen gelassen.
Als die Ganoven ausreichend Vertrauen in ihn gefasst hatten, wurde er in einem gut bewachten Hinterzimmer auf einen größeren Cup vorbereitet.
In einer trockenen Vollmondnacht ging es los. Als Beifahrer saß er vorne im Opel Blitz, einem damals verbreiteten Kleinlaster mit hinterer, überplanter Ladefläche. Sie fuhren schweigend in Richtung Hunsrück-Höhenstraße, die sich von Koblenz recht stark ansteigend in das entsprechende Mittelgebirge hinauf windet.
Dann tauchte vor ihnen ein Großlaster auf, der naturgemäß sehr langsam fuhr.
Plötzlich sprangen von einigen überhängenden Baumästen dunkle Gestalten wie Affen herunter auf die Lkw. Planen. Schnell waren sie im Innern verschwunden. Dann flog die hintere Plane auf und Gegenstände wurden auf die Fahrbahn geworfen.
Der Kleinlaster hielt an. Von der Ladefläche sprangen mindestens 6 weitere Helfer, die alles aufhoben und im Opel Blitz verstauten. Bevor der Großlaster die Steigung hinter sich hatte, waren seine transportablen Güter – alles Teppiche und Pelze – verstaut, die Helfer eingesammelt und die Abreise in ein Versteck auf der anderen Rheinseite im Westerwald angetreten. Heute wäre eine solche Aktion, schon alleine wegen des starken Reiseverkehrs, auch in der Nacht, nicht mehr möglich. Damals aber gelang das Verbrechen. Kai wurde

in weiteren Nächten und an verschiedenen Orten entsprechend eingesetzt, bis er die Organisation genau kannte.
In einer dieser Nächte war dann alles vorbei. Bei einem Großeinsatz schlug die Polizei zu. Sie verhaftete nicht nur die kleinen Gauner auf der Straße, sondern auch die Hintermänner und die gesamte Organisation. Kai wurde freigelassen, wohl wegen guter Dienste.
Fortan war er wieder solide, rasiert und öfter mit uns zusammen.
Da fällt mir gerade die Geschichte meiner Mutprobe ein.
Wir saßen an einem Lagerfeuer im Brexbachtal. Außer uns war niemand im Tal. Der Lagerplatz ganz nahe beim heutigen Totempfahl war duster und die Bergrücken auf beiden Seiten erschienen nur manchmal, wenn die Wolkenfetzen den Halbmond kurz freigaben. Wir drängten Kai, uns eine Geschichte zu erzählen, sangen noch Hohe Tannen und Jenseits des Tales und warteten auf seinen Einsatz. Gut sagte Kai. Danach machen Günther und Hänschen ihre Mutprobe. Mir rutschte das Herz in die Hose. Was müssen wir machen, wollten wir wissen. Abwarten gab er zur Antwort und die anderen drängten weiter, wegen der Geschichte. Hänschen Küchler und mir war gar nicht so wohl bei dem, was wir zu hören bekamen. Den anderen wohl auch nicht, aber auf die wartete ja auch keine Mutprobe. Man muss natürlich die damalige Zeit berücksichtigen. Wir als Kinder hatten natürlich die Schrecken des Krieges mit Bombennächten erlebt, aber wir kannten keine Horrorfilme und waren ohne Fernsehen und Kino auf diesem Gebiet unerfahren und überhaupt nicht abgehärtet. Tote hatten wir gesehen, bei den genannten Kriegserlebnissen oder, wie damals üblich, wenn einer aus der Familie gegangen war. Aber kommen wir zur Geschichte von unserem Freund Kai.
Von seiner vorgesetzten Dienststelle im Polizeipräsidium Koblenz bekam er eines Tages, es war wohl Hochsommer, einen neuen, schwierigen Auftrag. Ein Assistent sollte ihn dabei unterstützen.
Allein schon der Tatbestand war ungewöhnlicher Art.
Aber ich muss wohl zunächst das Umfeld der Geschichte etwas näher beschreiben, denn sie spielt ja doch in einer anderen Zeit.
Damals gab es in einer großen Stadt, wie beispielsweise Koblenz, mehrere Friedhöfe, wie heute auch, in den Stadtteilen. Die Toten wurden, wie auf dem Land, bis kurz vor der Beerdigung, in den

Häusern, in denen sie gestorben waren, aufgebahrt. Aber es gab auch schon einen zentralen Hauptfriedhof, der eine große Leichenhalle für die Verstorbenen aus der Innenstadt hatte.
Um eine solche Anlage geht es in unserer Geschichte.
Es wurde von den Bestattern und den Angehörigen bemerkt, dass zunehmend an den Leichen Veränderungen stattgefunden hatten. Es waren Ringe von den toten Händen verschwunden, Halsketten fehlten und das besonders makabere, den Verblichenen waren die Goldzähne herausgebrochen worden.
So begab sich also Kai mit seinem Helfer auf Wache in die Leichenhalle und Nacht für Nacht warteten sie darauf, dass sich etwas ereignen würde.
Dabei war der Aufenthalt, bei schwülen Außentemperaturen und damals natürlich ohne Kühlung, mehr als unangenehm. Man stelle sich eine große Halle vor, ähnlich einer Kirche – aber nur halb so hoch. Darin Böcke aus Holz und darauf Särge, so etwa knapp einhundert, nicht alle belegt. Ein Teil – die am nächsten Tag beigesetzt werden sollten – mit verschlossenem Deckel, die anderen offen, weil ja noch Verwandte tagsüber zu Besuch kommen wollten. Ein schauriges Bild also, jung und alt vereint vor der letzten Reise.
Die Fenster an den Wänden mit buntem Glas, ohne Motive, lassen manchmal etwas Mondlicht über die weißen Gesichter huschen oder über die dunklen Särge streifen.
Die Nächte wurden für die beiden Kriminalbeamten zu einer echten Qual, zumal sie ja auch noch nicht einmal wussten, auf was sie eigentlich warteten.
Schließlich kam wieder eine neue Nacht heran und die beiden trafen sich am bekannten Ort. Draußen zog ein Gewitter auf. Die Luft war drückend heiß und stickig. Der Abend schien nicht vorbei zu gehen. Wie lange soll das noch gehen flüsterte der Assistent Kai zu und wischte sich den Schweiß von der Stirn. Heute Nacht sagte Kai leise, heute geschieht etwas. Ich spüre es regelrecht.
Das Gewitter hatte an Intensität zugenommen. Durch die bunten Fenster wurde das Licht der Blitze verstärkt und bot ein schauriges Feuerwerk auf den regungslosen Gestalten und den hölzernen Gebilden, die mit Blumen geschmückt dastanden.

Gegen 23 Uhr inspizierten sie noch einmal das Gelände um das Gebäude. Der Sturm jagte Staub vor sich her und wieder in den Vorraum der Halle zurückgekehrt, erschraken sie regelrecht durch das berstende Krachen des in immer kürzeren Intervallen aufbrüllenden Donners.

Kai gab seinem Assistenten Anweisungen, denen dieser nur sehr zögernd und mit nachdenklicher Mine nachkam. Er brachte ihn zu einem noch unbelegten Sarg, der ganz am entgegengesetzten Ende vom Eingang auf seinem Holzbock stand. Der junge Mann musste sich hinein legen und Kai stemmte den Deckel darüber. Er drehte die Schrauben hinein, jedoch ließ er noch etwas Luft für den einzigen Sarginsassen, der noch lebte.

Dann begab sich unser Kommissar in den Nebenraum und lauerte hinter einem türlosen Mauervorsprung, den schaurigen Raum beobachtend.

Nach einiger Zeit, die nicht vergehen wollte, quietschte eine Tür und im Zucken des Unwetters sah Kai für den Bruchteil einer Sekunde eine Gestalt. Dann war es einen Moment still. Eine Taschenlampe schickte ihr fahles Licht herüber. Dann hörte er schraubende Geräusche. Ein Sargdeckel wurde abgehoben und kurz darauf wieder aufgelegt aber nicht mehr verschraubt. Was geht da vor dachte Kai, denn sehen konnte er so gut wie nichts.

Der Schatten arbeitete sich weiter voran und kam langsam näher. Draußen musste ein Orkan toben, denn der Raum war erfüllt von einem Höllenlärm. Das was geschah, erinnerte auch nicht wenig an Höllenphantasien.

So ganz langsam begriff Kai, was sich da vor seinen Augen abspielte. Da war einer am Werk, der wohl nicht mehr alle Tassen im Schrank hatte.

Er ging von Leiche zu Leiche. Die Sargdeckel wurden schnell geöffnet. Den Toten die Ringe abgezogen, Ketten vom Hals gezerrt. Dabei ging der Täter nicht zimperlich mit den Verblichenen um. Man stelle sich die Stresssituation vor, in der sich dieser Mensch befand.

Manch ein Finger wurde da gebrochen und beim Öffnen eines toten Mundes brach der eine oder andere Kiefer und entwich vielleicht hier und da ein Seufzer. Oder war es der Sturm, der die Luft peitschte und den Regen auf das Dach prasseln ließ?

So vollbrachte der Schatten seine grauenvolle Tat. Bei den Leichen, die noch offen lagen, hatte er es leichter. Er wurde immer schneller, denn lange konnte kein Mensch diese Belastung aushalten.
Kai hätte sich gerne übergeben, aber dafür war nun wirklich keine Zeit.
Der Täter näherte sich einem Sarg, der am Ende des großen Raumes stand und merkwürdigerweise verschlossen war.
Er griff an die erste Verschraubung und stockte. Auch Kai stockte in diesem Moment der Atem. Er hatte die Pistole in der Hand und stand sprungbereit.
Der Mann, als solchen hatte Kai ihn jedenfalls schon mal eingeordnet, war in seiner Gier und angesichts der fast zu Ende gebrachten Tat wohl etwas leichtfertig, denn schnell übersah er die lockere Verschraubung am Sargdeckel. Er drehte auch die letzte Schraube noch herum.
Dann hob er den Deckel ab und indem er ihn abstellen wollte, setzte sich der vermeintliche Leichnam hin und rief mit ausgestreckter Pistole - Hände hoch.
Gleichzeitig drückte Kai dem Täter seinen Revolverlauf in den Rücken. Dieser wird wohl davon nichts mehr gespürt haben, denn ein gellender Schrei aus seinem aufgerissenen Mund zerriss die Luft und mit irren Augen brach er neben dem Tatort bewusstlos zusammen.

Und dann schrien die Pfadfinder im Brexbachtal. Was war dann? Auch in unseren jungen Augen stand das leichte Entsetzen. Warum tut ein Mensch so etwas Schreckliches. Was motiviert einen, wie sich herausstellte einen jungen Mann dazu, eine solche grauenvolle Tat zu tun. Kai war ganz ruhig.
Wir brachten den Mann zu einem Arzt. Er hatte einen Nervenzusammenbruch erlitten und musste in eine Nervenheilanstalt. Er wurde zwar verurteilt, aber davon bekam er nichts mehr mit, denn er hatte den Verstand verloren.
Wie sich herausstellte, hatte er eine hübsche Freundin, die von ihm ständig Geschenke als Beweis seiner Liebe forderte. Schließlich kam er, der aus einfachsten Verhältnissen stammte – was damals eigentlich üblich war – auf die Idee, die Toten zu berauben. So kann

es gehen, schloss Kai seine Erzählung, wenn der Mensch sich verführen und vom rechten Weg abbringen lässt.
So, und jetzt zur

Mutprobe

Ob wir es verschieben könnten, wollten wir wissen, aber da war nichts zu machen.
Hänschen und ich mussten Fahrtenmesser und Taschenlampe abgeben. Dafür bekamen wir ein langes, ziemlich kräftiges Seil und einen Zettel, den wir abseits der Freunde lesen sollten.
Darauf stand: Auf dem Berg steht ein alter Turm. In ihm findet ihr eine Nachricht. Holt sie und bringt sie auf dem schnellsten Weg ins Lager zurück.
Wir überlegten kurz und gingen dann los, den nächsten Waldweg bergan. Wer das Brexbachtal kennt weiß, das hoch oben ein Römerturm steht. Heute ist er vollständig restauriert.
Damals erreichten wir beide nach anstrengendem Aufstieg, der uns wegen unserer Jugend nicht so viel ausmachte, den Bergkamm und sahen in fahlem Mondlicht das Gemäuer da stehen.
Die überstehende Balustrade war halb kaputt, aber nach einiger Zeit beharrlichen Werfens fand unser Seil einen einigermaßen festen Halt und, Hänschen zuerst, begann unser Aufstieg.
Damals schon war ich im Klettern nicht so gut, mangels austrainierter Muskeln, aber schließlich waren wir beide oben.
Verdammt hoch meinten wir beide gleichzeitig und warteten einige Minuten, bis sich der Mond mit etwas hellerem Licht wieder zeigte. Dann traten wir an die Öffnung in der leicht zerfallenen Mauer heran. Im fast völlig dunklen Raum tasteten wir uns, ziemlich dicht beieinander, an den Wänden vorbei. Aber was war das? Da streifte mich ein warmer Luftzug im Nacken und an meinem Halstuchdreieck zupfte es. Einbildung dachte ich und schob den Freund etwas heftiger vor mir her. Gleichzeitig sahen wir das weiße Gebilde aus Papier. Ich griff danach und wurde von meinem Sippenkameraden herumgerissen

und gestoßen. Raus hier hauchte er mir ins Ohr. Hier stimmt was nicht. Mich hat einer am Ärmel gezogen.
Schnell waren wir wieder auf der Balustrade und ab ging es in die Tiefe. Dabei ließen wir uns so schnell hinab, dass unsere Handinnenflächen wund und blutig wurden. Das Seil ließen wir einfach hängen und ab ging es in rasendem Lauf hinunter ins Tal. Dabei riefen wir uns aufgeregt unsere Empfindungen zu.
Unten angekommen warteten alle schon auf uns. Ich übergab den Zettel an Kai, der uns schmunzelnd ansah und fragte, ob alles klar sei. Klar sagten wir außer Atem. Aber da waren welche, sprudelte es aus uns heraus und umringt von den Freunden berichteten wir unsere Erlebnisse. Dass wir im Turm angefasst worden waren und das wir ihren Atem gespürt hätten. Das könnte aber auch alles nur Einbildung gewesen sein meinte einer. Man bleibt irgendwo hängen und schon seien es Geister oder so gewesen sagte ein anderer. Und der nächste wusste von einem Fall zu berichten, wo Jugendliche – keine Pfadfinder – gewettet hatten, dass sich keiner um Mitternacht auf den Friedhof traue, um von einem bestimmten Grab eine Kerze zu holen. Ein Mutiger ließ sich nicht zurückhalten und lief los. Als er nach längerer Zeit nicht zurückkam gingen alle gemeinsam hin, um zu sehen, was geschehen sei. Sie fanden den Freund tot auf dem Grab liegend. Er hatte die Kerze in der Hand. Sein Mantel war aber in den Dornen des Rosenstrauches fest gehakt. Vor Schreck, wahrscheinlich weil er glaubte, der Tote persönlich habe ihn festgehalten, hatte er einen Herzschlag bekommen.
Das war uns nun doch etwas weit hergeholt. Meine persönliche Meinung war die, das ältere Pfadfinder im Turm waren, die einerseits etwas für die Spannung und das Abenteuer sorgen wollten, die aber andererseits im Hintergrund für einen reibungslosen Ablauf der Ereignisse da waren. Und ohne der Mutprobe ihren Reiz für alle Beteiligte nehmen zu wollen, muss doch auf die möglichst gefahrlose Durchführung geachtet werden. Gerade in der heutigen Zeit werden Dinge, die früher eher als harmlos angesehen wurden, schnell und gerne negativ dargestellt.
Die Mutprobe an sich ist ja sowieso mit einem negativen Image belegt. Das rührt einerseits wieder einmal aus der Zeit des 3. Reiches in Deutschland her und andererseits erinnert es manchen an

Jugendbanden und Verschwörungsrituale. Mit alldem hat das bei uns Pfadfindern nichts zu tun.
Die EPG Mitglieder der einzelnen Altersstufen legen angemessene Mutproben ab, durch die sie der Gruppe ihre Zuverlässigkeit beweisen. Sie wird vom jeweils in der Bundes-Probenordnung angegebenen Leiter ausgearbeitet und berücksichtigt die unmittelbare Situation der Betroffenen, deren Entwicklungsstand auf körperlicher sowie auf geistiger Ebene und das Umfeld, aus dem sie kommen und in dem sie sich gerade befinden.
Die Mutprobe ist nicht gedacht zur Belustigung der Leiterrunde eines Lagers oder zur Schadenfreude gerade nicht geforderter Gruppenmitglieder.
Sie dient vielmehr dem Zweck, dem Kind oder Jugendlichen zu einem altersgerechten Erfolgserlebnis zu verhelfen, das sein Selbstbewusstsein stärkt und seine Position in der Gruppe festigt. Die positiven Auswirkungen einer richtig gewählten und wirklich erfolgreich durchgeführten Mutprobe konnte ich sehr oft erleben.
Meine Mutprobe als Wölfling legte ich z.B. in der Stadt Koblenz ab. Ich musste mit der Straßenbahn alleine in die Stadt fahren bis zur Endstation Herz-Jesu-Kirche. Von dort quer durch die Innenstadt und die Altstadt bis in die Nähe des Deutschen Eck zum Pfarrhaus des Sankt Kastor Doms. Vom Pastor, der aber einen gehobeneren Titel (den ich vergessen habe) trug, erbat ich dann eine Unterschrift in mein Georgsheft und musste dann dem würdigen Mann noch einige Auskünfte über die Pfadfinder geben. Für einen kleinen Jungen in dieser Zeit sicher eine Überwindung von Hemmungen und ein Akt der Selbstbehauptung und Durchsetzungskraft. Als ich diesen Weg gegangen war, fiel mir ein Stein vom Herzen – so ähnlich wie nach der Beichte – denn ich war damals ein recht schüchterner Knabe.
Mutproben können so vielfältig sein wie das Leben selbst. Sie haben eine Eigendynamik und entwickeln sich oft ganz spontan nach den Gegebenheiten in und um einen.
Aber egal wer sie anordnet und wie sie gestaltet sind, niemals dürfen die anvertrauten Menschen in wirkliche Gefahr geraten. Alles muss immer und zu jeder Zeit steuerbar und abgesichert sein. Und selbst dann, wenn es für den oder die Beteiligten scheinbar brenzlig wird, muss der Verantwortliche die Fäden in der Hand halten und wissen,

dass nichts Unvorhergesehenes mit schlimmen Folgen geschehen kann. Dafür ist schließlich auch die Ausbildung nach der Bundes-Probenordnung maßgeblich vorgeschrieben und einsetzbar.
Die Mutprobe steht immer am Ende einer Stufen-Ausbildung.
Ohne auf die einzelnen Punkte der jeweiligen Ausbildung als Voraussetzung für die Durchführung der Mutprobe hier an dieser Stelle eingehen zu wollen, ist sicher klar, dass durch ihre konsequente Einhaltung die notwendige Basis dafür geschaffen wird.
Dabei sieht die Mutprobe in der Stadt, ganz naturgemäß, anders aus als auf dem Land. Hier will ich ein Beispiel von Mutproben schildern, die mir so spontan in den Sinn kommt.
Begegnung im Bunker.
Ein Jungpfadfinder bekommt eine Geländekarte, in der ein Punkt im Wald angegeben ist. Ohne Fahrtenmesser, aber mit Taschenlampe und sonstiger guter Ausrüstung zieht er, es ist Sommer, gegen 23 Uhr los. Aus dem Lager muss er durch den Ort Ernzen, über das Ferschweiler Plateau in den Wald. Strecke etwa 7 km. Dort findet er hinter dem Waldrand einen Bunker aus dem letzten Krieg. Eine Treppe führt nach unten, etwa eine Etage tief. Dann rechts ein Eingang, Beton ohne Tür. Dahinter ein erster Raum mit einem verfaulten Fass. Darauf eine Kerze mit Streichholz und eine Nachricht: Bleibe hier, lass die Taschenlampe aus, warte still auf das was kommt und bringe es mit.
Eineinhalb Stunden später. Ein weiterer Jungpfadfinder mit der gleichen Ausrüstung geht los. Auf seiner Aufgabe steht: Gehe zu diesem Ort und bringe mit, was Du dort findest.
Man stelle sich die Situation vor. Da sitzt einer, der nicht weiß wie lange und worauf er wartet. Draußen ist nur Feld, Wald und Wiese. Und dann plötzlich hört er was, so gegen 2 Uhr. Ein Lichtschein fällt auf die Treppe und vorsichtige, leise Schritte kommen herunter.
Der herunterkommt ist schließlich auch schon eine Zeit lang alleine mit sich und seiner Phantasie unterwegs. Er sieht von oben ein wenig flackernden Feuerschein aus dem Kellergewölbe dringen. Nun muss er hinunter, egal wie. Und dann die Begegnung. Wenn sie sich zum ersten mal anschauen. Ein Wahnsinnserlebnis und schließlich die Erleichterung - geschafft. Nach Austausch all der gesehenen und erfahrenen Eindrücke die Kerze gelöscht und im Eilmarsch ins Lager

zurück. Dort warten sie am Lagerfeuer auf die Freunde und lassen den Wortschwall über sich ergehen. Langsam und von den Beteiligten unbemerkt treffen die ausgeschickten „Begleiter“ der Unternehmung ein und gehen schlafen.
Der Stammesmeister beglückwünscht die Erfolgreichen. Die Nacht ist zwar kurz aber sie war heftig, denn auch andere waren gleichzeitig zu ihren Mutproben unterwegs. Der Stammesmeister und auch die jeweiligen Sippenleiter sind erleichtert, wenn sie ihre Zöglinge wieder gesund und um eine gute Erfahrung reicher wohlbehalten im Schlafsack wissen.
Das, liebe Freunde, ist Pfadfindertum nach Baden-Powell. Einsatz zum Wohl, zur Weiterentwicklung und Freude anderer. Ausbildung zur Selbstfindung aller Beteiligten.
Das Mut weit mehr ist, als das, was wir hier gelesen haben, ist sicher jedem von uns klar.
Baden-Powell schreibt unter anderem zu diesem Themenkreis:
Einige Menschen sind mutig geboren, anderen muss Mut zugesprochen werden. Aber in der großen Mehrzahl der Fälle ist er eine Eigenschaft, die kultiviert werden kann.
Mut gehört also zu ganz vielen Dingen, die wir im Leben erledigen müssen. Ob es sich darum handelt, in der Schule im rechten Moment das Richtige zu sagen, oder beim Vorstellungsgespräch die Hemmungen abzulegen und wenn es darauf ankommt sich nicht verbiegen zu lassen und Rückgrat zeigen; das alles hat mit Mut zu tun.
Das Gegenteil von Mut ist Furcht.
Unglück ist ein erbärmlicher Gefährte schreibt BiPi. Er wird dich unterkriegen, wenn du Furcht vor ihm zeigst oder an ihn glaubst. Wenn du dich ihm zuwendest, tritt ihn und zertrample ihn, er wird sich in Nichts auflösen. Glück ist eine Sache wie Mut: Du magst über einigen verfügen, aber du kannst ihn zu einem hohen Grad für dich verwirklichen.
Wenn wir also den Mut unserer Kinder und Jugendlichen fördern, geben wir ihnen etwas Wertvolles mit auf den Lebensweg. Und das ist schließlich Aufgabe des Pfadfindertums.
Abschließend zu diesem Thema noch einige Hinweise:

Bei der Mutprobe geht es also nicht darum, kleinen Menschen Angst zu machen, sondern ganz im Gegenteil, ihnen jede unberechtigte Furcht zu nehmen.
Das hat nichts mit der berechtigten Vorsicht zu tun.
Wir bereiten sie durch Ausbildung auf das Erwachsenenleben vor und bringen sie dadurch ein gutes Stück weit dazu, ihr Kanu selbst zu paddeln und selbst zu steuern.
Dadurch lernen sie die Gefahren rechtzeitig erkennen und beherrschen eher die Fähigkeiten, die Klippen erfolgreich zu umschiffen.
Ich kenne Jungpfadfinder, die jetzt 13 Jahre alt und seit 8 Jahren bei einem EPG Stamm aktiv sind. Sie sind ausgebildet nach der Bundes-Probenordnung und wenn wir nur einmal von Lager und Fahrt sprechen, sind das jetzt schon erfahrene Pfadfinder.
Denen macht im dunklen Wald, auf Nachtwache oder bei Problemen draußen so schnell keiner was vor und Abenteuerunternehmungen oder Aufgaben für die Gemeinschaft übernehmen, natürlich altersspezifisch, stellen für sie keine Probleme mehr dar.
Erfahrung ist also an die Stelle von Angst getreten und hat das Wort Mut in gewisser Weise ersetzt.
Kai hat mich persönlich in diesen Dingen fast ganz ohne Worte und nur durch vorbildhaftes Tun sehr beeinflusst und geprägt. Ein unvergessenes Vorbild für die Jugend. Im Brexbachtal wird durch eine Gedenktafel an ihn erinnert.

Das Georgslied

Es handelt sich hier um ein sehr altes Lied, das schon in meiner Jungpfadfinderzeit gesungen wurde und das mir damals ziemlich langweilig vorkam. Das wird vielen von euch ebenso gehen. Aber später dann habe ich dieses inzwischen ziemlich in Vergessenheit geratene gute Stück wieder ausgegraben und besser verstanden.
Der Text bezieht sich ja auf den Ritter Georg und geht auf die Sage ein, nach der er einen Drachen erledigt haben soll. Nun weiß jeder

vernünftige Mensch, das Drachen oder der Lindwurm in die Welt der Fabeln und Märchen gehört.
Für die Pfadfinder nach Baden-Powell ist der Kampf des Ritters Georg vergleichbar mit dem Ringen um Erkenntnis, um Kraft im Kampf gegen Versuchungen und Schwächen in uns selbst und von außen her.
Wie oft gerät ein Mensch wohl in seinem Leben, egal in welchem Alter auch immer, in Gefahren, denen es zu widerstehen gilt. Das Pfadfindertum gibt uns einige Mittel an die Hand, die bei diesem Lebenskampf hilfreich sein können. Davon handelt auch das Georgslied, das nur zu besonderen Anlässen gesungen wird.

Das Bundeslied

„Das Lilienbanner wehet“ ist das Bundeslied der EPG. Ich weiß nicht wer es wann und wo geschrieben hat. Ich weiß nur das es älter als ich sein muss und ganz einfach so toll und passend ist wie kein anderes vergleichbares Lied.
Es beinhaltet sehr viele unserer pfadfinderischen Ideale und Lebensprinzipien, die durch diesen Text ganz markant unterstrichen werden. Wir singen unser Bundeslied immer dann, wenn das Lilienbanner gehisst oder eingeholt wird, oder zu Beginn und am Ende einer gemeinsamen Unternehmung.

Nehmt Abschied Brüder

Genau wie das Bundeslied, so ist das Abschiedslied bei uns Pfadfindern zur guten Tradition geworden. Am Ende einer jeden gemeinsamen Unternehmung stimmt uns der beziehungsreiche Text ein wenig nachdenklich und manchmal, wenn es einem besonders schwer fällt auseinander zu gehen, auch etwas traurig.

Aber wenn dann der Scout-Master zum Schluss in die Runde ruft: „Liebe Freunde bis wir uns wiedersehen, Gut Pfad“, wissen wir, der Abschied ist nur vorübergehend und nicht für lange.

Schutzgebet (91. Psalm)

Der Text dieses Gebetes wird dir vielleicht etwas altertümlich vorkommen, denn die Bezeichnungen und auch einige Formulierungen entsprechen nicht mehr so ganz unserem heutigen Sprachschatz. In der Tat handelt es sich um einen Psalm aus dem alten Testament, wahrscheinlich von König David. Unter „Psalmen“ versteht man eine Sammlung von Liedern, Gebeten und Weisheitsgedichten, die den verschiedensten Zeiten der israelischen Geschichte entsprungen sind. Zu unserem 91. wird in der Bibel erläutert: Ein Lehrgedicht, das in eindringlichen Bildern einen einzelnen auffordert, in allen äußeren Gefahren auf den Schutz des Allmächtigen zu vertrauen. Und weiter heißt es: Geborgen in Gottes Obhut.

Beten kannst du auch als Meditation bezeichnen oder als Gespräch mit jemandem, den du nicht siehst, von dessen Existenz du aber überzeugt bist. Das heißt, du weißt es nicht, aber du glaubst daran, dass es so ist. Du kommunizierst also mit dem Unbekannten. Und wenn da die Rede ist von dem Höchsten oder dem Allmächtigen, dann kann einem schon ein bisschen anders werden. Du rufst den an, über dem es nichts mehr gibt. Und dieser sagt: Er liebt mich, darum will ich ihn erretten, er kennt meinen Namen, darum will ich ihn schützen. Er ruft mich an, darum will ich ihn erhören, ich bin bei ihm in der Not, ich will ihn herausreißen und zu Ehren bringen. Ich will ihn sättigen mit langem Leben und will ihm zeigen mein Heil.

Ob das was bringt wirst du dich berechtigt fragen. Dazu eine kleine Geschichte.

Ein englischer Ingenieur, Wissenschaftler und Autor namens F. L. Rawson berichtete von einem britischen Regiment, das unter dem Befehl von Oberst Whittlesey im 2. Weltkrieg über 5 Jahre an

der Front kämpfte. In all diesen schwierigen Kampfhandlungen ist nicht ein einziger Mann gefallen.
Alle Soldaten dieses Regimentes beteten regelmäßig den 91. Psalm und meditierten über die Weisheiten und Wahrheiten dieses Schutzgebetes. Sie konnten die Worte auswendig und trugen die Gedanken an Schutz und Geborgenheit in ihren Herzen.
Es gibt weitere Hinweise darauf, wie Meditation und Gebet dem Menschen helfen und ihn beschützen können.
Der erste Vers lautet:
Wer unter dem Schirm des Höchsten sitzt und unter dem Schatten des Allmächtigen bleibt, der spricht zu dem Herrn: Meine Zuversicht und meine Burg, mein Gott, auf den ich hoffe.
Ich empfehle euch dieses Schutzgebet zur täglichen Meditation. Inspiriert von diesen und weiterführenden Gedanken entstand das

Pfadfindergebet der EPG

In ihm wird die positive Lebenseinstellung spürbar, die Voraussetzung für das Erfolgreiche ist. Zu Beginn stellst du fest, dass die Grundlage zu allem, was du willst, deine Bereitschaft ist, dich darauf einzulassen, Allzeit Bereit zu sein.
Wenn Gott der Inhalt aller Lebensprinzipien ist, dann ist er in allem, also auch in dir. Mit Gott zusammen bildest du die Mehrheit und bist unschlagbar.
Ist Gott mit uns, wer vermag wider uns zu sein (Römer 8,31)?
Nach seinem Beispiel handeln heißt, in eine Gedankenwelt einzutauchen, die jenseits von Enge und kleingeistigem Spießertum liegt.
Mein Weg soll Dein Weg sein, denn alle Deine Wege sind Wege der Liebe, der Freude und der Fülle. Bei Gott ist kein Ding unmöglich.
Du wirst, was du täglich denkst. Sind deine Gedanken auf Versagen und Untergang gerichtet, dann wird deine negative Suggestion nach und nach eintreffen.
Das Menschenherz erdenkt sich seinen Weg (Sprüche 16,9). Was der Mensch sät, dass wird er ernten (Galater 6,7).

Mit Herz ist dein Unterbewusstsein gemeint, durch das du mit allem verbunden bist. Sei also mit deinen Gedanken etwas vorsichtig, aber nicht ängstlich.
Gedanken an Liebe, Freude und Fülle in Deinem Leben erfüllen dich mit positiver Kraft und führen dich letztlich zu dem, was du dir vorstellst und erhoffst. Der Glaube versetzt Berge.
Auf meiner Reise leitest, inspirierst und schützt du mich. Deine Gottesgegenwart ist um mich und in mir auf allen meinen Wegen.
Und es wird daselbst eine Bahn sein und ein Weg, welcher der heilige Weg heißen wird, dass kein Unreiner darauf gehen darf. Und derselbe wird für sie sein, dass man darauf gehe, das auch die Toren nicht irren mögen (Jesaja 35,8).
Wenn du dich also mit einer, durch das Pfadfindertum geförderten, positiven Lebenseinstellung auf diesem Lebensweg befindest, werden dir Dinge zuteil, die du früher nicht für möglich gehalten hast. Mit der Gottesgegenwart in deiner Mitte lösen sich Hass, Neid, Eifersucht und Angst auf und es entsteht Seelenfrieden.
Ausgeglichenheit, Gesundheit und Erfolg sind das Ergebnis einer positiv veränderten Lebenseinstellung.
Der Königsweg des Friedens und der Erfüllung, der Schönheit und der Harmonie, ist das angestrebte Ziel, der absolute Höhepunkt.
Als Daniel in die Löwengrube geworfen wurde, rief man ihm zu: Dein Gott, dem du ohne Unterlass dienst, der helfe dir (Daniel 6,17).
Daniel glaubte an die Kraft in ihm, drehte den Löwen den Rücken zu und blieb unverletzt. Die Löwen stehen hier als Beispiel für die Hindernisse und Gefahren, die uns im Leben begegnen. Glauben, der nicht aufgesetzt sondern echt und unverbrüchlich ist, kann Wunder in deinem Leben vollbringen.
Wenn du dich in der Burg des Herrn befindest und er seine Hand über dich hält, kannst du voller Zuversicht deinen Lebensweg weiter gehen und bist so sicher, wie Daniel in der Löwengrube.

Symbole, Aufkleber und Abzeichen

Seit Urzeiten benutzen die Menschen Darstellungen, um sich auszudrücken und mitzuteilen.
Höhlenmalereien übermitteln uns heute noch Nachrichten aus grauer Vorzeit und wollen uns Botschaften mitteilen.
So bedarf es gerade auch in unserer Zeit gewisser Zeichen, um das Gemeinsame auch im Äußerlichen zu dokumentieren.
Deshalb habe ich, neben den offiziellen Emblemen, eine ganze Reihe von Symbolen, Aufklebern und Abzeichen geschaffen, die an gemeinsame Aktionen erinnern oder auf die Gemeinschaft hinweisen sollen.
Da gibt es Aktionsabzeichen aus Stoff, die laut der Kluftordnung des Verbandes periodisch auf dem rechten Arm getragen werden können.
Für die 5 ersten Bundesversammlungen wurden Metallabzeichen, teilweise mit 1 Punkt für den Goldenen Pfeil, mit interessanten Motiven der Versammlungsorte geprägt.
Metallabzeichen, Stoffabzeichen und Erinnerungsabzeichen gab es auch, ebenfalls teilweise mit 1 Punkt für den Goldenen Pfeil, in allen Bundes-Pfingstlagern.
Für verschiedene Unternehmungen wie beispielsweise Bundes-Wallfahrt Klausen, Georgsläufe und Lagerwettkämpfe wurden Urkunden, Abzeichen und Plaketten verliehen.
Daneben gibt es Aufkleber in den Motiven der EPG Bundeslilie, dem EPG Bundes-Lilienbanner, der EPG Europafahne, dem EPG Spannband und mit verschiedenen Werbe- und Hinweistexten.

Zu diesem Thema möchte ich noch darauf hinweisen, dass es mit der Abbildung von Emblemen und Logos zu Problemen kommen kann.
Seit ich denken kann, habe ich auf meiner Kluft die Weltpfadfinderlilie getragen. Sie war, neben der Lilie unseres Verbandes, damals der DPSG, das verbindende Zeichen für die Pfadfinder dieser Welt.
So galt für mich die Lilie, die Baden-Powell seinen Pfadfindern geschenkt und hinterlassen hatte, als Allgemeingut.

Vor einigen Jahren hatte ich nun die Idee, eine Medaille aus echtem Silber prägen zu lassen. (siehe Kapitel über Baden-Powell)
Für die eine Seite ließ ich von einem begabten Graphiker das Portrait von Baden-Powell zeichnen und mit den Buchstaben BiPi und den Ziffern 1857-1941 zu einem Prägestempel gravieren.
Für die Rückseite nahm ich die Weltpfadfinderlilie, die ich ganz selbstverständlich für Allgemeingut hielt. Der Zeichner hatte allerdings die Sterne links und rechts in den Blättern vergessen. Eingefasst wurde das Ganze mit einer symbolischen Kordel, unten vom Weberknoten, den wir ja als Pfadfinderknoten ansehen, verbunden.
Dazu ließ ich mir den umlaufenden Text „SCOUTING THE BEST FOR YOU AND THE WORLD“ einfallen. Der Durchmesser der Medaille ist 40 mm und das Material 1000er Feinsilber.
Gedacht ist das schöne Stück als Geschenk für Menschen, bei denen es sich zu bedanken galt, wie beispielsweise Bürgermeister, die einer Gruppe weitergeholfen hatten oder ein Landwirt, der eine Wiese für ein Lager zur Verfügung stellte.
Nach einiger Zeit bekam ich Post von einem Rechtsanwaltsbüro. Im Auftrag der DPSG wurde mir mitgeteilt, das die Weltpfadfinderlilie beim Patentamt in München geschützt sei und man uns unter Androhung einer sehr hohen Summe verbiete, dieses Emblem zu verwenden.
Um die unangenehme Angelegenheit aus der Welt zu schaffen musste ich erhebliche Anstrengungen machen und einen Rechtsanwalt bemühen. Schließlich, nachdem ich nachweisen konnte, das mein Vorhaben ganz harmlos war und ich in Unwissenheit gehandelt hatte, wurde die Angelegenheit zu den Akten gelegt.
Ich habe dann diese Rückseite abgeändert, die Weltpfadfinderlilie durch unsere schöne EPG Lilie ersetzt und die Ziffern 1990 und 1995 hinzugefügt.
Wer also Dinge mit der Weltpfadfinderlilie einsetzen will, muss sich entweder bei der DPSG eine Lizenz besorgen, oder die Artikel bei einem Hersteller oder Händler mit Lizenz kaufen.
Wir kaufen inzwischen unsere Fahnen mit der Weltpfadfinderlilie beim Rüsthaus Sankt Georg (DPSG) oder im Scoutbüro in

Wiltz/Luxemburg und die Stoffabzeichen bei einem Händler wie Wiese oder dergleichen.
Mit der echten Silbermedaille der EPG im Etui haben wir schon zu so manchem Anlass Freude bereiten können.

Übrigens, ich bin kein Sammlertyp. Aber es gibt viele Freunde, die gerne sammeln und tauschen. So kommen in Lagern, bei Ausstellungen und Tauschbörsen die unterschiedlichsten Abzeichen unter die Leute. Der EPG Stamm Quo Vadis Speicher hat inzwischen ein Pfadfindermuseum in seinem Jugendhaus eingerichtet. Darin sind viele Exponate aus den bewegten Fahrtenjahren erhalten.

Der Pfadfinderpfiff

Baden-Powell schreibt dazu: Den Pfadfinderpfiff wenden Pfadfinder an, um die Aufmerksamkeit eines anderen Pfadfinders auf sich zu lenken.
In der Tat kann man damit einiges anfangen und erreichen. Ich habe schon oft und gerne die Melodie von einem Trompeter zu Beginn eines Lagers oder als Weckruf oder am Abend zur Lagerruhe blasen lassen.

JuJa, Kohte und Jurte

Als wir uns gemeinsam zu Beginn dieses Buches auf den Weg machten, auf möglichst viele Fragen, die sich im Zusammenhang mit der EPG im Speziellen und dem Pfadfindertum im Allgemeinen stellen, einigermaßen befriedigende Antworten zu finden, habe ich versucht mir vorzustellen, was du selbst gerne wissen willst und was vielleicht andere von dir wissen wollen.
Dabei denke ich, kannst du dir eine ganze Menge an Informationen z.B. über das heutige Weltpfadfindertum, die Entwicklungsgeschichte der vielen Pfadfinderverbände in Deutschland oder gewisse Techniken bei der Knotenherstellung und dem Anzünden eines Lagerfeuers anderswo beschaffen.
Was ich dir vermitteln will sind Einblicke in die tieferen Zusammenhänge von Ursache und Wirkung beim Leben nach einer erprobten Methode fortschreitender Selbsterziehung und Selbstverwirklichung.
Das es dabei auch gewisser äußerlicher Dinge bedarf, wie beispielsweise einer geeigneten Ausrüstung für Lager und Fahrt, ist selbstverständlich.
Wir Pfadfinder tragen keine Uniform, sondern eine Kluft, die auch nach außen hin unsere Zusammengehörigkeit dokumentiert.
Darüber hinaus ist sie aber auch, wie ich schon ausführte, sehr zweckmäßig. Deshalb tragen wir über dem Fahrtenhemd eine JuJa. JuJa bedeutet ganz einfach „Jungenschafts-Jacke. Sie kann aus schwarzem Kohtenstoff sein oder aus fast schwarzem Wollstoff. Sie ist, so gut wie, wasserdicht und hat eine für unseren Bedarf sehr brauchbare Verarbeitung. Auf der linken Brusttasche wird, nach dem Versprechen, die Bundeslilie der EPG getragen.
Die JuJa wurde uns, den Deutschen Jugendbewegten, ebenso wie die Kohte und die Jurte, von Tusk (dem Deutschen, wie ihn die Nordmänner nannten) Aus dem Land der Lappen mitgebracht. Tusk hieß mit bürgerlichem Namen Alfred Köbel und hatte ein bewegtes Leben, das sich immer um die Jugend drehte. Von ihm stammt auch das wunderbare Fahrtenlied „Zug der Schwäne“, dem wir einen Platz in unserem EPG Bundesliederbuch gewidmet haben.

Die Kohte aus schwarzem Zeltstoff ist das geeignete Zelt für eine Sippe.
Geht man auf einen Hike, so nimmt jedes Sippenmitglied einen Teil der Gemeinschafts-Unterkunft mit und so ist ein Transport auch zu Fuß und über größere Strecken ohne Probleme möglich. Das pfadfindertypische Zelt ist schnell aufgestellt, bietet ausreichenden Raum und trotzt, wenn es richtig aufgestellt ist, so gut wie jedem Wetter.
Bei winterlichen Temperaturen kann ein Feuer in der Kohte angezündet werden und macht den Aufenthalt sehr angenehm. Um die Grasnabe und die Lebewesen darin zu schonen, sollte eine hängende Feuerstelle bevorzugt werden. Das hilft auch gegen eine zu starke Rauchentwicklung, wenn das Brennholz mal wieder zu nass ist.
Ganz wichtig ist aber in diesem Fall, dass eine Feuerwache eingeteilt wird, damit niemand zu Schaden kommt und die Freunde beruhigt schlafen können.
Eine Kohte kann man so gut wie überall aufstellen. Hat man keine Stangen, reicht auch schon mal der Ast von einem Baum.
Die Jurte ist ähnlich wie die Kohte, nur in einer größeren Dimension. Sie bietet Platz für mehrere Sippen. Für einen größeren Stamm kann man leicht aus der Kombination mehrere Jurten und Kohten eine regelrechte Jurten-Burg bauen.
Jedenfalls ist die Atmosphäre in einer Jurte durch kein anderes Zelt dieser Größenordnung zu erreichen.
Wer schon einmal mit Freunden eine Nacht in der Jurte am Feuer gesessen, gesungen und erzählt hat, weiß wovon ich spreche.
Die Jurte wird dir, wenn so ein Lager etwas länger dauert, zur Heimat. In ihr bist du geschützt und geborgen. Da kann es draußen ruhig stürmen oder sonst was los sein, die Gemeinschaft in der Jurte ist dann für jeden der Mittelpunkt seiner gegenwärtigen Welt.
Ganz früher war unser Zeltmaterial bunt gemischt. Inzwischen sind wir auf Schwarzzelte umgestiegen. Ein Lager mit Kohten und Jurten passt einfach besser zu uns Pfadfindern.
Inzwischen haben die meisten EPG Stämme auch eine Großraumjurte, in der dann wirklich große Gruppen von Pfadfindern untergebracht werden können.

Der Pfadfinderhut

ist die offizielle Kopfbedeckung der EPG.
Damit haben wir uns selbst, wie in so vielen Dingen die EPG betreffend, einen großen Wunsch erfüllt. Der Hut geht auf Baden-Powell zurück und ist unverwechselbar mit dem Pfadfindertum verbunden. Seine Qualitäten sind unumstritten. Wer mit ihm im Regen unterwegs war, dabei einen Poncho trug und wasserdichtes Schuhwerk anhatte, weiß, was er ihm für Dienste leistete. Du kannst aber auch noch viel mehr mit ihm anstellen und außer Wasser schöpfen sind der Phantasie keine Grenzen gesetzt.

Thinking Day

Dieser Gedenktag erinnert an die Geburtstage von Baden-Powell 22.2.1857 und seiner Frau Olave 22.2.1889. Beide waren also Fischgeborene und vom Alter her 32 Jahre auseinander. Darüber, wie sie sich kennen lernten, gibt es eine, wie ich finde, sehr schöne Geschichte:
BiPi studierte ja sehr intensiv die Kunst des Spurenlesens, denn er war als Offizier in den Kolonien eingesetzt. Er fand heraus, dass sogar der Charakter eines Menschen aus seiner Spur, die er durch seine Gangart hinterlässt, herauslesbar sei.
So sah er im Jahre 1910 vor der Kaserne in Knightsbridge von hinten eine junge Dame mit einem kleinen Hund. Er sah nicht ihr Gesicht, aber ihr Gang verriet ihm, dass sie in auffallender Weise lebhaft war und Menschenverstand und Aufrichtigkeit ausstrahlte.
Nach zwei Jahren trat er in Southampton eine Weltreise per Schiff an. An Bord sah er, wieder von hinten, eine Dame, deren Gang ihm sofort bekannt vorkam. Hier konnte er sie ansprechen. Es stellte sich heraus, dass es die junge Frau war, die er mit dem kleine Hund vor der Kaserne gesehen hatte. Olave St. Clair war die 22 Jahre alte Tochter eines engl. Bierbrauers und ebenfalls auf dem Weg zu einer Weltreise. Baden-Powell, damals 55 Jahre alt, verlobte sich noch auf

dem Schiff mit Olave. Sie heirateten kurz nach der Rückkehr am 30.10.1912 in einer kleinen Gemeinde in der Grafschaft Dorset.
Baden-Powell begrüßte bei der Hochzeitsfeier seine Gäste sehr herzlich, ganz besonders aber General Botha. Dieser erhob sein Glas und brachte eine Toast aus, auf die Braut. Sie genießt meine volle Bewunderung, sprach er. Denn sie hat das geschafft, was mir nie gelungen ist: Baden-Powell gefangen zu nehmen.
Die Hochzeitsreise der beiden geriet nach Pfadfinderart: sie führte mit zwei Pferden, Zelt und Schlafsack in die nordafrikanische Wildnis von Algerien.
1913 wurde der Sohn Peter geboren, genannt nach Peter Pan. 1915 und 1917 die Töchter Heather und Betty. Olave übernahm 1916 die Leitung der Girl Guides.
Die Pfadfinder der Welt gedenken am 22. Februar ihrer Gründer und schicken sich frohe Botschaften der Freundschaft. In der EPG finden aus diesem Anlass die Stammesversammlungen statt, bei denen dann auch an diese Dinge erinnert wird.

Georgstag

Am 23.April eines jeden Jahres ist der Georgstag. Ganz klar ein Anlass für Georgspfadfinder, etwas zu unternehmen.
Was man anlässlich dieses Tages tut, liegt im Ermessen der Stämme. Man kann als Beispiel eine Wanderung durch die erwachende Natur machen und als Abschluss eine Georgsmesse feiern. Oder man trifft sich nach einem kleinen Sternmarsch am Waldrand zum Lagerfeuer mit Liedern, Würstchen grillen und Geschichten erzählen.
Das ich hier vom Grillen spreche, möge man mir verzeihen. Aber auch als Vegetarier weiß ich, wie viel Spaß es euch macht, mit einem frisch geschnittenen Stock Würstchen über dem Feuer zu garen. Man kann sich auch mit anderen Pfadfindergruppen treffen, um Gemeinsamkeiten zu suchen, Erfahrungen auszutauschen und zukünftige Unternehmungen zu planen. Dabei denke ich auch und nicht zuletzt an die Zusammenarbeit der Pfadfinder über Landesgrenzen hinweg. Das ist genau das, was Baden-Powell mit

„Die Weltbruderschaft der Pfadfinder" gemeint hat. Darauf komme ich noch zurück.

EPG Scout Kalender

Seit 1990 erscheint der Jahreskalender der EPG.
Das Format ist 23x20 cm. Er hat ein buntes Deckblatt und 12 Monatsblätter mit Kalendarium und rückseitigen Darstellungen aus dem Leben der EPG.
Dazwischen sind Anmerkungen zu finden, einige Abbildungen und sinnvolles das Pfadfindertum betreffend. Wenn du Anregungen, Texte mit Fotos oder Wünsche zum Kalender hast, dann melde dich im Bundesamt.
Der Kalender sollte bei jedem EPG Pfadfinder im Zimmer hängen und bei keiner Oma, Opa und Freunden fehlen. Er begleitet uns durch das ganze Jahr und erinnert uns rechtzeitig an die Termine, die uns wichtig sind.

EPG Erscheinungsbild

Wir legen Wert darauf, dass unser Erscheinungsbild, auch nach außen hin, positiv und gleichmäßig ist.
Das hat nichts mit Gleichmacherei zu tun. Aber jeder, der etwas von Vermarktung versteht, weiß, dass man um Imagepflege bemüht sein muss.
Deshalb haben wir für alle, die einen Briefbogen benötigen, einen entsprechenden und für alle verbindlichen Briefkopf abrufbar. Ebenso ist es mit Stempeln und anderen offiziellen Dokumenten. Bei Bedarf bitte im Bundesamt nachfragen.
Wer unsicher ist beim Umgang mit der Presse, Rundfunk oder Fernsehen, sollte sich unbedingt, bevor er sich öffentlich im Namen der EPG äußert, beim Bundesamt Rückendeckung verschaffen. Ganz schnell hat man sich selbst und der Gemeinschaft Probleme bereitet.

Durch alle unsere Erscheinungsformen wollen wir den positiven Eindruck der EPG in der Öffentlichkeit verstärken.

Das Fahrtenhemd

Wir haben uns in der EPG zu einem Fahrtenhemd in der Farbe khaki entschlossen. Die Farbe ist nicht sehr schmutzempfindlich und wirkt positiv. Das Hemd aus rustikalem Stoff hat zwei Brusttaschen und zwei Schulterklappen. In der „Ordnung der EPG“ ist in der Kluftordnung des Verbandes auf den Seiten 19 bis 21 alles genau beschrieben, was die Kluft und die Abzeichen darauf betrifft. Es muss aber noch dazu gesagt werden, dass eine ordentlich getragene Kluft sehr positive Reaktionen in der Öffentlich mit sich bringt. Genau das Gegenteil tritt ein, wenn Pfadfinder z. B. mit dem Hemd über der Hose, vielleicht noch offen und mit dem Halstuch um die Stirn, sich der Menschheit präsentieren. Aber ich gehe davon aus, dass du nicht zu dieser Klientel zählst.

Das Halstuch

Zur Pfadfinderkluft gehört das Halstuch.
Es wird in der Farbe der jeweiligen Stufe getragen, beschrieben auf Seite 20 in der Satzung und Ordnung der EPG unter „Die Kluftordnung des Verbandes“.
Das Halstuch ist ein Dreiecktuch, das gefaltet im Hemd auf der Haut getragen wird und so den Schweiß aufnimmt. Hinten heraus schaut ein ca. 7cm großer, dreieckiger Zipfel. Vorne treten die beiden Enden aus dem Hemdkragen heraus. Sie werden in der Regel zusammengehalten durch einen Lederknoten. An den beiden Enden befinden sich jeweils ein Knoten. Sie erinnern den Pfadfinder an die tägliche „Gute Tat“.

Mit dem Halstuch kann man natürlich auch alle möglichen anderen Dinge tun, von denen ich hier nur an die „Erste Hilfe“ erinnern will.

Die Gute Tat

Eines der vielen Klischees über Pfadfinder ist wohl das der Guten Tat. Da ziehen also junge Leute, angeführt von einem meist älteren, etwas schusseligen Typen, bestückt mit großen Hüten und in „Uniform“ durch die Gegend, um blitzartig eine alte Frau – auch gegen ihren Willen – über die verkehrsreiche Straße und womöglich noch auf die falsche Seite zu befördern. Darüber kann man herzlich lachen und Klischees sind in unserer Welt weit verbreitet. So lange es so harmlos zugeht, ist das ja alles kein Problem. Du weißt was ich meine. Klischees über Menschen, Gruppen, Volksgruppen und aus der Norm ausbrechende können verletzend, vernichtend und mit schlimmen Folgen behaftet sein.
Aber mit den Scherzen über die scheinbar bis ins hohe Alter etwas harmlos denkenden Pfadfinder können wir leben. Ganze Bücher wurden gefüllt mit lustigen Beispielen über die Gute Tat. Das Buch DIE GUTE TAT (Hans Fischer) vom Verlag die Brigg, Augsburg unter ISBN-Nr.3-87101-164-9, ist ein sehr gutes Beispiel dafür.
Ich habe nun schon einiges geschrieben über das Innen und Außen des Pfadfindertums. Hier nun ist wieder so ein Punkt gekommen, an dem ich auf verschiedenes aufmerksam machen muss. Zunächst aber will ich Baden-Powell zu Wort kommen lassen:
Mit „Gutes tun“ meine ich, dass ihr euch nützlich machen und anderen kleine Freundlichkeiten erweisen sollt – gleichgültig, ob es Freunde oder Fremde sind. Das ist nicht schwierig, und der beste Weg dafür ist, dass ihr euch vornehmt, jeden Tag mindestens eine gute Tat jemandem zu erweisen, und bald werdet ihr euch angewöhnen, immer gute Taten zu tun. Wie gering auch die gute Tat sein mag, ist unwichtig, selbst wenn man nur einer alten Frau über die Straße hilft oder ein gutes Wort über jemanden sagt, von dem schlecht gesprochen wird. Das Wichtigste ist, etwas zu tun.

Leistet die gute Tat auch nicht nur für eure Freunde, sondern auch für fremde Menschen, ja selbst auch für eure Feinde.
Und dem Sinn nach schreibt BiPi, dass selbst der kleinste Wölfling, heute wäre es sogar ein Biber, eine gute Tat tun kann, indem er mit einem lieben Lächeln einen Menschen glücklich macht.
Mit anderen Worten, das Pfadfindertum will uns über die tägliche Gute Tat hinführen zu einem Menschsein, das den Idealen aus Pfadfindergesetz und Pfadfinderversprechen entspricht.
Es geht also nicht darum, täglich krampfhaft nach Möglichkeiten zur Ausführung technischer Abläufe für die Gute Tat nachzusinnen, sondern im Lebensablauf einfach menschlich positive Reaktionen zu zeigen wie Mitleid, Verständnis, Hilfsbereitschaft, Toleranz und Großherzigkeit gegenüber allem, was lebt.
Dieses Ziel erreicht niemand als Jungpfadfinder. Aber das daran gearbeitet wird lässt hoffen, brauchbare Erwachsene zu bekommen.
Dies kann man nachlesen, ganz am Anfang der Satzung der EPG:
Die Europäische Pfadfinderschaft Sankt Georg ist ein Zusammenschluss von Menschen, die sich den Lebensidealen des Pfadfindertums verpflichtet fühlen, so wie sie der Gründer Lord Robert Baden-Powell entwickelt hat.
Die EPG ist eine freiwillige, unpolitische Erziehungsbewegung, die offen ist für alle Kinder, Jugendliche und junge Erwachsene ohne Unterschied von Herkunft, Rasse und Glaubensbekenntnis.
Zweck der EPG ist es, zur positiven Entwicklung junger Menschen beizutragen, damit sie alle ihre ganzen geistigen, körperlichen und sozialen Fähigkeiten entfalten können, um zu Persönlichkeiten heranzuwachsen, die als verantwortungsbewusste Bürger sich einsetzen für das Wohl ihrer örtlichen, nationalen und internationalen Gemeinschaften.
Der so geprägte Mensch wird im Umgang mit seiner Außenwelt ein angenehmer Zeitgenosse sein. Er wird im Idealfall lieben, wo man hasst, verzeihen, wo man sich beleidigt, verbinden, wo der Streit ist, Hoffnung wecken, da wo Verzweiflung quält, Licht anzünden wo Finsternis regiert und Freude bringen, wo der Kummer wohnt.
Und schließlich wird er so mithelfen, den Menschen in seinem Einzugsbereich zu helfen, dieses Erdendasein einigermaßen seelisch und körperlich unbeschadet zu überstehen.

Die Sippe

Eine der grundlegenden Fundamente des internationalen Pfadfindertums ist die Aufteilung der verschiedenen Altersstufen in Sippen. Die Sippe ist das Herzstück der Pfadfinder-Pädagogik

Für die EPG ist das beschrieben in der Satzung und Ordnung Seite 16 unter Aufbau des Verbandes. Die Sippe hat 5-7 Mitglieder. Sie wählt sich einen Kornett, der gleichaltrig ist und der den Sippenleiter vertreten kann. Auf Seite 18 steht dann, das der Sippenleiter, in der Regel, 18 Jahre alt ist. Weiter wird dort Bezug genommen auf die Bundes-Probenordnung. Dort steht unter „Die Leiter in der EPG“: Alle Leiter in der EPG haben eine Pfadfinderausbildung nach dieser Bundes-Probenordnung abgeschlossen und sind in der Regel mindestens 18 Jahre alt. Die Altersgrenze ist nur wichtig wegen der Verantwortlichkeit für die anvertrauten Kinder und Jugendlichen gegenüber Eltern und Erziehungsberechtigten.
Das sind die leider nötigen Zugeständnisse an die veränderte Zeit. Als ich noch mit meiner Sippe durch die Wälder zog, waren die Sippenleiter Kornetts und gleich alt oder ein Jahr älter.
So wollte es ja auch ursprünglich der Gründer.
Wenn also in einem noch jungen Stamm Probleme mit zu wenig gut ausgebildeten Sippenleitern auftreten, hätte ich keine Bedenken, geeignete Kornetts durch Schulungen auf EPG Bundesebene in die Lage zu versetzen, die Sippen zu leiten.
Allerdings sollte bei Outdoor-Unternehmungen immer ein verantwortlicher Erwachsener Leiter dabei sein. Wir wissen ja, was man im Falle eines Falles an Anklagen zu erwarten hat.
Es ist also äußerste Vorsicht geboten und nachweisbare Ausbildung unerlässlich. Unberechenbare Aktionen gepaart mit Leichtsinn können schreckliche Folgen haben. Mir fallen da spontan drei Ereignisse ein, die jedem in der Jugendarbeit tätigen und insbesondere Pfadfinder ein absoluter Horror sind.
Am 22. Juni 1930 waren Pfadfinder dabei, ein Stollensystem unter einem Schloss nahe Mönchengladbach zu erkunden. Nachdem der Erste nicht zurückkam ging der Zweite hinein und später auch noch

ein Dritter. Alle kamen nicht mehr zurück und wurden auch nicht mehr gefunden. Am Stolleneingang steht ein Gedenkstein an einem symbolischen Grab.
In einem Pfingstlager 1995 wollten DPSG Pfadfinder einen Weltrekord im Tauziehen aufstellen. Sie teilten zwei große Gruppen ein mit rund ca. 300 Wettkampfteilnehmern auf jeder Seite. Das Seil riss und verletzte viele Kinder und Jugendliche. Zwei Kinder starben und ruhen nun auf dem Friedhof in Koblenz-Güls. Es waren zufällig Pfadfinder aus meiner Heimatgemeinde und aus meinem alten, wieder neu gestarteten Stamm.
Ich wurde vor etwa 15 Jahren mitten in der Nacht aus dem Schlaf gerissen. Es war im Sommerlager auf dem Ferschweiler Plateau in Ernzen und ich lag in meinem Zelt und es war so gegen 2 Uhr. Es sei etwas schlimmes passiert rief man mir zu und ich solle doch bitte schnell einen Rettungswagen alarmieren und den Notarzt. Die mich weckten waren Leiter einer großen Gruppe einer Jugendfreizeit aus dem Raum Duisburg. Auf meine Frage, warum ich und nicht einer von ihnen, bekam ich die Antwort, sie seien nicht ganz nüchtern, wegen Führerschein usw. Also fuhr ich los und es kamen die Retter und natürlich auch die Polizei.
Was war geschehen: Im sehr lauten Lager mit rund 150 Teilnehmern war etwas Ruhe eingekehrt, nur eine große Runde von Jugendleitern saß flaschenschwenkend im hochhell erleuchteten weißen Hauszelt. Zwei Freunde waren aus deren Heimat angereist und wollten sich einen Überraschungsscherz erlauben. Ganz schwarz gekleidet und beschmiert huschten sie an das unbewachte Lager heran und gingen hindurch. In der Mitte sah sie dann ein Kind, das wohl aufgestanden war, und fing an zu schreien. Daraufhin traten die beiden Eindringlinge die Flucht an. Sie rannten in Panik in die Dunkelheit hinein, an den Hütten vorbei. In völliger Ortsunkenntnis durchbrachen sie die eigentlich massive Absperrung und gelangten rückwärts an einen senkrechten Abhang, den sie hinunter stürzten. Einer erwischte in halber Höhe einen Strauch, der ihn hielt und von wo aus er mit der Hilfe unserer Pfadfinder in Sicherheit nach oben gezogen werden konnte. Außer einem Schock hatte er nur Schürfwunden und Schnitte davongetragen. Der andere junge Mann

fiel die ganzen rund 15-20 Meter hinunter und schlug mit dem Rücken auf die Eisenrohrbegrenzung des Fußballplatzes.
Wie ich später erfahren habe, wurde er ein Rollstuhlfahrer. Alle diese Fälle – und ich könnte noch weitere hier aufzählen – haben ja ganz harmlos angefangen und sind dann eskaliert mit schlimmen Folgen für alle Beteiligten. Aber kehren wir zurück zu erfreulicheren Themen.
Die Einteilung der Altersstufen in Sippen ist also weltweit eine Verpflichtung, ohne die eine Pfadfinderische Jugendarbeit undenkbar ist. So wie Baden Powell es uns bei seinem ersten Lager- ich habe bereits darüber geschrieben-vorgemacht hat.
Die Kleingruppe- Sippe- ist also gewissermaßen die Keimzelle des Pfadfindertums. In ihr kann sich jeder bewähren, seine Schwächen und Stärken erforschen und soziales Verhalten einüben. Das ist ja oft unter Kindern unterschiedlicher Herkunft nicht so einfach. Wenn den Sippenmitgliedern einmal klar wird, das alle füreinander verantwortlich sind und jeder Einzelne als ein Teil des Ganzen nötig und brauchbar ist, sind die Wege zu Toleranz und Gemeinschaft bereits geebnet. Mehr dazu kannst du nachlesen in Satzung und Ordnung der EPG Seiten 14 und 15 unter Name, Zweck und Standort des Verbandes.

Der Sippenwimpel

Jede Sippe wählt sich ein Sippentier aus und fertigt sich einen Sippenwimpel, auf dem das Totemtier und evtl. der Sippenname, vielleicht auch noch der Name des Stammes und EPG zu sehen sind. Der Phantasie sind da keine Grenzen gesetzt. Der Sippenwimpel ist überall dabei, wo die Sippe aktiv ist. Im Lager steht er, je nach dem, was der Lagerleiter angeordnet hat, neben dem Sippenzelt oder mit den anderen Sippenwimpeln um den Bannermast herum.
Die Sippe sollte die Eigenarten und Lebensgewohnheiten ihres Sippentieres erkunden und sich zueigen machen. Auf der Kluft tragen die Pfadfinder das Sippenabzeichen entsprechend der Kluftordnung der EPG.

Der Georgshof in Dünfus

Dünfus ist ein kleines Dorf in der Eifel mit rund 250 Einwohnern. Es liegt auf den Moselhöhen unweit von der Autobahnabfahrt Kaisersesch. Die Touristenorte Cochem, Karden und Moselkern liegen nahe an der Mosel. Weiter sind zu nennen die Burg Eltz, die Burg Pyrmont und die Burg Bischofstein. Von Dünfus aus ist die gesamte Vulkaneifel mit der Hohen Acht gut erreichbar. Aber was ist das nun, der Georgshof in Dünfus?

Es handelt sich um einen kleinen Bauernhof, der mein Eigentum ist und den ich seit 1990 am renovieren bin. Das Wohnhaus ist unten massiv Bruchstein und oben altes Eichen-Fachwerk. Das Haus mit Hof, Ställen, Scheune und Freigelände stelle ich gelegentlich für Treffen von Pfadfindern zur Verfügung bzw. lade ich nach dort hin ein. Insbesondere soll es für Ausbildung zur Verfügung stehen mit dem Ziel der Erreichung des Georgskreuz. Weiter wird es uns möglich sein, kurzfristig und ohne lange nach einem geeigneten Versammlungsort zu suchen und buchen zu müssen, Treffen von Pfadfindern herbei zu führen und zu ermöglichen.

Der Georgshof soll als Ausbildungs- und Versammlungsstätte das geistige Zentrum der EPG sein.

Georgshof in Dünfus

EPG Zeltplatz Dünfus-Wirfus

In der Nähe von Dünfus, in einem abgewandten Tal auf halber Strecke zu Wirfus, liegt nahe der Villa Margarethe, eine Wiese am Pommerbach. Diese Wiese, eingefasst von schönen, alten Bäumen, soll für einen Zeltplatz hergerichtet werden. Zu diesem Zweck haben wir bei der 7. EPG Bundesversammlung ein Projekt gebildet und einen Projektleiter eingesetzt. Der Platz wird in seiner Endphase für einen kleinen Stamm ausreichend sein. Ich könnte mir auch vorstellen, dass gerade in der Verbindung von Lager und Georgshof eine sehr günstige Aufgabenstellung und Zusammenarbeit möglich ist und stattfinden wird.

Die Bundes-Probenordnung

Hier sind wir nun an einem Punkt angekommen, wo du sicher darauf gewartet hast. Denn hier kommen die Fragen auf uns zu, denen wir uns gemeinsam widmen wollen und müssen.
Das kleine blaue Heft hat es in sich. Und das im wahrsten Sinne des Wortes. Denn die meisten Pfadfinderverbände haben keine Probenvorgaben mehr für ihre Mitglieder. Ja ganz moderne sehen darin bereits mit dem Pfadfindertum unvereinbare Zwänge. Aber diese Leute hinken der Zeit hinterher, denn so wie die antiautoritäre Erziehung aus den 68ern bereits lange überholt und weil unbrauchbar abgeschafft ist, so sind auch die dem Zeitgeist angepassten Ideen im Bereich des Pfadfindertums überholt. Überlebt hat nur das Ursprüngliche, der wahre Kern, das Unverwechselbare. Die EPG will das Ursprüngliche bewahren und von dem Neuen nur das Gute zum wesentlichen Kern hinzufügen. Man nennt uns deshalb gerne wertkonservative Pfadfinder.
Viele Sprüche gibt es zu diesem Thema natürlich auch. Daraus spricht manchmal guter Wille, aber auch schon mal Hilflosigkeit oder leichte Verzweiflung.
Zurück (oder vorwärts) zu den Quellen, kann man lesen. Oder, wer zur Quelle will, muss gegen den Strom schwimmen. Aber manche, nicht die mit diesen Sprüchen, sind von der Quelle aus so weit durch den Bach, den Fluss und den Strom hinunter abgetrieben in das Meer der Unwissenden und der Masse, dass sie nicht mehr wissen, wo die Quelle ist. Der Tropfen im Meer gleicht dem Heer der Ahnungslosen, denen man nichts erzählt hat von den blühenden Wiesen am Ufer, den Bergen mit den sprudelnden Wasserfällen und den lachenden spielenden Kindern, an denen er vorbei getrieben wurde. Schade, kann man da nur sagen. Aber es gibt ja, wie immer, noch eine Hoffnung. Verdampft und aufgestiegen kann es gelingen, dass der Tropfen zurückkehrt zu seinem Ursprung und aus seiner Quelle austritt, um mit unbändiger Kraft das Werk zu beginnen.
Wie gut ist es aber – und wie beglückend – wenn man an der Quelle geblieben ist, kann ständig daraus schöpfen und sich daran laben.

In der Bundes-Probenordnung geht es um die Ausbildung unserer Mitglieder, entsprechend den einzelnen Altersstufen. Zu Beginn stehen Vorworte von dem Bundesmeister und dem 1. stellv. Bundesmeister, die du aufmerksam lesen solltest. Sie werden bei jeder Neuauflage überarbeitet abgedruckt. So ist es auch mit dem Inhalt der Proben. Sie werden vor jeder Neuauflage überarbeitet. Seit der 7. Bundesversammlung haben wir, auf mein seit Jahren intensives Betreiben hin, die Stufenmeister.
Sie sind für ihre Altersstufe zuständig, sorgen für Ausbildungsveranstaltungen und andere Aktionen in Zusammenarbeit mit dem Bundesvorstand und sind Ansprechpartner auch für die Leiter in ihrer jeweiligen Stufe. Von ihnen erwarte ich auch Tipps und Anregungen, um die Stufenarbeit lebendig und interessant zu halten.
Das Blatt mit den Fragen nach Namen, Anschrift, Alter und Angaben über die Sippe und den Stamm sollte jeder sorgfältig ausfüllen. Das gilt auch für die Blätter weiter hinten. Wenn du Leiter bist, ist es wichtig, dir den ausgefüllten

Leiterausweis

vom Bundesmeister unterschreiben und abstempeln zu lassen. Er kann Dir im Falle, dass du dich beispielsweise als Pfadfinderleiter unterwegs ausweisen musst, von Nutzen sein.
Dann kommen mehrere Blätter für zusätzliche Vermerke und Vordrucke, in denen die Teilnahme an Ausbildungsmaßnahmen bestätigt werden können.
Schließlich der Ausbildungsnachweis über eine mögliche umfassendere Spezialausbildung auf Sippen-, Trupp-, Stammes- oder Bundesebene.
Weiter geht es mit den Vordrucken zur Eintragung über Fahrten und Lager. Dort hinein kannst du dir auch den Stempel mit -1 Punkt Goldener Pfeil- und einer Widmung und Unterschrift machen lassen. Natürlich mit der Angabe über den Ort der Unternehmung und das Datum. Es folgen einige Seiten für Notizen und hinter dem Schutzgebet 3 Seiten für „Persönliche Angaben“ über dich selbst,

deinen Körper und deine gesundheitliche Verfassung. Diese Angaben solltest du für sehr wichtig nehmen, denn in einem Ernstfall ist es für einen Mediziner gut zu wissen, ob du mit Allergien zu tun hast oder ob du regelmäßig Medikamente nehmen musst usw..
Außer den Dingen ganz hinten in der Bundes-Probenordnung, über die wir schon gesprochen haben, weise ich noch auf den Abschlusssatz hin, der hinten auf der Rückseite des Umschlags steht. Dann möchte ich auf die JuLeiKa aufmerksam machen. Es ist eine neu geschaffene Jugend-Leiter-Karte, mit der man gegenüber Behörden, Organisationen und auch Eltern eine öffentlich anerkannte Leiterausbildung dokumentieren kann. Sie kann auch hilfreich sein bei Lager und Fahrt für Preisermäßigungen bei der Beförderung, beim Einkauf und bei Eintrittsgebühren. Sie kann ab dem 16 Lebensjahr über die Kreisverwaltungen angestrebt werden. Wenn du damit Probleme hast, so wende dich an das EPG Bundesamt oder die EPG Geschäftsstelle.
Die Bundes-Probenordnung gilt auch als

Pfadfinderausweis

und ist deshalb bei allen Pfadfinderunternehmungen dabei.
Die Angaben zur Person mit Hinweisen zur Gesundheitssituation stellen bei jedem Problem eine Quelle wichtiger Informationen dar. Und ich füge noch hinzu, dass du, wenn du eine Leiterfunktion inne hast, für die Dir Anvertrauten verantwortlich bist. Also sorge bitte dafür, dass alle Mitglieder eine Bundes-Probenordnung haben, die alle Angaben enthält und auch den jeweiligen Ausbildungsstand dokumentiert.
Alle Ausbildung in der EPG beginnt mit den Pfadfindergesetzen und endet, zumindest vorübergehend, mit dem Pfadfinderversprechen. Über das Wolfsgesetz wollen wir aber erst sprechen, wenn wir uns mit den Wölflingsproben beschäftigen und ebenso will ich die Pfadfindergesetze erst dann mit dir erörtern, wenn wir zu den Jungpfadfindern (2. Grad) kommen.

Die Biber

kennen noch kein festgeschriebenes und genau vorgegebenes Gesetz. Biber sind Kleinkinder ab 5 Jahre bis 7 Jahre. Sie werden auf spielerische Art und Weise an das Pfadfindertum herangeführt. Mit diesen Worten beginnt es.
Ich stelle mir vor, dass du vielleicht eine Sippe Biber leitest, oder dich halt mit dem Thema beschäftigst. Eine geradezu wunderbare Aufgabe für Menschen, die Kinder, insbesondere noch recht kleine, so richtig mögen.
Mit 5 Jahren noch im Kindergarten oder mit 6 Jahren gerade in die Grundschule gekommen, sind sie noch unverbogen und im wahrsten Sinne des Wortes harmlos und kindlich.
Die Stufe der Biber gibt es noch nicht allzu lange. Es hat mit der Entwicklung der Kinder im Allgemeinen und für uns in der pfadfinderischen Jugendarbeit tätigen mit der Wölflingstufe zu tun. Früher waren die Wölflinge das, was heute die Biber sind – Kleinkinder. Aber sieh Dir mal die heutigen Kinder im Wölflingsalter von sagen wir 9 Jahren an. Aber darauf komme ich noch bei der Wölflingsstufe. Hinzu kommt, dass alles viel früher beginnt und das andere Jugendgruppen auch schon kleine Kinder für sich einnehmen wollen. Das Kind ist also heute mit 5 Jahren durchaus in der Lage, in einer Pfadfindersippe der Biber integriert zu werden.
Als Biberleiter wirst du ganz besonders intensiv mit Deiner Sippe verbunden sein und eigentlich bist du zu beneiden, verbringst du doch eine tolle Zeit mit diesen kleinen Menschen. (Aber das werde ich auch bei allen anderen Altersgruppen sagen, denn so empfinde ich eben.) Nun stellt sich die Frage, was wird werden, wenn der Stufenwechsel ansteht. In manchen anderen Verbänden ist es üblich und vorgeschrieben, dass Leiter nur in einer speziellen Stufe tätig sind. Das heißt, ihre Sippe wird beim Stufenwechsel von einem Leiter dieser neuen Stufe übernommen und der Leiter selbst beginnt mit einer neuen Runde von vorne. Das mag für den Verband vorteilhaft sein, für den Sippenleiter als Mensch jedoch nicht. Die EPG überlässt es dir, wie es weitergeht. Wir bieten dir aber die Möglichkeit, bei deinen Kindern zu bleiben, und sie durch alle Stufen zu begleiten. Als

ausgebildeter Pfadfinder glaube ich hast du die Fähigkeiten dazu. Außerdem wirst du dich ja freiwillig ständig weiterbilden und durch entsprechende Lektüre und Leiterausbildung auf dem neuesten Stand halten.
So kannst du die Entwicklung der dir anvertrauten kleinen Biber begleiten und miterleben, wie sie von Stufe zu Stufe erwachsener werden. Die Anforderungen in der Bundes-Probenordnung helfen ihnen dabei wie ein roter Faden und dir sind sie auch ein Stütze.
Ich stelle mir vor, du kommst müde von der Arbeit oder aus der Schule und sollst nun eine Sippenstunde abhalten. Alle warten auf dich und denken, dass du voller Ideen bist.
Vorteilhaft ist natürlich, wenn du Gitarre oder ein anderes Instrument spielen kannst. Um mit Bibern zu singen (10. Singen), musst du kein Meistersinger sein. So kleine Sachen wie das lustige „Biberlied“ bekommt ihr sicher hin. Die Melodie geht wie das Liedchen: Dort troben auf dem Berg, da steht eine Kuh usw.. Das Bundeslied „Das Lilienbanner wehet“ und „Nehmt Abschied Brüder“ sollen auch die Biber schon lernen, damit sie bei gemeinsamen Aktionen mit dem Stamm auch das Gefühl haben, schon dazu zu gehören.

Unter (1. Glaube) soll der Biber ein Kindergebet lernen und es auswendig aufsagen können. Wenn das Kind noch nicht lesen kann, musst du ihm dabei helfen. Dabei wirst du feststellen, welche Kinder von daheim solche kleinen Gebetchen schon können. Einige sind bestimmt dabei. Dann kannst du davon etwas für die ganze Gruppe übernehmen. Wenn das nicht so ist, hier ein paar Tipps: Schreib mit den Kindern ein neues Gebet und beherzige dabei, was Baden-Powell zum Thema beten sagt.
Ein Kind sollte lernen, wie man betet, nicht, wie man Gebete herunterleiert. Dem Sinn nach sagt er weiter, dass sich aus der Praxis des Dankens und Bittens an Gott die Gemeinschaft mit ihm zu einer Lebensgewohnheit entwickelt, anstatt gespreizte Phrasen herunter zu rasseln.
Gebete sollen also von Herzen kommen und in einfachster Sprache, wie in der Unterhaltung mit einem Freund, Gott für seinen Segen und empfangene Freuden danken und um geistigen und körperlichen Schutz, Stärke und Führung bitten.

Gerade hat mir ein kleines Mädchen ein Gebet ins Ohr geflüstert, das ich hier als Anregung aufschreiben will:

Jedes Tierlein kriegt sein Fressen,
Jedes Blümlein trinkt von dir,
Hast mich du auch nicht vergessen,
Lieber Gott wir danken dir.

Unter (2. Pfadfinderkunde) lernt der Biber den Bibergruß und seine Bedeutung kennen. Nun ist das ja so, dass die Biber die vorgezogene Stufe der Wölflinge darstellen. Zu dem gesamten Komplex der Biber und Wölflinge in der EPG muss ich nun etwas weiter ausholen und einiges klarstellen.
Als Baden-Powell „Scouting for Boys“ schrieb, dachte er zunächst weder an Mädchen in seiner Bewegung, noch dachte er an kleinere Kinder.
Für die Mädchen entstand eine eigene Organisation und für die kleinen Kinder wurde eine neue Form gesucht, wie sie integriert werden konnten.
Für die Wölflinge, die damals wirklich noch Kleinkinder waren und vergleichbar mit unseren heutigen Bibern, wurde das Dschungelbuch von Rudyard Kipling zum Vorbild genommen mit all seinen schönen und sicher auch lehrreichen Geschichten.
Ich werde noch darauf eingehen, will aber jetzt schon sagen, dass mir diese Form von Vorpfadfindertum überhaupt nicht gefallen hat.
Hinzu kommt auch noch, dass bei den Kindern diese ganze Form ebenfalls nicht ankam. Inzwischen sind nun die Mädchen völlig gleichberechtigter Teil unseres Pfadfindertums und die Wölflinge ebenso. Da die Biber in der EPG nun eigentlich die Rolle eingenommen haben, die früher den Wölflingen zukam, sind wesentliche Merkmale natürlich ebenfalls auch übernommen worden.
So ist der Bibergruß auch die Hand mit dem erhobenen Zeige- und Mittelfinger. Der Daumen hält dabei den Ring- und den kleinen Finger. Es entsteht also ein V.
In diesem Fall von Victory wie Sieg, Erfolg oder Triumph zu sprechen, wäre sicher nicht passend. Nennen wir es einfach ein positives Zeichen der Freude und des guten Willens.

Der Biber kennt das Lilienbanner und malt es schön in sein Ringbuch. Dem Ringbuch kannst du auch den Namen „Georgsheft“ geben. Die Form des Ringbuches ist deshalb gut, weil die Blätter beliebig, wenn mal etwas daneben gegangen ist, ausgewechselt werden können. Kinder malen gerne mit Buntstiften und so können sie sich über die kreative Beschäftigung mit dem Lilienbanner, den Zeichen und Motiven der EPG vertraut machen.
Über den Pfadfinderpfiff hast du schon etwas weiter vorne gelesen und kannst ihn nun mit den Bibern einüben. Das wird sicher sehr lustig. Wie er genau geht, entnimm bitte Seite 75 dieses Buches.

Unter (3. Heimatkunde) geht es weiter mit malen und zwar die Fahne seines Heimatlandes. Das sollte kein Problem sein.

Unter (4. Verkehrskunde) soll der Biber die wichtigsten Regeln für Fußgänger kennen lernen, damit er unfallfrei und sicher in die Schule und zurück kommt.
Nun ist die Verkehrslage in den verschiedenen Regionen sicher sehr unterschiedlich. Deshalb solltest du auf die Gegebenheiten vor Ort eingehen. Gleichgültig, ob nun einige Eltern ihre Kinder bringen und abholen, während andere da weniger ängstlich oder vorsichtig sind, gilt es, Aufklärung über die möglichen Gefahren zu betreiben. Ein kleiner Unterricht auf der Straße, an Kreuzungen und Fußgängerüberwegen, mit den Hinweisen auf besonders schwierige Situationen, ist ratsam. Nicht nur der Weg zum Kindergarten oder in die Schule, sondern auch der zur Sippenstunde birgt Gefahren. Dabei solltest du auch nicht nur auf die möglichen Gefahren im Straßenverkehr hinweisen, sondern auch, vorsichtig und zusammen mit den Eltern, vorbeugend gegen missbräuchliche und kriminelle Handlungen aufklären.

Unter (5. Naturkunde) geht es um Bäume und Sträucher, deren Blätter in das Ringbuch geklebt werden sollen. Das dürfte dir keine Schwierigkeiten bereiten und etwas über diese Pflanzen zu erzählen, auch nicht. Das gilt ebenso für einen Vogel und ein Haustier. Daraus kannst du interessante Sippenstunden gestalten.

Für Bäume und Sträucher kannst du in den Park, den Wald oder an den Straßenrand gehen.
Der Vogel kann eine Taube aus der Stadt sein oder eine Meise aus dem Garten. Das Haustier bringen sicher das eine oder andere Kind von daheim mit. Ein wenig Literatur darüber informiert dich schnell und du kannst mit den Bibern fachsimpeln. Dazu kommen wieder neue Bildchen in das Ringbuch.

Zu (6. Lagerfertigkeiten) besorgst du dir einige Lederriemchen, so 4 mm dick und 20 cm lang. Dann übst du mit den Kleinen ihren ersten Knoten. Es ist der Weberknoten, den wir Pfadfinderknoten nennen und der die EPG Lilie unten zusammen hält. Ob der Versuch gelungen ist, kann jeder leicht feststellen. Der Knoten muss sich, wenn man die Enden von außen gegen die Mitte zusammen schiebt, wieder ganz leicht lösen lassen; das Produkt dann voller Stolz in das Ringbuch kleben lassen mit kleiner Beschriftung. Das Ganze geht auch mit einem entsprechenden Seilchen.

Unter (7. Lager und Fahrt) soll der Biber an einem Lager über Nacht teilgenommen haben. Das ist wieder eine ganz besonders erfreuliche Gelegenheit, mit deinen Kindern zusammen zu sein. Ganz besonders die Nähe zu den „Großen“ wird für die Kleinen sicher zum Erlebnis.
Pfingstlager, Sommerlager oder auch einmal kurz im Herbstlager bieten sich hier an. Manche Stämme führen aber auch ganz gezielt einmal im Jahr an einem Wochenende ein Biber-Wölflingslager durch. Jetzt, wo die EPG auch für diese Altersgruppe einen Stufenmeister eingesetzt hat, wird sich in dieser Richtung auch auf Bundesebene etwas entwickeln. Das gilt auch für die nächste Anforderung.
Der Biber hat an einer Fahrt teilgenommen mit Übernachtung in einer Jugendherberge. Dazu bietet sich eine kleine Zugreise an. Anschließend gewandert mit Rucksack – alles altersgemäß und zur Übernachtung in einer Jugendherberge. Wenn du einen Jugendherbergsausweis benötigst, frag deinen Stammesmeister oder wende dich an das EPG Bundesamt oder die EPG Geschäftsstelle. Hier wird dir gerne geholfen, auch wenn Du andere Fragen hast z.B. zu

Informationsmaterial über Jugendherbergsnachweise oder Kartenmaterial sowie Hinweise auf geeignete Zeltplätze.

Unter (8. Gesundheit) geht es um ein wichtiges Thema, das du vielleicht für selbstverständlich hältst. Aber erstens kommen die Kinder aus verschiedenen Verhältnissen und zweitens sind die Menschen eben unterschiedlich veranlagt.
Besonders im Lager kann man beobachten, dass insbesondere kleinere Kinder sich sehr gerne gehen lassen. Wenn du da nicht nachhakst kann es passieren, dass die von der Mutter fürsorglich mitgegebene Unterwäsche nebst Socken unberührt den Weg nach Hause antreten.
Also, mach einen richtigen Akt aus der Reinigung und Hygiene der Biber, damit sie es sich zur Gewohnheit werden lassen.
Biber tragen zwar noch nicht unbedingt Kluft, haben aber auf ihrem orangenen Halstuch hinten auf dem Dreieck einen Biber. Und weil wir gerade bei dem Thema sind: Die Altersgruppe heißt doch Biber. Sie hat ja also bereits einen Tiernamen. Trotzdem wollen sich die Kinder zumeist auch noch einen Tiernamen zu legen. Das ist in Ordnung, muss aber nicht sein.
Um die Biber, wenn es in einem Stamm mehrere Sippen gibt und sie keine Sippennamen haben, untereinander besser unterscheiden zu können, kann man Zahlen verwenden oder Farben.

Unter (9. Sport) soll der kleine Biber Schwimmen und Radfahren können. Wenn sie es nicht schon von zu Hause aus können, sollten sie es bei dir lernen. Das macht viel Spaß. Radfahren könnt ihr am besten auf einem etwas abgelegeneren Radweg. Das gibt immer eine gelungene Sippenstunde, evtl. noch mit einem kleinen Picknick auf einer Wiese. Dabei kann man herumtollen oder Spiele machen. Zum Schwimmen mit der Sippe in ein Hallenbad oder Freibad, je nach Jahreszeit, bringt ungeahnte Freuden. Aber denk an deine Aufsichtspflicht!
Natürlich kann es sein, dass du neben den normal begabten Kindern auch solche hast, die nicht gerade als Wasserratten bezeichnet werden können. Ebenso ist es mit dem Radfahren. Oder durch eine

Behinderung geistiger oder körperlicher Art kommt jemand nicht ganz mit.
Dann liegt es an dir, auch diesem Kind entsprechend seinen Möglichkeiten zu einem Erfolgserlebnis zu verhelfen.
Denk also daran, dass diese Bundes-Probenordnung kein Exerzierbuch ist, sondern das die darin aufgezeigten Anforderungen nur Anhalt geben sollen und Hilfe zur Selbstverwirklichung sind.

Unter (11. Spielen) wird angeregt, dem natürlichen Spieltrieb des Menschen, gerade in diesem Alter, freien Lauf zu lassen.
Baden-Powell bezeichnet das ganze Leben als ein Spiel. Pfadfinden ist ein vortreffliches Spiel, wenn wir unsere ganze Kraft hineinlegen und es richtig und mit echter Begeisterung anpacken. Wenn wir es so spielen, so werden wir, genau wie bei anderen Spielen merken, dass wir dabei Kraft gewinnen an Körper, Geist und Seele.
Aber vergesst eines nicht, schreibt er. Es ist ein Spiel für die freie Natur! Geht daher hinaus ins Freie, so oft ihr Gelegenheit dazu habt. Dazu wünsche ich euch: „Gut Pfad“ und „Gutes Lagern“!
Ich will nun hier keine Spiele für Biber aufführen, denn ich bin sicher, du und Deine Biber kennen mehr davon als ich. Aber auf den Punkt „Theaterstück“ will ich besonders hinweisen.
BiPi war ja, wie ich schon erwähnt habe, als Offizier in Südafrika im Einsatz. Neben seiner Fähigkeit, die Soldaten durch selbstinszenierte kleine Theateraufführungen zu unterhalten, verkleidete er sich selbst sehr gerne, um die Stellungen der Gegenseite zu erkunden. Das kam ihm sehr zu nutze und machte ihm großen Spaß.
Auch wir können also durch Verkleidungen in Rollen schlüpfen, die bei Steggreifaufführungen für Spaß und Unterhaltung sorgen. Darüber hinaus schärfen sie unsere Beobachtungsgabe, fördern unser soziales Verhalten, schulen den Verstand und helfen mit, Hemmungen zu überwinden. Erscheint es auch nicht einfach, vor versammelter Mannschaft etwas darzustellen, so ist es unter Freunden leichter, einen ersten Schritt zu tun und einen Anfang zu finden. Wenn es im Alter eines Bibers beginnt, umso besser.

Unter (12. Kimprobe) geht es um eine scheinbar nur lustige Sache. Ganz so ist es nicht. Baden-Powell will mit der Kimprobe dazu

anregen, dass der Pfadfinder seine Beobachtungsgabe schärft und ausbildet. Du suchst also 8 völlig unterschiedliche Gegenstände aus und legst sie auf den Boden. Dann versammelst du die gesamte Sippe drum herum. Sie sollen sich die Utensilien still und konzentriert 5 Minuten ansehen. Du schreibst sie dir auf einen Zettel auf wie eine Tabelle. Dann räumst du alles weg und schickst die Sippe nach draußen. Nun rufst du jedes Sippenmitglied einzeln herein und lässt die Gegenstände aufzählen. Du hakst kommentarlos die richtigen ab und von den 8 sollten mindestens 6 richtig genannt worden sein. Warum heißt das kleine Spiel denn nun Kimprobe?
Nun, Kim war ein Junge, der nach einer Erzählung von Rudyard Kipling als Sohn eines engl. Unteroffiziers in Indien geboren wurde. Als die Eltern starben lebte er unter den Einheimischen, bis ihn die Soldaten der Einheit seines Vaters aufnahmen und ausbilden ließen. Die Ausbildung übernahm ein Edelsteinhändler, der seine Beobachtungsgabe dadurch schärfte, dass er ihm bestimmte Gegenstände kurz zum Einprägen vorlegte und dann entfernte. So lernte Kim wichtige Details zu behalten und geheime Botschaften zu übermitteln. Er hat dann seinem Land große Dienste geleistet, indem er verkleidet und dadurch unauffällig Beobachtungen und Erkundungen durchführte. Baden-Powell stellt diesen Jungen als gutes Beispiel hin für Einsatz, Zuverlässigkeit und Standhaftigkeit.
Wir befinden uns natürlich nicht in dieser oder einer ähnlichen Situation, aber seine Umwelt beobachten und richtig einschätzen zu lernen, ist auch heute noch kein Fehler.

Unter (13. Basteln) stellt der Biber 3 verschiedene Dinge nach eigener Wahl her. Auch das ist eine schöne Aufgabe für gemeinsame Arbeit in den Sippenstunden, denn ebenso wie spielen, basteln die meisten Kinder gern. Es liegt an dir, etwas daraus zu machen.

Dann kommt unter (14. Schweigeprobe). Hier soll der Biber etwas tun, dass ihm offensichtlich mehrheitlich schwer fällt, was ja auch ganz natürlich ist. Aber es ist der erste Versuch darauf aufmerksam zu machen, dass man sich auch einmal beherrschen können muss.
Nach einer durchtobten Sippenstunde setz dich mit den Kindern hin und bereite sie darauf vor, das Schweigen eine ganz wichtige Sache

im Leben ist. Schweigen kann auch bedeuten, nicht nur eine Zeit lang nichts zu sprechen, sondern auch ein kleines Geheimnis für sich zu behalten.
Pfadfinder sind keine Schwätzer, sondern zuverlässige Freunde und Partner, denen man vertrauen und auch etwas anvertrauen kann.

Unter (15. Haltung und Zuverlässigkeit) wird eingefordert, was erreicht sein muss, um in die nächste, die Stufe der Wölflinge, überzuwechseln.
Mit deiner Unterschrift hast du jede einzelne Probe bestätigt und der Biber wird nun voller Stolz die Bundes-Probenordnung auch dem Stammesmeister zur Unterschrift vorlegen wollen. Hilf du dabei, damit das auch klappt und das möglichst auch noch der Stammes-Stempel dazu kommt.
In den wenigsten Fällen wird es einen Truppleiter geben, nur um es zu erwähnen, weil es so in der Probenordnung steht. In der Satzung und Ordnung der EPG steht auf Seite 17 unter Aufbau des Verbandes: Mehrere Sippen einer Altersstufe bilden einen Trupp, dem ein Truppleiter vorsteht. Auch die Truppleiter gehören zur Stammesleiterrunde.
Da aber der Mangel an ausgebildeten Leitern eines der größten Probleme in den Stämmen ist, und zudem meist nur wenige Sippen zu einer Stufe gehören, wird größtenteils auf die Besetzung dieser Position verzichtet. Das ist schade, aber wenigstens auf Bundesebene übernimmt ein Stufenmeister jetzt insbesondere die Vertretung der Stufen in der EPG.
Mit deinem Einsatz in der Biberstufe hast du den Kindern, der EPG und auch dir selbst einen großen Dienst geleistet. Du hast gesät und darfst sicher sein, die Ernte wird kommen.
Hier will ich ein paar Zeilen einfügen, die mich sehr berührt haben:

Kinder
(von Bettina Wegner)

Sind so kleine Hände
winzge Finger dran.
Darf man nie drauf schlagen
die zerbrechen dann.
Sind so kleine Füße
mit so kleinen Zehn.
Darf man nie drauf treten
könn sie sonst nicht gehn.
Sind so kleine Ohren
scharf, und ihr erlaubt.
Darf man nie zerbrüllen
werden davon taub.
Sind so schöne Münder
sprechen alles aus.
Darf man nie verbieten
kommt sonst nichts mehr raus.
Sind so klare Augen
die noch alles sehn.
Darf man nie verbinden
könn sie nichts verstehn.
Sind so kleine Seelen
offen und ganz frei.
Darf man niemals quälen
gehn kaputt dabei.
Ist son kleines Rückgrat
sieht man fast noch nicht.
Darf man niemals beugen
weil es sonst zerbricht.
Grade, klare Menschen
wärn ein schönes Ziel.
Leute ohne Rückgrat
habn wir schon zuviel.

Die Mäuse

Ich habe an anderer Stelle bereits angedeutet, dass in der EPG ein Modell-Projekt läuft, das sich mit Kleinstkindern beschäftigt und das sich Mäuse nennt.
Mäuse sind Kleinstkinder ab 3 bis 5 Jahre. Zusammen mit den älteren Mäusen kommen sie in ihrem Nest zusammen und spüren das Gefühl der Geborgenheit in der Gemeinschaft.
Die älteren Mäuse sind ausschließlich die Mütter oder Väter der Mäuse die diese betreuen, mit ihnen spielen und nach der Pfadfinder-Pädagogik arbeiten.
Die Gruppe trifft sich wöchentlich für ein bis zwei Stunden oder nach Bedarf. Für die Frauen (oder Männer) ist dieser Weg eine gute Einstiegsmöglichkeit in die pfadfinderische Jugendarbeit. Sie kommen in Kontakt mit dem Stamm und insbesondere der Stammesleiterrunde und lernen ganz langsam das EPG Pfadfindertum kennen.
Die Kinder erleben schon früh die Gemeinschaft mit Gleichaltrigen und anderen Eltern. Durch den zwanglosen Kontakt mit den anderen Stammesmitgliedern wird ihnen schon in frühester Jugend manches offenbart, das anderen verborgen bleibt.
Als Zeichen ihrer Verbundenheit tragen alle Mäuse und Leiter ein weißes Halstuch mit naturfarbenem Lederknoten. Hinten auf dem Dreieck mit dem Stufen Symbol, dem Mäuschen. (Weiß ist auch die Lilie der EPG, die Farbe der Reinheit und der Unschuld)
Es gilt die Beitragsordnung der EPG für die Leiter. Der Beitrag der kleinen Mäuse bleibt bis zur Stufe der Biber im Stamm, damit kindgerechtes Material angeschafft werden kann. Die Mäuse dürfen an allen EPG Aktionen – nach dem Ermessen der Leiter – teilnehmen. Alle außergewöhnlichen Unternehmungen- über die wöchentlichen Treffen hinaus- müssen mit der Stammesleiterrunde bzw. dem Stammesvorstand abgesprochen sein.
Für die Mäuse gilt folgende Probenordnung:

1) Glaube:	Mäuse können zusammen ein Kindergebet sprechen.
2) Pfadfinderkunde:	Die Mäuse werden durch die Erzählungen am Pfadfindertum interessiert.
3) Heimatkunde:	Die Mäuse lernen bei kleinen Spaziergängen die nähere Umgebung kennen.
4) Verkehrskunde:	Die Mäuse gehen m. ihren Leitern durch die Gemeinde u. werden a. Gefahren aufmerksam.
5) Naturkunde:	Die Mäuse lernen auf kleinen Wanderungen die heimatliche Umgebung kennen.
6) Lagerfertigkeit:	Die Mäuse lernen einen einfachen Knoten um sich die Schuhe binden zu können.
7) Lager u. Fahrt:	Die Mäuse besuchen die Lager der EPG und ihrer Stämme.
8) Gesundheit:	Die Mäuse lernen sauber und ordentlich zu sein.
9) Sport:	Die Mäuse gehen mit ihren Leitern schwimmen.
10) Singen:	Die Mäuse singen und musizieren spielend gemeinsam.
11) Spielen:	Die Mäuse lernen miteinander spielen und sich vertragen.
12) Kimprobe:	Die Mäuse können von 6 Gegenständen mindestens 4 richtig bestimmen.
13) Basteln:	Die Mäuse basteln gemeinsam.
14) Schweigeprobe:	Die Mäuse versuchen zuzuhören.
15) Haltung und Zuverlässigkeit:	Die Mäuse kommen mit ihren Leitern regelmäßig zu den Sippenstunden zusammen. Sie werden gemeinsam mit ihren Leitern in den zwei Jahren die Proben erfüllen und sich auf die Biberstufe vorbereiten.

Sinn dieser neuen „Stufe“ ist es, Kinder schon früh für das Pfadfindertum zu sensibilisieren, Erwachsenen einen Weg in eine Gemeinschaft gleichinteressierter zu ebnen, den Stämmen (und dem Bund) ganz unten eine breitere Basis zu schaffen und ab der

anschließenden Biberstufe bereits vorbereiteten Nachwuchs zu sichern, auch in den Leiterrunden.
Es liegt an den Stämmen, dieses Projekt anzupacken und auszuprobieren.

Die Wölflinge

Der Übergang von der Biber- in die Wölflingsstufe erfolgt je nach Entwicklung der Kinder im siebten oder achten Lebensjahr, aber immer, wenn irgendwie möglich, als gesamte Sippe.

Das Wolfsgesetz

ist noch ganz einfach und lautet:

1. Der Wolf folgt den alten Wölfen.
2. Der Wolf nimmt sich zusammen.

Bevor wir nun in die Materie einsteigen, will ich das schon angesprochene Thema der Ausrichtung der Wölflingsstufe nach dem Dschungelbuch noch einmal aufgreifen.
Als ich schrieb, dass auch die Kinder sich nicht für dieses System begeistern konnten, meinte ich meine eigenen Versuche, diese Art von „Vorpfadfindertum“ mit den mir Anvertrauten zu praktizieren. Sie waren einfach in ihrer Entwicklung schon zu weit fortgeschritten, um sich mit dieser Art des Umgangs untereinander vom eigentlichen Pfadfindertum ablenken zu lassen. Sie wollten nicht, wie sie zu verstehen gaben, mit Kinderspiel beschäftigt werden und am Ratsfelsen sitzen, während andere, die nicht viel älter waren, sich mit dem richtigen Pfadfindertum befassten und am großen Lagerfeuer saßen und Fahrtenlieder sangen.
Die Verfechter dieses Wölflingseins werden nun sagen, es läge an meiner persönlichen Einstellung dazu und die sei falsch.
Das es meine persönliche Einstellung darstellt, ist korrekt.

Sie ist schon früh entstanden und wurde später durch einige Erlebnisse, für mich jedenfalls, bestätigt.

Als ich mit Freunden an der Grenze zur damaligen Tschechoslowakei war, von wo man weit in das Quellgebiet der Moldau schauen kann, trafen an diesem abgelegenen Ort auch österreichische Pfadfinder ein. Die Leiter riefen sich selbst sogar bei den Namen aus dem Dschungelbuch wie Akela, Baloo und Bagheera. Natürlich fehlte auch nicht Shere Khan. Auch die ganze Gestik fehlte nicht dabei. Es hat mich alles sehr nachdenklich gestimmt.

Noch intensiver, oder sagen wir mindestens genau so schlimm, empfand ich und die Wölflinge, die mit mir waren, ein zufälliges Zusammentreffen mit einer Wölflingsmeute in einem Sommerlager. Neben uns lagerte die besagte Meute, etwa 15 Wölflinge mit 5 Leitern.

Sie gehörten zu einem Pfadfinderbund, dessen Führung man akzeptieren kann, dessen Führungsstil ich jedoch absolut ablehne. Es kann nicht sein, das Baden-Powell, ein Kinder- und Jugendfreund, sich sein Pfadfindertum so vorgestellt hat.

Ständig schrie ein Leiter – oder war es Akela oder Baloo, Wolf-Wolf-Wolf und die Wölflinge mussten in Sekundenschnelle um den Ratsfelsen sitzen. Mit der Hand über dem Kopf schritt dann – ich glaube es war Akela – heran, um Instruktionen abzulassen. Das geschah auch mitten in der Nacht. Die Kinder, die im Tiefschlaf nicht wollten, wurden gezerrt und hinaus gezwungen. Mit großen Ohren und Augen verfolgten wir das Schauspiel zwischen den Zelten.

Es wurde Aufstellung genommen und mit Töpfen, Pfannen, Kochlöffeln und Knüppeln bewaffnet zog die müde Truppe die Lagerstraße auf und ab, so etwa 10 Minuten lang.

Am nächsten Morgen erkundigte ich mich bei einem der Leiter nach dem Sinn der nächtlichen Aktion. Sie habe nicht uns gegolten meinte er kurz, knapp und bestimmend, sondern den Nichtpfadfindern, die, und das stimmte, in den Nächten davor etwas laut gewesen waren.

Dann sahen wir erstaunt zu, wie die hungrigen Wölfe, vor jeder Mahlzeit, also mindestens dreimal am Tag, eine geschlagene Dreiviertelstunde beten mussten.

Es waren keine glücklichen Kinder und hätten die Eltern das Treiben gesehen, wäre dem Spuk schnell ein Ende gesetzt worden. Auch unter dem Mantel der Frömmigkeit kann es nicht sein, dass es legitim ist, Kinder unter Stress zu setzen.

Ein befreundeter Pfadfinder aus einem anderen Bund schickte mir vor einigen Jahren auch eine Zusammenstellung über die Methoden des Zusammenlebens im Wölflingsrudel. Der Mann hat sich sehr viel Arbeit damit gemacht, genaue Schritte, Abläufe und Riten neu zu erfinden oder zu ordnen. Diese Art von Pfadfindertum in der Kindheit, eingezwängt in diese, von Erwachsenen entwickelten Zwangsstrukturen, lehne ich im Namen der Wölflinge konsequent ab. Ich rede der Freiheit das Wort und glaube, BiPi würde heute zustimmen.

Und wenn ich nun schon dabei bin, mich gegen, wie ich meine, falsche Wege aufzulehnen, will ich ganz schnell noch etwas anfügen, was mir auf dem Herzen liegt.

Ebenso wie ich nicht haben kann, wenn im sogenannten Vorpfadfindertum zum Schaden – oder wenigstens nicht zum Nutzen – des Ganzen, der gerade Weg zum Pfadfindertum verlassen oder nicht beschritten wird, so mag ich überhaupt nicht, wenn sogenannte Themenlager abgehalten werden. Zu Beginn eines Pfingstlagers, etwa 1990 im Brexbachtal, sah ich eine sehr große Anzahl Indianer am Bach entlang an uns vorbei ziehen. Ebenso sah ich die Indianer einige Tage später wieder abziehen. Die Kinder – es waren meist sicher Wölflinge und Jungpfadfinder – sahen zusammen mit ihren Leitern gut aus. Sie waren geschminkt und toll kostümiert.

Dieser Form von Lagerleben kann ich nichts abgewinnen, denn sie widerspricht allem, was der Gründer gewollt hat.

Natürlich kann ein Kritiker nun sagen, ich sei zu kleinlich, oder sogar spießig.

Aber hätte Baden-Powell gewollt, dass wir uns schon verkleidet in die Natur begeben sollten, dann wären wir jetzt keine Pfadfinder sondern Mitglieder, wenigstens einige aus der Bewegung, in Trapper und Indianerclubs.

Der Schwachsinn kennt ja da keine Grenzen. Es gab auch schon Lager als Piraten und natürlich, wie könnte es anders sein, als Außerirdische.

Aber genug davon. Ich erzähle dir noch einige Beispiele, wie ich mir die Verwirklichung des kreativen Gestaltens im Lagerablauf vorstelle.

In einem einwöchigen Herbstlager waren rund 30 Pfadfinder aller Stufen versammelt. Auch die kleineren Wölflinge und die Biber wurden für zwei Tage und über eine Nacht in dieses Lager geholt, das dann rund 50 Teilnehmer hatte.
In diese Zeit legten wir auch das Stammesspiel, das von einem kleinen Team geplant wurde und alle Lagerteilnehmer einschloss.
Es war das „Römer und Germanen“ Spiel.
Zu angegebener Stunde, es war so gegen 12 Uhr Mittag, trat ich in die Mitte des Lagers. Ich hatte ein Römergewand an, trug massiv eisernen Schmuck und auf dem haarlosen Kopf einen goldenen Eichenkranz.
Ich blies mehrmals sehr kräftig in ein Horn mit dem Namen Urschrei und aus den Zelten kamen ganz viele kleine und größere Römer und Germanen. Sie versammelten sich um mich und ich verlas eine Botschaft, die gleichzeitig ein Aufruf war. Der Inhalt: Ich lag des Nächtens ruhend auf meinem Diwan, als vier wilde Germanen in mein Zelt stürmten. Sie bedrohten und bedrängten mich, raubten all mein Gut und rissen mir zum Schluss noch den vergoldeten Becher aus der Hand, der zu Boden fiel und zerbrach. Jeder von den Wichten nahm eine der vier Scherben auf und sie stürmten, mit all meinen Schätzen, davon.
Sie kannten aber nicht den Fluch, der auf dem Becher lag. Er lautete: Der Becher ist Dein Schicksal. Wenn du ihn nicht um Mitternacht bei dir hast, musst du vergehen.
Ich rief zu meinem Volk, sucht die Scherben und bringt sie mir bis Mitternacht, dann will ich sie zusammenfügen und kann weiterleben.
Die Römer, und mit ihnen die befreundeten Germanen – sie bekamen keinen Streit wegen des Überfalls der wilden Germanen – wurden in vier Gruppen aufgeteilt, mit Karten und Kompass versorgt und zogen los.
So hatten auch die Menschen in den Dörfern etwas davon, denn es war eine wirklich bunte Schar unterwegs.
Am späten Abend war das Problem gelöst, der Becher zusammengefügt und ein Fest gefeiert.
Es gab auch für mich dazwischen lustige Erlebnisse wie z.B. der kleine Biber, der mich mit keckem Blick fragte: Und wenn wir dich gar nicht retten wollen, Günther? Oder der Jungpfadfinder, der im

Halbdunkel der Pechfackeln vom Tisch aufsteht und hinter mir fragt: Günther, die Knochen, sollen wir die hinter uns werfen, wie bei den Römern und Germanen und ich sage ganz trocken: Klar.
Verstehst du, was ich meine? Eine Aktion im Lager, aber nicht ein Pfadfinderlager unter einem solchen Motto.
So kann man wunderbar in einem Lager einen Termin für Theateraufführungen ansetzen, ein paar Klamotten bereitlegen und zu kreativem Gestalten aufrufen. Es ist immer wieder verwunderlich, was da alles der Phantasie entspringt und wie viel Spaß das allen Beteiligten, also den Akteuren und den Zuschauern, macht.
Ebenso ist es, wenn man einen Termin im Lager ansetzt, um mit Sketchen das Programm etwas aufzulockern. Auch da zeigen sich, wenn man es richtig anpackt, die wahren Talente.

Die Ausbildung der Wölflinge

Unsere Wölflinge also sind junge Pfadfinder nach Baden-Powell, nach Pfadfindergesetz (Wolfsgesetz) und Pfadfinderversprechen (Wölflingsversprechen).
Sie haben einen Sippen-Tiernamen und können, wie bei den Bibern, mit Zahlen oder Farben unterschiedlich nach Sippen gekennzeichnet werden. Das Wölflingsabzeichen, z.B. in der Farbe seiner Sippe, trägt er wie alle anderen ihr Sippenabzeichen auch, auf dem linken Arm unter dem Stammesabzeichen. Der Wolf nimmt sich die alten Wölfe, die also bereits Pfadfinder sind, als Beispiel und folgt ihnen nach. Er nimmt sich zusammen, um die Proben zu erfüllen und dann das Wölflingsversprechen ablegen zu können. Danach ist er berechtigt, die Bundeslilie der EPG auf seiner Kluft zu tragen.
Die Wölflinge, ebenso wie die Biber, gehören überall in der EPG, zumindest wo es möglich ist, gleichberechtigt dazu.
Die Wölflinge übernehmen erste Aufgaben in Sippe und Stamm.

Unter (1. Glaube) kennt der Wölfling das Pfadfindergebet der EPG und schreibt es in sein Ringbuch. Es ist nicht ganz einfach zu lernen, aber wenn du als Sippenleiter dabei hilfst, wird es gelingen. Das

Ringbuch, oder auch Georgsheft, steht ja für Eintragungen zur Verfügung.
Viele Kinder treten ja auch erst in der Wölflingsstufe dem Pfadfindertum bei. Deshalb wiederholen sich auch einige grundlegende Dinge in den immer nachfolgenden Stufen.
Aber damit werden wir fertig.
Der Wölfling kennt die Drachenlegende des hl. Georg. Kennst du sie auch. Wenn nicht, hier ein kurzer Abriss, nach BiPi:
St. Georg wurde geboren im Jahr 303 in Kappadozien. Als er siebzehn wurde trat er in das Heer ein und wurde wegen seiner ungewöhnlichen Tapferkeit bekannt. Schließlich und irgendwann kam er in die Stadt Selem. Dort hauste, nicht weit entfernt, ein Drache. Diesem musste ständig ein Bewohner der Stadt zum Fraß vorgeworfen werden, der durch Los bestimmt wurde.
Am Tag als Georg eintraf, sollte die Königstochter dran glauben. Aber Georg zog hinaus und tötete das Untier. Soweit die Sage. An anderer Stelle habe ich dazu schon etwas geschrieben.
Den Kindern sollte nur der Inhalt der Sage als wichtig weitergegeben werden. Die Geschichte ist nur als Transportmittel zu sehen. Sankt Georg als Verteidiger der Hilflosen und der Bedrängten.

Unter (2. Pfadfinderkunde) kennt der Wölfling das Wolfsgesetz und kann es an Beispielen erklären. Das Versprechen will ich später angehen. Den Wahlspruch der Pfadfinder haben wir schon besprochen. Der Wölflingsgruß zeigt die beiden aufrecht zeigenden Finger, wie bei den Bibern. Die Bedeutung geht aber hier auf die aufrecht stehenden beiden Ohren des Wolfes zurück. Der Wolf gilt allgemein als flink, gewitzt und hellwach. So ist auch der Sippenwimpel gestaltet und eingetragen im Ringbuch, oder heißt es doch vielleicht – Georgsheft. Alle anderen Anforderungen unter Pfadfinderkunde wurden schon früher besprochen.

Unter (3.Heimatkunde) kommt zur Fahne seines Heimatlandes noch das Wappen der Heimatgemeinde, die der Wölfling in das Ringbuch aufzeichnet.

Unter (4. Verkehrskunde) kommen zu den Verkehrsregeln der Fußgänger noch die der Radfahrer hinzu. Weiter kennt der Wölfling die wichtigsten Verkehrsverbindungen in und um seinen Wohnort und weiß, wie sie genutzt werden können.

Es geht dabei darum, das Kind mit den örtlichen Gegebenheiten vertraut zu machen. Jeder von uns weiß doch, wie es ist, wenn man als Beifahrer mit jemandem unterwegs ist.

Du achtest nicht auf den Weg. Und ebenso, bzw. noch viel stärker, ergeht es Kindern. Sie wissen nicht wo sie sind, denn sie verlassen sich auf die Erwachsenen. Das ist umso schlimmer, wenn es sich um Ballungsgebiete handelt. Wir also sollten helfen, den Kindern die Orientierung zu erleichtern.

Unter (5. Naturkunde) steht eine ganze Menge an Anforderungen.

3 Bäume wie z. B. Eiche, Buche, Linde kannst du überall finden und 3 Sträucher ist auch einfach wie Haselnuss, Holunder und Weidenröschen. 2 Teesorten kennst du auch wie Pfefferminze und Kamille. Bei Pilzen schaust du besser genau im Buch nach, oder geh mit deinen Leuten und einem, der etwas davon versteht, in den Wald. Das kann sehr interessant sein und Spaß machen. Aber Vorsicht, damit keine giftigen Exemplare dabei in falsche Hände gelangen.

Beim wildlebenden Tier musst du nicht an einen Elch oder Hirsch denken. Aber wie wäre es mit Fröschen. Da gibt es immer wieder Aktionen, wenn die Frösche im Frühjahr und im Herbst wandern. Ich selbst habe schon geholfen, diese kleinen Barrieren zu errichten und anschließend zwei Wochen lang mehrmals täglich die Frösche über die Straße gebracht. Aber zusammen findet ihr sicher auch noch andere Möglichkeiten von Schutz und Hege bedrohter Tierarten. Denk nur mal an diese Ameisenhaufen. Damit machen manche Zeitgenossen auch gerne Unsinn. Man kann auch Patenschaften übernehmen und den Wölflingen damit eine Verantwortung übertragen.

Um Spuren wildlebender Tiere zu finden gehst du mit Deiner Sippe am Besten an den Waldrand. Dort findest du Unmengen davon an unbewachsenen Waldwegen, wo es möglichst etwas schlammig und feucht ist. Das Ausgießen gelingt euch, nach einigen Versuchen, mit recht flüssigem Gips ganz leicht. Für die Bestimmung der Spuren

empfehle ich, wie auch für so manch andere Pfadfindertechnik, z.B. das Buch -Mein Pfadfinder Buch- von Piet Strunk, erschienen im Wenzel Verlag, Marburg unter ISBN 3-88293-002-0. Es geht mir hier in diesem Buch ja nicht um die Vermittlung spezieller Techniken, sondern um Hilfestellung im Allgemeinen. Vom gleichen Autor gibt es auch noch eine Buchreihe mit dem Titel: Das Große Abenteuer.
Die Sternzeichen am Nachthimmel findest du besonders gut im Lager, wenn es weit genug von bewohnten Gebieten entfernt liegt. Nichts stört mehr als starke Lichtquellen. Der große Wagen führt dich genau zum Polarstern, indem du von den letzten beiden Sternen diese Entfernung fünfmal nimmst. Das ist dann genau die Nordrichtung.
Die Fütterung der Vögel im Winter ist für den Pfadfinder eine Selbstverständlichkeit und ihre Beobachtung eine große Freude. Mit einem entsprechenden Buch dabei kannst du die Verschiedenheit der Vogelwelt studieren und ihre tolle Farbenpracht bewundern. Auch ist es sehr interessant zu sehen, wie unterschiedlich sie sich, auch untereinander, verhalten.

Unter (6. Lagerfertigkeit) lernst du mit deinen Wölflingen mindestens 3 Knoten. Ich empfehle dir den Weberknoten (Pfadfinderknoten) zum Anlegen eines Verbandes und Verknüpfen gleich dicker Seile. Dann den Weber-Kreuz-Knoten zur Verbindung von zwei unterschiedlich dicken Seilen. Weiter die Achterschlinge zur Befestigung von einem Seil an einem Pflock. Da die Anforderungen in der Bundes-Probenordnung nur als Minimum anzusehen sind, könntest du mit deinen Wölflingen noch etwas mehr tun und z.B. die Rettungsschlinge einüben, die bei Rettungsarbeiten gebraucht wird und nicht aufgeht. Du findest diese Knoten auch im EPG Liederbuch. Ebenso könnten ein paar Bünde nichts schaden, die beim Lageraufbau dringend beherrscht werden müssen, z.B. beim Aufstellen einer Kohte. Dazu noch folgende Erklärung:
Es gibt viele Dinge, die ein Pfadfinderlager von dem Lager einer Jugendfreizeit unterscheiden.
Bei vielen Jugendfreizeiten – und manchmal auch bei Gruppen die sich Pfadfinder nennen aber keine mehr sind – kommt ein Vorkommando aus freiwilligen Helfern und Eltern, um das Lager aufzubauen und das Essen zu bereiten. Einen Tag später ziehen die

Lagerteilnehmer ein und lassen sich bewirten. In einem EPG Pfadfinderlager bauen alle ihre Zelte selbst auf, denn sie haben nach dem Motto „Lernen durch Tun“ das bereits vorher gelernt. Außerdem bauen sie zusammen das gesamte Lager auf mit allem was dazu gehört und versorgen sich incl. Essen selbst. Es wäre geradezu grotesk, wenn dafür Eltern genommen würden. Hinzu kommt noch, dass wir natürlich offenes Feuer für alles bevorzugen. Nur so kann ein Lager naturverbunden sein. Der Wölfling lernt durch diese Praxis sehr schnell die verschiedenen Arten von Lagerfeuer kennen und wie gefordert, anwenden. Auch die Handhabung mit einem Beil oder einer Axt will gelernt sein. Manchmal bekommt man einen wahren Horror, wenn man kleine Pfadfinder mit diesen gefährlichen Geräten herumwerkeln sieht. Wie schnell hat sich dabei jemand verletzt. Deshalb solltest du diese Dinge konzentriert angehen. Außerdem sollten in einem Lager nicht unkontrolliert alle möglichen Kinder mit Holzarbeiten beschäftigt sein. Es sollte vielmehr eine genau eingeteilte und ausgebildete Gruppe gezielt und kontrolliert eingesetzt werden.

Welches Holz für das Lagerfeuer geholt werden darf, muss die Lagerleitung bekannt geben. Was für ein Holz man für welchen Zweck einsetzen kann, musst du Deiner Sippe beibringen.

Nähere Informationen zu diesem wichtigen Thema in den schon angegebene Büchern und auch in Baden-Powells Buch „Scouting for Boys“.

Schwieriger wird die nächste Aufgabe, nach der ein Floß gebaut werden und eine Strecke von mindestens 20 m überquert werden soll. Auch hier ist die Auswahl des Holzes entscheidend, denn nicht alle Holzsorten schwimmen gleich gut. Ebenso muss man, um die Stämme miteinander zu verbinden, den richtigen Bund einsetzen. Informationen dazu wie unter Lagerfeuer beschrieben. Aber toll ist natürlich, die ganze Sache in den Sippenstunden, oder in einem Lager, wenn man sonst keine Gelegenheit dazu hat, miteinander zu erproben bis es klappt. Aber Vorsicht, wenn das Wasser tief ist. Schwimmwesten besorgen ist einfacher wie nachher einen Unfall zu erleiden oder vertreten zu müssen.

Unter (7. Lager und Fahrt) wird gefordert, dass der Wölfling an mindestens 3 Lagern teilgenommen hat. Nun ist ja die Wölflingszeit lang genug, um dieses Ziel zu erreichen, und um das Wölflingsversprechen ablegen zu dürfen, müssen diese Punkte nicht unbedingt alle bereits erfüllt sein. Es genügt die Zusage mit Ehrenwort, das die restlichen Punkte noch erfüllt werden. Beim Wölflingsversprechen erhält der Wölfling die Bundeslilie.

Ein Lager mit 1x1 Nacht gleich 2 Tage kann beispielsweise das Biber-Wölflingslager schon mal als Start sein. 1x3 Nächte = 4 Tage kann das Pfingstlager bedeuten und 1x6 Nächte = 7 Tage kann das Sommerlager oder bei älteren Wölflingen das Herbstlager sein. Wichtig ist jedenfalls, dass die Kinder daran gewöhnt werden, draußen zu leben und durch Schulung und Ausbildung in den Sippenstunden darauf vorbereitet werden.

Pfadfinder im Sinne Baden-Powells und der EPG sind keine Menschen, die hinter dem Ofen sitzen und sinnlos diskutieren, sondern die Entscheidungen treffen und diese lebensfroh in die Tat umsetzen.

Die Fahrt mit Übernachtung in einer Jugendherberge kann für dich und deine Sippe zu einem tollen Erlebnis werden, wenn du sie vernünftig planst und in der richtigen Jahreszeit durchführst.

Ich war mit meiner Sippe, ältere Wölflinge mit dem Namen Eichhörnchen, zu einer solchen Unternehmung an einem Samstagmorgen aufgebrochen. Mit dem Zug ging es von Speicher aus an der Kyll entlang nach Ehrang. Dort bestiegen wir einen Zug, der uns das Moseltal hinunter bis nach Karden bringen sollte. Nun hatte uns der Bahnbeamte beim Fahrkarten-Verkauf falsch beraten und so hielt der Zug in Karden nicht und wir landeten in Koblenz Hauptbahnhof. Meine 12 Wölflinge und natürlich auch ich hatten vorschriftsmäßige Kluft an und ich denke, wir machten einen sehr ordentlichen und zuverlässigen Eindruck. Also das, was man eigentlich überall von Pfadfindern erwartet. So geriet mein Gespräch mit dem Zugleiter dann auch zu einem Erfolg. Ich erklärte ihm die Situation in der ich mich befand und das ich unmöglich die Fahrtkosten für die Rückfahrt von Koblenz nach Karden finanzieren könne. Der Beamte empfahl mir, die Zeit, bis der Zug wieder fahren würde mit einem Besuch am Rhein zu überbrücken. Er würde uns, stilles Verhalten vorausgesetzt, kostenlos wieder mitnehmen. So kamen wir noch dazu, das Deutsche Eck zu besuchen und in den Rheinanlagen zu spazieren. Gegen 10Uhr30 trafen wir dann endlich in Karden ein. Das uns in der Weise geholfen wurde, hatten wir nur dem Umstand zu verdanken, dass wir Pfadfinder in Kluft waren. Darüber waren wir uns alle einig. Mit einer wilden Horde gleichaltriger anderer Kinder hätte ich so etwas mit Sicherheit nicht erreicht. Ähnliche Erlebnisse können dir auch passieren, vorausgesetzt, das Verhalten deiner klufttragenden Sippe ist in Ordnung. Das schließt frohe Lebhaftigkeit nicht aus. Aber ich denke, wir verstehen uns.

Wir nahmen uns noch die Zeit, die alte St. Kastor Kirche in Karden zu besichtigen und hatten das Glück, von dem alten Pastor eine sehr fachkundige Führung zu erhalten. Anschließend ging es auf den beschwerlichen Marsch den Moselberg hinauf, wo ich die Sippe nach etwa 7 km in drei Gruppen aufteilte. Jede Gruppe musste in eines der etwa 2 km weiter entfernten Ortschaften Brohl, Dünfus und Roes gehen, wo sie auf einem Zettel beschriebenen Häuser suchen und finden mussten, wo das Essen vorbereitet auf sie wartete.

Anschließend, nachdem sie sich für Speis und Trank bedankt hatten, mussten sie wieder alle an einem bestimmten Sammelpunkt, der Schwanenkirche, zusammentreffen.

Die Schwanenkirche ist ein Marien-Wallfahrtsort, eine fast allein auf einem Plateau stehende, gotische Kirche. Auf dem Turm ist nicht, wie sonst üblich, ein Hahn, sondern ein Schwan. Der Sage nach hat ein Ritter von der Burg Pyrmont, der gelobt hatte, eine Kirche dort zu bauen, wo er aus der Gefangenschaft wieder frei käme, damit sein Versprechen eingelöst.

Gemeinsam marschierten wir nun in das Eltzbachtal zur besagten Burg, wo wir uns am tollen Wasserfall aufhielten, bis wir von Freunden abgeholt wurden, die uns mit zwei Autos nach Mayen zur Jugendherberge brachten. Nach einer unruhigen Nacht gingen wir noch durch die Stadt und fuhren dann mit einem kleinen Zug durch die Vulkan-Eifel nach Gerolstein.

Da die Fahrt im Herbst stattfand, war es eine Reise wie durch eine verzauberte Welt. Im Sonnenlicht leuchteten die Wälder und das

Bähnchen keuchte die Höhen hinauf über Monreal, Kaisersesch, Ulmen und Daun. Von Gerolstein fuhren wir dann auf der Strecke Köln-Trier wieder durch das sehr schöne Kylltal zurück nach Speicher. Eine Fahrt, die allen großen Spaß gemacht hatte, sehr abwechslungs- und erlebnisreich war und die Truppe noch enger zusammenschweißte. Das nur als kleine Anregung.
Übrigens sind die Jugendherbergen heute total anders als früher. Sie dienen nicht mehr so sehr den wandernden Gruppen als sichere Unterkunft, sondern werden meistens schon lange vorher gebucht, was unbedingt zu beachten ist. Man trifft dort heute Schulklassen, Vereine oder auch Erwachsenengruppen, die zu Seminaren anreisen. Die Ausstattungen sind entsprechend. Wir, als EPG, halten ja auch dort unsere Bundesversammlungen ab.

Unter(8. Gesundheit) soll der Wölfling in die Lage versetzt werden, auf Hygiene und Sauberkeit für sich selbst und sein Umfeld zu sorgen.
Ein weiteres Thema ist der Frühsport. Aus Erfahrung weiß ich, das es heute schwer fällt, diesen Punkt im Lager durchzusetzen. Einmal, weil die Nächte oft zu kurz sind und weiter, weil der Mensch träge ist. Dann haftet dem Wort Frühsport etwas militärisches an. Trotzdem sollte in einem etwas längeren Lager auch wenigstens manchmal diese erfrischende Maßnahme durchgeführt werden.
Baden-Powell hat ja dem Sport einige Bedeutung beigemessen. Ich selbst war nie ein großer Sportler. Als ich noch sehr jung war, habe ich mich überhaupt nicht dafür interessiert. Fußball habe ich nur einmal bei einer Benefizveranstaltung eine Halbzeit lang mitgespielt. Aber als ich älter wurde, beschäftigte ich mich aus Gründen der Gesundheit mit Freizeitsport, den ich dann allerdings sehr individuell und für mich alleine betrieb. Dazu gehört nun Schwimmen, Wandern und Radfahren. Ganz wichtig für mich wurde der gelegentliche Waldlauf, verbunden mit Gymnastik.

Unter (9. Sport) kommen wir ja nun auch gleich zu diesem Thema. Das der Wölfling Schwimmen, Tauchen und Radfahren kann, ist eigentlich für die Kinder in diesem Alter selbstverständlich. Für dich als Sippenleiter gibt es nun keinen anderen Weg – wenn du

gesundheitlich und körperlich dazu in der Lage bist – als dich dafür fit zu machen, den geforderten 2 km Trimm-Trab Lauf mitzumachen. Vielleicht geht es dir dabei so wie mir.
Laufen kann so ein bisschen zur Sucht werden, denn nach einer ersten Eingewöhnungsphase tritt eine gewisses Glücksgefühl danach auf.
Meine Strecke sind 5 km, die ich nach der jeweiligen Verfassung gestalte. Dabei geht es nicht um Rekordgeschwindigkeiten, sondern um die Bewegung an frischer Luft und der Sauerstoffzufuhr. Weiter werden die Muskeln gestärkt und durch die höhere Herzfrequenz die Durchblutung gefördert. In meinem Fall konnte ich dadurch den Blutdruck besser regulieren, sprich senken. Die ausgewogene Gymnastik gehört bei mir dazu und ein abschließendes 5 Minuten Trampolinspringen. Dann unter die Dusche und das gute Gefühl und Wohlbefinden kann eintreten.
Wer aber völlig unvorbelastet ist, sollte sicherheitshalber vorher mit seinem Hausarzt sprechen.

Unter (10. Singen) gehe ich davon aus, dass der Wölfling durch die Teilnahme an verschiedenen Unternehmungen des Stammes mindestens die angesprochenen Lieder alle kennt. Leider werden Lieder für Wölflinge zu selten gesungen. Das hier zwischen der Biber- und Wölflingsstufe abgedruckte Wölflingslied „Schon strahlend hat begonnen“ finde ich persönlich sehr schön und sinnvoll. Jedenfalls besser, als wenn kleine Leute im Lager vollmundig singen „Roter Wein im Becher“ oder „Burschen“. Aber schlimm ist es natürlich auch nicht.

Unter (11. Spielen) möchte ich auf das zurückgreifen, was ich schon für die Biberstufe geschrieben habe. Natürlich musst du die Dinge der etwas älteren Wölflingsstufe anpassen.
Das gilt für die Spiele im Freien ebenso wie für die im Gruppenraum und dem Ausbau der Fähigkeit zu improvisieren und sich zu verkleiden. Aus all diesen Möglichkeiten kannst du tolle Sippenstunden gestalten.
Dabei gelingt es dir sicher ganz leicht und spielerisch, den Zusammenhalt deiner Sippe zu stärken, denn wenn du die Sippenstunden interessant und spannend hältst, kommt keine

Langeweile und Verdrießlichkeit auf. Du kannst z.B. Spiele, Sketche und kleine Theaterstückchen einstudieren, die dann bei der Stammesversammlung, der Jahresfeier oder beim Großen Lagerfeuer aufgeführt werden können. Wer sich keine Mühe gibt etwas vorzubereiten sitzt immer dumm und gelangweilt herum. Sei also aktiv und kreativ.

Unter (12. Kimprobe) gilt was ich schon beschrieben habe, nur eben etwas altersgemäß umfangreicher.

Unter (13. Basteln) soll der Wölfling 4 verschiedene Dinge nach eigener Wahl herstellen. Da gibt es nun viele Möglichkeiten. Die Kinder werden mit Sicherheit in vielen Fällen von heimwerkelnden Vätern mit Ideen überschüttet und unterstützt. Wenn das nicht so ganz der Fall ist, musst du mit deinen Leuten Bastelarbeiten in der Sippenstunde durchführen. Sie sollen die handwerklichen Veranlagungen der Kinder herausarbeiten und fördern. Anregungen und Material bekommt man ja heute umfassend in den einschlägigen Heimwerker Läden. Meine Wölflinge haben mich mit tollen Ideen überrascht. Da gab es Nistkästen oder Winterfütterungsgestelle für Vögel, EPG Lilien, Säbel, Schwerter, Messer und Georgsschilde aus Holz, Lagerlandschaften und gemalte Dinge, um nur einige zu nennen.

Unter (14. Mut- und Schweigeprobe) erinnern wir uns an meine Ausführungen unter „Mutprobe" und bei den Bibern.
Aber zum großen Wolfsgeheul will ich noch etwas anmerken. Das richtige Wölfe in kalten Nächten regelrecht heulende Schreie ausstoßen, ist ja weitgehend bekannt. Um Kinder diesen Alters 10 Minuten zum Schweigen zu bringen, ist möglicherweise nicht ganz einfach.
Deshalb habe ich folgendes gemacht. Mit drei Sippen und den Sippenleitern war ich am Abend unterwegs. Kurz bevor es außer Orts hinab ins Tal und den sehr dunklen Wald ging, blieben wir stehen. Die Kinder waren ausgelassen und fröhlich. Ich erklärte ihnen, das wir ab hier zehn Minuten absolut Schweigen wollten. Bevor wir aber losgingen, sollten sie 5 Minuten lang das große Wolfsgeheul

abhalten. Auf mein Kommando ging es los. Sie schrieen alle so laut sie konnten und heulten wie die wilden Wölfe. Aber 5 Minuten sind lang und ich musste sie zwischendurch anfeuern. Schließlich waren sie froh, als wieder Ruhe einkehrte. Dann marschierten wir los, im Gänseschritt einer nach dem anderen den schmalen Pfad entlang, bis hinunter zum Fluss.
Es blieb wirklich verhältnismäßig ganz still.
Die Schweigeprobe beinhaltet natürlich etwas anderes. Aber das weißt du ja schon.

Unter (15. Haltung und Zuverlässigkeit) steht beschrieben, was vom Wölfling nach Abschluss seiner Ausbildung erwartet wird. Unter 7. habe ich schon beschrieben, was es mit dem Wölflingsversprechen und der Überreichung der Bundeslilie auf sich hat.
Damit du bei der Durchführung der Ausbildung deiner Wölflinge und den Sippenstunden noch mehr Hilfe und Unterstützung erfährst, insbesondere in den Pfadfindertechniken, empfehle ich dir noch das „Handbuch für Pfadfinder" von Klaus Eicheler. Es ist erschienen im Carl Gerber Verlag, München unter ISBN 3-87249-134-2.
Das Schrifttum der EPG erhältst du über Deinen Stammesmeister oder das EPG Bundesamt und die EPG Geschäftsstelle.

Das Wölflingsversprechen

Der Wölfling verspricht sich selbst und seinen Freunden, sein Bestes zu tun. Er will sich bemühen und gelobt Treue gegenüber Gott und dem Vaterland. Der Text ist neutral gehalten, denn die Definition von Gott kann sehr unterschiedlich sein, obwohl es immer nur um den Einen geht. Vaterland ist ein Begriff, der auf jedes Menschen Herkunftsland zutrifft.

Das Wort Vaterland ist seit dem 3. Reich leider auch mit negativen Auslegungen behaftet. Dabei geht es doch nur um die Beschreibung eines Raumes, der z.B. ein Sprachgebiet umfasst oder ein soziales oder kulturelles Umfeld. Das Land der Väter, ein Stück Heimat, das kann doch nur positiv sein. Es gibt Menschen, die sich als Europäer oder Weltbürger ansehen. Auch das alles kann Vaterland sein. Baden-Powell hat dieses zu seinem Vaterland halten als sehr wichtig dargestellt. Er schreibt dazu unter „Liebe Dein Land“:

Mein Land und Dein Land sind nicht von selbst geworden, was sie sind. Sie wurden von Männern und Frauen durch harte Arbeit und schwere Kämpfe, oft durch das Opfer ihres Lebens aufgebaut.

Denkt bei allem, was ihr tut, an euer Land. Verwendet Zeit und Geld nicht nur dazu, um euch Vergnügen zu schaffen, sondern denkt immer zuerst daran, wie ihr dem allgemeinen Wohl von Nutzen sein könnt. Wenn ihr das getan habt, dann könnt ihr euch mit ruhigem Gewissen auf eure Art vergnügen. Vielleicht erkennt ihr noch nicht recht, wie ein kleiner Junge oder Mädchen seinem Land nützen können. Aber jeder kann es, wenn er Pfadfinder ist und das Pfadfindergesetz befolgt.

Wenn ihr das Pfadfindertum in diesem Geiste auffasst, so leistet ihr schon etwas Richtiges. Nehmt es nicht bloß als etwas, das viel Freude bringt, sondern als etwas, das euch darauf vorbereitet, gute Bürger eures Landes und zugleich der ganzen Welt zu werden.

Dann werdet ihr den richtigen Geist von Liebe zu eurem Land haben, den jeder Junge und jedes Mädchen haben sollten.

Das sind natürlich in unserer gegenwärtigen Zeit, in der Egoismus und Selbstverherrlichung vor Idealismus und Gemeinschaftssinn

gehen, harte Brocken. Aber als Pfadfinder sind wir eben etwas anders als die breite Masse, die hinter jedem Trend herläuft.
Weiter verspricht der Wölfling, dem Wolfsgesetz zu gehorchen. Er will den alten Wölfen folgen, von ihnen lernen und sich zusammennehmen. Er will versuchen, jemandem täglich eine Freude zu bereiten. Damit begibt er sich bereits auf den Weg des Pfadfindertums, das überleitet in die Jungpfadfinderstufe, die sicher als eine der unbeschwertesten Lebensabschnitte bezeichnet werden kann.

Die Jungpfadfinder (2. Grad)

Aus der Beschreibung der Jungpfadfinderstufe geht schon hervor, dass es hier richtig zur Sache geht. Wenn du als Sippenleiter das große Glück hast, deine Leute schon seit der Biberstufe und über die Wölflingsstufe bei dir zu haben, kannst du nun mit einer stark vorgebildeten Truppe loslegen. Möglicherweise beginnst du aber auch mit Kindern im Alter der Jungpfadfinderstufe. Dann solltest du dir die Anforderungen für Biber und Wölflinge durchlesen und sie so unter der Hand mit in dein Programm einfließen lassen. Allerdings tauchen viele Dinge auch in den nun folgenden Proben, aber verstärkt, wieder auf.
Anders als bei den Bibern und den Wölflingen, haben wir es nun mit dem Pfadfindergesetz zu tun.

Unter (1. Glaube) kennt der Jungpfadfinder das Pfadfindergebet der EPG und kann es auswendig. Informationen darüber sind nachlesbar in diesem Buch. Ebenso ist es mit den Idealen nach dem Sinnbild des hl. Georg. Sie sind ausführlich unter Georgspfadfindertum beschrieben. Das Gleiche gilt auch für die Gute Tat. Allerdings fehlt noch der Bericht über den hl. Georg, wie er als Martyrer beschrieben wird. Also hole ich es hier schnell nach.
Die Historie erzählt, Georg sei um das Jahr 280 geboren und habe schon als ganz junger Mann das Waffenhandwerk erwählt. Bald hatte er als römischer Oberst Zutritt zum Kaiser, der seine Tapferkeit schätzte. Als die Christenverfolgung erneut einsetzten, machte der kühne Jüngling dem Kaiser Vorwürfe, worauf dieser zu ihm gesagt haben soll: Junger Mann, denk an deine Zukunft. Georg wollte ihm erwidern und wurde auf Befehl des Kaisers in Ketten gelegt und gefoltert, damit er seinem Glauben abschwören sollte. Doch Georg blieb seinem Glauben treu und schließlich schlug man ihm den Kopf ab. Er wurde in der Ostkirche als der große Martyrer gefeiert. Auch wenn Papst Paul VI. seinen Namen aus dem offiziellen Heiligenverzeichnis der Kirche gestrichen hat, ist er wegen seiner Standfestigkeit immer noch hoch verehrt. Auch in der Westkirche fand Georg seine Verehrung. Ich will hier nur nennen, das Richard

Löwenherz ihn als seinen persönlichen Schutzheiligen ansah, er der Schutzheilige von England ist und Georgien sogar seinen Namen trägt.

Unter (2.Pfadfinderkunde) kennt der Jungpfadfinder das Pfadfindergesetz und kann es an Beispielen erklären. Hier will ich dann auch die Anforderungen aus 1. Glaube nach dem 2. und 10. Gesetz mit erläutern.
Im Vorwort zu der Bundes-Probenordnung steht das Wesentliche zu den Pfadfindergesetzen schon beschrieben.
In vielen Publikationen wurde versucht, die Pfadfindergesetze zu deuten. Schließlich muss sich aber jeder selbst damit auseinandersetzen. Wichtig ist nur, das der Grundgedanke erkannt wird.
Dem „Scout Law“ liegt der Ehrenkodex der Ritterlichkeit zu Grunde. Weiter ist sehr bemerkenswert, dass der Pfadfinder aufgefordert wird zu positivem Handeln denn es heißt immer, der Pfadfinder ist und er tut etwas und nicht, er lässt dieses und tut jenes nicht.
Nach Baden-Powell ist das Pfadfindergesetz unsere bindende, disziplinäre Kraft. Der Junge oder das Mädchen wird nicht durch „tu das nicht“ geleitet, sondern durch „tu das“ geführt.
Das Pfadfindergesetz ist die Grundlage, auf der die gesamte Pfadfindererziehung basiert.
Es wurde eher als Leitfaden für die positiven Tätigkeiten der Pfadfinder geschaffen, als zur Unterdrückung ihrer Fehler entwickelt.
Ich glaube, schreibt BiPi, das jeder Pfadfinder, der das gesamte Pfadfindergesetz in seiner täglichen Arbeit und im Spiel verwirklicht, nicht nur, während er ein Junge oder Mädchen ist, sondern auch anschließend, in seinem Leben, Erfolg haben wird.
Du solltest bei der Ausbildung deiner Jungpfadfindersippe darauf achten, das dieses Pfadfindergesetz nicht nur eine hohle Worthülse bleibt. Ob das so ist kann man leicht erkennen. Wenn z.B. junge Leute im Schulbus einen anders aussehenden, schwächeren oder lediglich stilleren Mitschüler oder Mitfahrer niedermachen, können diese keine wirklichen Jungpfadfinder sein. Mit der Pubertät ist solch ein Verhalten auch nicht entschuldbar. Wie weh kann man mit so einem Fehlverhalten, auch wenn es nur mit Worten oder Gesten

geschieht, einem anderen Menschen tun. Gerade durch das Pfadfindertum soll in der Sippenarbeit soziales Verhalten eingeübt und gelebt werden. Es nützt also überhaupt nichts, eine technisch nach außen hin funktionierende Sippe zu haben, wenn der Kern innen unbrauchbar ist. Das meine ich so ernst, wie ich es sage. Spott und Spaß auf Kosten anderer widerspricht genau dem, was wir anstreben.

Das Pfadfindergesetz

1. Auf die Ehre eines Pfadfinders kann man unerschütterlich bauen.
Das erste Gesetz ist eines, auf dem das gesamte zukünftige Verhalten des Pfadfinders und der Disziplin beruht. Vom Pfadfinder wird Zuverlässigkeit erwartet. Vertrauen muss die Grundlage all unserer geistigen Erziehung sein. Der Pfadfinder soll seine Ehre als höchsten aller Werte ansehen. Wenn er sagt es ist so, weiß jedermann, dass es eben so wahr ist, als ob er einen Eid geschworen hätte. Für die Mitmenschen eine angenehme Sache, sich bedingungslos auf einen Partner verlassen zu können mit positiven Auswirkungen auf alle Beteiligten.

2. Der Pfadfinder ist treu Gott, seinem Glauben und dem Vaterland.
Das zweite Gesetz baut auf dem Ersten auf, denn Treue hat auch mit Ehrlichkeit und Vertrauenswürdigkeit zu tun. Über die Treue des Pfadfinders zu Gott schreibt BiPi: Gott treu zu sein heißt, ihn nie zu vergessen, sondern sich seiner in allem, was du tust, zu erinnern. Wenn du ihn niemals vergisst, wirst du niemals etwas falsches tun. Wenn du dich an ihn erinnerst, während du gerade etwas falsches tust, wirst du innehalten. Gott war dir gegenüber gut, nun ist es an dir, etwas für Gott als Gegenleistung zu tun, das ist deine Verpflichtung gegenüber Gott.
Weitere Informationen über die Treue des Pfadfinders zu seinem Glauben findest du unter „Das Schutzgebet“ oder „Das Pfadfindergebet der EPG“. Gedanken über die Treue zum Vaterland stehen unter „Das Wölflingsversprechen“.

3. Der Pfadfinder ist hilfsbereit.
Ich stelle mir einen jungen Menschen vor, der bereit ist, entsprechend seinem Wahlspruch: „Allzeit Bereit Be Prepared“, um überall, wo es nötig ist, zu helfen. Hilfsbereitschaft ist auch eine Verpflichtung, sich einzusetzen und Unrecht nicht passiv zu dulden.

4. Der Pfadfinder ist Freund aller Menschen und Bruder aller Pfadfinder.
Als Pfadfinder gehören wir zu einer gewaltigen Schar von Menschen aller Rassen, Hautfarben, Glaubensrichtungen und Nationen. Das Weltpfadfindertum, jetzt schon 95 Jahre alt, ist die größte Jugendbewegung dieser Welt. Aber um sich um den Weltfrieden zu kümmern, müssen wir in der Keimzelle, den Sippen, Friede und Freundschaft verwirklichen. Alles wächst zuerst im Kleinen, wird dann größer und nimmt letztendlich weltumspannende Dimensionen an.
Zuerst musst du Menschenfreund sein, dann erst bist du Bruder oder Schwester über deinen Bund und dein Land hinaus. Aber darauf basiert die Hoffnung von Baden Powell. Wenn sich die Jugend der Welt durch das Pfadfindertum über Grenzen, Nationen und Erdteile hinweg näher kommt, wird der Frieden gesichert. Menschen die sich kennen und Brüder und Schwestern nennen, schießen nicht aufeinander.
Pfadfindertum, schreibt BiPi, ist eine Bruderschaft, ist ein Plan, der in der Praxis Unterschiede der Klasse, des Glaubens, des Landes und der Farbe durch den unerklärbaren Geist, der ihn durchdringt, aufhebt. Ein wahrhaft prophetisches Wort, dem man Erfolg wünschen kann. 90 Jahre sind zwar schon eine lange Zeit, aber was ist das schon für die Weltgeschichte. Lasst uns also trotz der Rückschläge weiter an diesem Plan unermüdlich arbeiten.

5. Der Pfadfinder ist höflich und ritterlich.
Mit deiner Höflichkeit bezeugst du deinen Mitmenschen gegenüber Achtung und wenn es einmal nicht zu Sympathie reicht, so doch wenigstens keine Abneigung. Sei ein Gentleman.

Die Ritterlichkeit gegenüber anderen zieht sich durch das ganze Pfadfindertum hindurch und bezieht sich auf das Rittergesetz. Hilf den Schutzlosen, brich nie ein Versprechen, arbeite für deine Ehre, verteidige die Armen und schwachen, tue nichts was anderen schadet und leiste deinen Dienst mit Freude.

6. Der Pfadfinder schützt Pflanzen und Tiere.
Dieses Gesetz kommt den Vorstellungen der Pfadfinder vom Leben in der freien Natur sehr gelegen. Noch bevor es die Umweltorganisationen und grüne Parteien gab, hat Baden-Powell schon begriffen, dass die Natur, da wir ja auch ein Teil von ihr sind, dringend den Schutz des Menschen braucht. Leiste du mit deiner Sippe auch deinen Teil zur Erhaltung der Natur in ihrer Ursprünglichkeit. Verständnis und Liebe dafür kannst du am Besten wecken durch den Aufenthalt im Freien. Mach mit deinen Jungpfadfindern geeignete Unternehmungen. Beteiligt euch an Reinigungsaktionen, allerdings möglichst früh im Jahr, bevor der Frühling die Vegetation beginnen lässt.
Der Aufenthalt in der Natur bringt euch die absolute Freiheit aus den Zwängen der Zivilisation. Wie stark diese Zwänge sind, kann man erleben, wenn ein Lager etwas länger dauert. Viele, denen die ersten Tage bei jedem Wetter noch Probleme bereiteten, wollen nachher nicht mehr so gerne zurück in den Stress, den Lärm und den Gestank der Stadt. Da schätzt man dann das einfache Leben in und mit der Natur und mit den Freunden.

7. Der Pfadfinder gehorcht aus freiem Willen und macht nichts halb.
Das Leben ist ein Spiel und das Pfadfindertum befähigt dich dazu, daraus ein fröhliches und erfolgreiches Spiel zu machen. Die Spielregeln dazu sind keine Vorschriften, sondern nützliche Richtlinien. Die Disziplin in der Pfadfinderbewegung entsteht aus dem Wunsch seiner Mitglieder, in völliger Freiheit sich zur Teilnahme am Spiel entscheiden zu können.
Freiwilliges Gehorchen ist der Ausdruck von Loyalität untereinander die dazu befähigt, auch in schwierigen Situationen den Überblick zu behalten und eine Aufgabe ganz zu erfüllen und erfolgreich abzuschließen.

8. Der Pfadfinder ist stets guter Laune, auch in Schwierigkeiten.
Gute Laune und Heiterkeit kommen aus dem Gefühl fröhlicher Selbstsicherheit und helfen gegen Depressionen und Umweltstress. Sie kosten nichts und entspringen einer unbelasteten Seele. Wer in Schwierigkeiten seinen Jähzorn nicht in den Griff bekommt, muss damit rechnen, dass seine Probleme sich verdoppeln. Du kommst der Problemlösung sehr viel einfacher und besser näher, wenn du Herr der Situation bleibst und mit ruhiger Gelassenheit, froh und heiter die Dinge angehst. Fluchen und schimpfen widersprechen dem Geist des Pfadfindertums.

9. Der Pfadfinder ist sparsam und einfach.
Sparsamkeit hat nichts mit Geiz zu tun. Sie ist nur das Gegenteil von Verschwendung und dieser Begriff gilt auf vielen Ebenen als unangenehm und unerwünscht. Als Beispiel nenne ich die Verschwendung von Trinkwasser, Energie und Umwelt. Die einfache Lebensführung muss auch nicht unbedingt spartanisch sein und zur Askese werden. Ich glaube nicht, das Baden Powell uns in letzter Konsequenz dazu erziehen wollte.
Sparsamkeit und einfache Lebensführung passen jedoch zum Leben im Lager, auf Fahrt, im Zelt. Der Pfadfinder soll lernen, seine Möglichkeiten richtig einzuschätzen, damit er auch im Erwachsenenleben seine Ziele erreicht. An irdischen Gütern reich zu werden ist kein Fehler sondern erstrebenswert. Nur dazu die vertretbaren Mittel einsetzen und bescheiden, also einfach- bleiben, das ist pfadfinderisch. Wer durch Fleiß zu Besitz kommt, ist eher in der Lage, andere an seinem Erfolg teilhaben zu lassen.

10. Der Pfadfinder ist rein in Gedanken, Worten und Werken.
Man sagt, dass dieses 10. Gesetz das Wichtigste ist, denn es schließe alle anderen Gesetze in sich ein. Was meinst du, ist das richtig? Kann einer Pfadfinder sein, der überall für Streit sorgt, üble Nachrede übt über Schulkameraden und später Nachbarn und Arbeitskollegen?
Wie sieht es mit den geschwollenen Reden über Erlebnisse mit Mädchen und später Frauen aus, oder manchmal auch umgekehrt. Das dumme Geschwafel hinter vorgehaltener Hand mit

Verleumdungen und Verdächtigungen nicht anwesender Personen in der Schule, dem Verein und später am Stammtisch?
Sind das Pfadfinder, die im Zeltlager bierflaschenschwenkend und unflätige Lieder grölend das Hissen ihres Lilienbanners (den Bund will ich hier nicht nennen) begleiten? Oder waren das Pfadfinder (aus dem gleichen Bund wie vor), die wir in Wiltz um Mitternacht sturzbesoffen aus ihrem Chalet torkeln sahen, nachdem wir ihnen die Sicherungen herausgedreht hatten. Übrigens ab Jungpfadfinderstufe mit den entsprechenden Leitern, alle nicht mehr ansprechbar.
Da werden sich die Eltern gesagt haben, unser Kind ist dieses Wochenende mit den Pfadfindern unterwegs und gut untergebracht. Bei den Pfadfindern herrscht immer noch Ordnung. Nicht mehr überall muss man dazu leider sagen. Also, das sind keine Pfadfinder mehr, so wie sie der Gründer haben wollte und wie viele es auch noch sind und wie auch unser Image es immer noch aussagt. Das es so bleibt, oder vielleicht noch besser wird, daran wollen wir alle arbeiten.
Die umfassende Ausbildung der Pfadfinder nach den Pfadfindergesetzen führt dazu, das dieses 10. Gesetz mit der Forderung nach Reinheit in Gedanken, Worten und Werken seine Erfüllung findet.
Das wir alle keine Heiligen sind ist klar und das wir als schwache Menschen hin und wieder straucheln, auch. Aber das wir unser Bestes tun und Allzeit Bereit sind alles zu versuchen, ist schon ein wichtiger Schritt auf dem Weg zum Erfolg.

Ab hier will ich nun bei den Proben nur noch von denen sprechen, die noch an keiner anderen Stelle in diesem Buch erwähnt und behandelt wurden.

So ist z.B. der nächste Punkt gekuppelt mit der Frage nach der Bedeutung des Wahlspruch der Pfadfinder. Dieser Punkt ist ebenso schon angesprochen und genauso im Inhaltsverzeichnis zu finden wie unter 2. Pfadfinderkunde der Pfadfindergruß, der Pfadfinderpfiff, das Lilienbanner mit der Bundeslilie, Sippentier und Sippenwimpel, die Kluft der EPG, die Abzeichen, den Pfadfindergründer, den Aufbau und das Ziel der EPG, die Satzung und Ordnung der EPG und das Bundesliederbuch.
Über das Pfadfinderversprechen will ich meine Ausführungen hinter die Beschreibung der Proben für die Jungpfadfinderstufe (2.Grad) setzen.

Die 8 Altersstufen der EPG

Mäuse	mit Halstuch	weiß
Biber	ʼʼ	orange
Wölflinge	ʼʼ	gelb
Jungpfadfinder	ʼʼ	blau
Pfadfinder	ʼʼ	grün
Rover	ʼʼ	rot
Leiter	ʼʼ	grau
Gilde	ʼʼ	grau/rot

Sie sind in der Satzung und Ordnung, der Bundes-Probenordnung und der Ausbildungs-Ordnung der EPG näher beschrieben. Ebenso ist es mit der Weltbruderschaft der Pfadfinder.
Über die Geschichte der Weltorganisationen der Pfadfinder kannst du in einer ganzen Reihe von Büchern nachlesen. Hier anführen will ich noch einmal das Buch „Pfadfindererziehung“ von Hans E. Gerr, erschienen im Deutscher Spurbuchverlag, Baunach ISBN 3-88778-150-3 und das Buch „250 Millionen Pfadfinder- Rund um die Welt von Laszlo Nagy, erschienen im Panorama Verlag, Altstätten ISBN 3-907506-42-1.

Die Ausbildung der Jungpfadfinder

Unter (3. Heimatkunde) soll der Jungpfadfinder die Kenntnis über die Symbole seiner Heimat nachweisen. Mit Europafahne ist die der EPG gemeint.
Die Skizze seiner Heimatgemeinde kann auch eine Karte über das Wohnviertel seiner Stadt sein. Wichtige Gebäude können sein die Pfarrkirche, das Rathaus, die Schule oder das Sportzentrum, das Jugendzentrum, der Kindergarten und Verwaltungen der Post, Bahn und Industrieanlagen. Wahrzeichen können markante Plätze und Gebäude sein und Denkmäler.
Öffentliche Einrichtungen sind meist Verwaltungen und Behörden, deren Zweck man kennen muss, ebenso wie ihre Funktionen und wann sie im Bedarfsfall erreichbar sind, auch wenn sie weiter weg liegen. Ebenso ist es gut zu wissen, wen man ansprechen muss, wenn man ein Problem dieser Art zu lösen hat.
Zu diesem Zweck kannst du mit deinen Jungpfadfindern auch einmal eine Sitzung im Rathaus besuchen, wenn sie öffentlich ist. Oder als Besucher in Kluft an einer Ausschusssitzung teilnehmen, wenn z.B. ein Zuschussantrag deines Pfadfinderstammes beraten wird. Oder wenn, wie gerade in Speicher, der Ortsgemeinderat über den Abbruch des Jugendhauses zu Gunsten der Errichtung von Gebäuden der Industrie oder Verkaufsfirmen wie Lidl beraten. Muss man sich einmal vorstellen: Das Speicherer Jugendhaus ist unsere EPG Gründungsstätte. Aber der Kommerz ist überall stark.

Unter (4. Verkehrskunde) geht es darum, den Jungpfadfinder in die Lage zu versetzen, als Verkehrsteilnehmer nach seinen Möglichkeiten problemlos klar zu kommen. Das Fahrrad als sehr geeignetes Fortbewegungsmittel für die ganze Gruppe steht hier im Mittelpunkt. Du als Sippenleiter solltest mit deinen Leuten auch mal mit dem Rad auf Fahrt gehen. Der Transport der Utensilien ist relativ leicht, man kann recht schnell größere Strecken überwinden und der Gemeinschaftsgeist wird gestärkt. Macht Euch einen Plan über die Route mit Zeltmöglichkeiten und schon geht es los. In den

Sippenstunden vorher könnt ihr üben, planen und die Fahrräder prüfen.

Unter (5. Naturkunde) wollen wir den Jungpfadfinder in engen Kontakt mit der Natur bringen.
Hier sind eine ganze Menge von Aufgaben zu erfüllen, die aber alle ganz ohne Schwierigkeiten und nachvollziehbar sind. Solltest du damit Probleme haben, so kannst du auf alle Fragen in der entsprechenden und in diesem Buch angeführten Literatur Antworten finden.
Wenn ich mit Jungpfadfindern draußen unterwegs bin, so rede ich mit ihnen über das, was uns am Wegesrand so begegnet. Da tauchen Felder auf mit Hafer, Gerste oder Korn und Wiesen mit Gras, Klee und vielen Sorten Tee und Blumen. Bäume und Sträucher lernt man auf diese Weise vortrefflich kennen. Unterricht über die Lebensgewohnheiten der wildlebenden Tiere sowie den Sternenhimmel hält man natürlich auch draußen.

Unter (6. Umweltbewußtsein) steht schon eine ganze Menge an Informationen in der Probenordnung. Lies dazu aber auch noch meine Ausführungen unter „Natur und Umwelt“.

Unter (7. Lagerfertigkeit) wird das begonnene Thema aus der Biber- und Wölflingsstufe weiter ausgebaut, denn gerade die Jungpfadfinder sind ja die, denen die Dinge um

(8. Lager und Fahrt) besonders auf den Leib geschrieben sind.
Lies dazu auch meine Ausführungen unter: Tagesstreifen, Wochenendfahrt, Fahrt, Großfahrt, Unterwegs-Sein.

Unter (9. Gesundheit) sprechen wir die Grundregeln für ein gesundes Leben an. Dabei bereiten dir die Fragen nach Kleidung, Gymnastikübungen und Laufspielen sicher keine Probleme.
Über gesundheitsfördernde Gewohnheiten, Sauberkeit und Frühsport haben wir auch schon gesprochen.

Die Gefahren durch Suchtmittel haben wir jedoch noch nicht erwähnt. Es ist ein besonders schwieriges, aber auch leider immer noch sehr aktuelles Thema und wird es auch bleiben.

Zum Raucher werden die meisten Jugendlichen durch die Symptome der Pubertät. Mit der Zigarette in der Hand sollen Unsicherheit und Hemmungen überwunden werden. Da ich selbst in manchen meiner Lebensphasen geraucht habe, weiß ich wovon ich spreche. Das Rauchen, so ganz harmlos begonnen, macht einen wirklich zu einem armen Hund. Eigentlich nur eine schlimme Gewohnheit, aber mit allen möglichen Folgen für die Gesundheit und vor allen Dingen für das Wohlbefinden. Es ist eine Sucht. Wer so wie ich unter 10 Zigaretten am Tag bleibt, kommt in 3-4 Tagen davon los. Entscheidend aber sind keine Pflaster oder Pillen, sondern nur der Entschluss, wirklich aufzuhören und der feste Wille. Wer natürlich zum Kettenraucher geworden ist, wird es nicht unbedingt ohne Hilfe schaffen. Helfen kann auch die Lektüre eines Buches mit dem Titel „Wie Sie in 5 Tagen das Rauchen aufgeben", erschienen im Ariston Verlag unter ISBN 3 7205 1354 8. Ich selbst habe einfach aufgehört und fühle mich seit dem wieder frei.

Auf das Thema „Die Grundregeln für ein gesundes Leben" gehe ich später ein.

Alkohol ist heute auch schon ein Thema, über das man frühzeitig informieren muss. Gib dem Jungen doch mal einen Schluck sagt der Onkel und der Kleine probiert mal am Bier- oder Weinglas. Das mag sich harmlos anhören, ist es aber nicht. In der Kindheit hinterlassen schon kleinste Mengen an Alkohol ihre Spuren. Später in der Pubertät kommt es natürlich dazu, dass meist in der Gruppe von Freunden Alkohol ausprobiert wird. Dabei ist sicherlich der Gewöhnungsfaktor von großer Bedeutung. Die Gefahr besteht, das ohne Vorwarnung ein gefährlicher Punkt überschritten wird mit dem Ergebnis, dass der Betroffene nicht mehr ohne fremde Hilfe von seiner Sucht los kommt. Alkohol, in Maßen getrunken, zu entsprechenden Anlässen und bei einem Essen, ist sicher nichts verwerfliches. Jeder muss nur wissen, wie weit er gehen kann und ob er auch damit umgehen kann. Junge Menschen sollten jedenfalls überhaupt keinen Alkohol konsumieren. Dazu gibt es ja auch die entsprechenden Jugendschutzgesetze. Sie müssen unbedingt und kompromisslos eingehalten werden.

Andere Rauschmittel sind die sog. weichen und harten Drogen. Sie werden heute leider überall und verstärkt jungen Menschen angeboten. Diese Verbrecher wollen sich immer wieder neue Absatzmärkte erschließen und nützen die Unerfahrenheit der Kinder und Jugendlichen aus. Hier gilt es, auch und besonders für dich als Sippenleiter, Aufklärungsarbeit zu leisten.
Die eindeutige und klare Parole muss heißen „Drogen nein danke“. Alles andere, wie z.B. man kann ja mal ausprobieren oder man muss alles mal probiert haben ist falsch und absolut gefährlich. Ich kenne einige junge Leute (keine Pfadfinder), die in einer labilen Lebensphase aus Leichtsinn nicht nein sagen konnten und nun den Rest ihres Lebens mit der Sucht geplagt sind. Also gilt es, überall dort, wo Gefahren für Kinder und Jugendliche auftreten, beherzt dagegen zu wehren.

Unter (10. Erste Hilfe) geht es darum, den Jungpfadfinder fit dafür zu machen, den Pfadfinder-Wahlspruch „Allzeit Bereit“ mit Leben zu erfüllen. Die Proben denke ich sind nachvollziehbar.

Unter (11. Sport) kann der Jungpfadfinder sehr gut schwimmen, gut tauchen und mit der Sippe auf eine Fahrt mit den Rädern gehen. Dabei wird alles Gepäck mitgenommen. Das macht großen Spaß. Fahrten mit dem Rad müssen trainiert werden. Da fährt einer vorne, der genau weiß wo es lang geht. Es könnte der Kornett sein. Die in der Mitte müssen den richtigen Abstand halten, damit der Anschluss gehalten wird, es aber nicht zu Berührungen und Stürzen kommt. Hinten fährt der Sippenleiter und hat alles unter Kontrolle. Bei Problemen mit der Technik muss man in der Lage sein, kleine Reparaturen selbst auszuführen.
Ich habe viele Fahrten mit dem Rad mitgemacht, auch über mehrere Tage und Nächte, mit Übernachtung im Zelt oder Unterkunft in Scheunen, Burgruinen und Jugendherbergen. Ich kann es euch nur dringend empfehlen.
Der Trimm-Trab-Lauf ist hier auf 3 km gesteigert und sicher inzwischen kein Problem.
Der Pfadfinderlauf hat seine eigenen Gesetze. Hier geht die Gruppe ca. 30 m und läuft anschl. mit normaler Geschwindigkeit 30 m, um

danach wieder 30 m zu gehen usw. Das bringt immer wieder kurze Erholungsphasen und überbrückt so größere Entfernungen eher problemlos. Probiert es aus. Die Meterzahl kann dabei variiert werden. So können es beispielsweise je nach Fitness der Gruppe auch 40 oder 50 m sein. Denkt dabei aber auch daran, dass die Gruppe nur so stark ist, wie ihr schwächstes Mitglied, so wie bei dem Beispiel von der Kette.

Auch solltet ihr damit nicht so ohne etwas Training über größere Strecken beginnen. Alles im Leben braucht seine Vorbereitung. Es soll ja niemand zu Schaden kommen.

Schwierig ist auch der nächste Punkt, wo an einem Seil 5 m hoch geklettert werden soll.

Aus Erfahrung weiß ich, dass meist nicht alle Sippenmitglieder diese Probe zur Zufriedenheit erfüllen können. Aber üben solltet Ihr es unbedingt. Das Seil soll ein dickes Hanfseil sein, also kein Kunststoff. Geht in der Sippenstunde raus in die Natur und hängt es an einen gesunden Baum auf. Die Spezialisten klettern sicher problemlos hoch, während die weniger begabten ratlos zuschauen. Um es zu erleichtern kannst du Knoten in das Seil machen lassen, die im richtigen Abstand helfen, den Schuh des Kletterers zu halten. Man kann ja auch mit niedrigeren Höhen beginnen, um die Angst vor der Höhe zu nehmen. Sicher wirst du gefragt, wozu das eigentlich gut sein soll. Darauf kannst du antworten, indem du die Geschichte von der Mutprobe vorliest. Aber es geht ja im Leben nicht immer nur darum, an etwas hinauf zu klettern. Es kann durchaus sein, dass man auch einmal hinunter muss, ohne das gerade ein Aufzug, eine Treppe oder Leiter zur Verfügung steht. Dazu möchte ich dir gerne mein Buch zu lesen geben, das sich mit einem Fahrtenabenteuer in der Bretagne beschäftigt. Es heißt „Die Nacht im Chateau“ und handelt von einem Stamm französischer EPG Pfadfinder, die in der Bretagne auf Fahrt sind. Ihre Zelte stehen hoch hinter den Felsen der Küste. Eine Sippe entdeckt in der spannenden Geschichte mehrere geheimnisvollen Vorgänge, die auf etwas verbrecherisches im scheinbar unbewohnten Chateau hindeuten.

Der Stammesmeister ordnet gewisse Überprüfungen und Unternehmungen an, die nach vorbildlichem Einsatz schließlich zur Aufklärung führen. Eine Sippe gerät allerdings in arge Bedrängnis, als sie im Chateau von einer Verbrecherbande mit Pistolen und Gewehren angegriffen werden und sich schließlich auf den Speicher zurückziehen müssen. Ursprünglich wollten sie die untere Etage verteidigen, bis die anderen Sippen zur Verstärkung eintreffen würden. Bei ihrem Rückzug nach ganz oben mussten sie auch noch die gefundene Frau mitnehmen, die von der Bande dort bis zu seinem geplanten Abtransport per Schiff gefangengehalten werden sollte. Während die Gangster von unten gegen das letzte Refugium der Pfadfinder anstürmten, mussten sich die Scouts selbst retten.

Unter (12. Singen) geht es wieder darum, den jungen Leuten unser Liedgut näher zu bringen.
Es ist für mich immer wieder erstaunlich, dass es Leute gibt, die in einer Runde, in der gesungen wird, schweigend dabei stehen oder sitzen. Da muss bei der Ausbildung etwas falsch gelaufen sein. Also, mach du es mit deiner Sippe besser. Jede Sippe sollte doch mindest einen Gitarrenspieler hervorbringen.

Unter (13. Spielen) kommen wir wieder auf die kreativen Dinge deiner Jungpfadfinder zurück.
Spiele im Freien und im Gruppenraum sind sicherlich ebenso kein Problem wie auch das Stegreiftheater. Aber die Sache mit der Verkleidung, in der es möglich ist, die Rolle eines anderen zu spielen und so z.B. in ein fremdes Lager einzudringen, um es auszukundschaften, das ist schon etwas schwieriger. Aber es ist möglich und macht Spaß.
Dadurch kann man in die Lage versetzt werden, einem anderen Stamm beispielsweise das Banner zu klauen. Eine Aufgabe, die großen Spaß macht, wenn sie fair nach Pfadfinderart durchgeführt und abgewickelt wird. Lies dazu meine Ausführungen „Bannerklau fair und sauber."

Unter (14. Kimprobe) treffen wir unsere alten Bekannten wieder. Außer der beschriebenen Art der Kimprobe, oder besser gesagt zusätzlich, kannst du mit deinen Jungpfadfindern Kimspiele auch noch anders durchführen. Stelle sie vor ein Schaufenster und lass sie

die Auslagen studieren. Schreib sie dir selbst auf und lass sie dir dann einzeln aufzählen.
Die Nachricht von 16 Wörtern über eine Distanz von 3 km fehlerlos zu übermitteln ist nicht schwer. Gehe hinaus auf die Straße und sage jedem eine andere Botschaft bzw. schreib sie jedem auf. Dann schickt ein anderer Leiter den Ersten los und im Abstand von mindestens 5 Minuten folgen die anderen. An der Ankunftsstelle wartest du auf deine Jungpfadfinder und lässt dir die Nachrichten von jedem einzeln übermitteln. Vergleiche sie genau mit deinem Text. Dann gibt's die Unterschrift.

Unter (15. Basteln) geht es über den Umweg hobbymäßiger Betätigung zur Ausbildung handwerklicher Fähigkeiten und Geschicklichkeiten, die für jeden Menschen vorteilhaft sind, egal ob es nun um etwas praktisches oder künstlerisches geht.

Unter (16. Mutprobe) sind wir nun in der Lage, mit den Jungpfadfindern schon Mutproben zu machen, die dem Alter in dieser Entwicklungsphase entsprechend eine echte Herausforderung darstellen, aber nicht zu einer Gefährdung führen. Siehe meine entsprechenden Ausführungen.

Unter (17. Schweigeprobe) gilt es für dich als Sippenleiter, etwas auszusuchen, das deinem jeweiligen Jungpfadfinder wirklich eine erste, echte Prüfung bedeutet. Ich bin überzeugt, du wirst die richtige Wahl treffen.

Unter (18. Haltung und Zuverlässigkeit) steht beschrieben, welche Ergebnisse und Haltung wir von den Jungpfadfindern 2. Grad erwarten. Wenig ist es, zugegebenermaßen nicht, aber es ist gut zu schaffen in dieser Zeit. Nach Erfüllung der angegebenen Proben legt er das Pfadfinderversprechen ab und trägt das blaue Halstuch und natürlich die Bundeslilie. Wenn er „Alle" Proben erfüllt hat, trägt er das Abzeichen 2. Grad. Es wird ihm meistens überreicht bei einer Versprechensfeier. Freiwillig wird dann oft das Pfadfinderversprechen, als gesamte Sippe zusammen, erneuert. Die

Unterschriften besiegeln schließlich die doch recht umfassende Ausbildung und ihren vorläufigen Abschluss.
Auch dich als Sippenleiter wird das gelungene Ergebnis freuen, hat es doch die Dir anvertrauten Kinder und auch sicher dich selbst, ein gutes Stück weiter gebracht.

Das Pfadfinderversprechen

Das Zusammenleben in der EPG wird durch das Pfadfindergesetz wesentlich geprägt und wird zusammengefasst im Pfadfinderversprechen. Der Versprechenstext lautet:

„Ich (Vor- und Zuname) verspreche bei meiner Ehre, dass ich mit der Gnade Gottes mein Bestes tun will, Gott, meinem Glauben und dem Vaterland zu dienen, jederzeit und allen Menschen zu helfen und dem Pfadfindergesetz zu gehorchen."

Das Pfadfinderversprechen (Scout Promise) beginnt nach dem Willen des Gründers mit dem Hinweis auf die Ehre des Pfadfinders, so wie im ersten Gesetz. Baden-Powell will, dass der Pfadfinder bei seiner Aufnahme, bei seiner Ehre verspricht, mit der Unterstützung Gottes, sein Bestes zu tun,

(1) Gott, seinem Glauben, und dem Vaterland, zu dienen,
(2) jederzeit und allen Menschen zu helfen,
(3) und dem Pfadfindergesetz zu gehorchen.

Das sind die drei Teile des Pfadfinderversprechens, die auch durch unseren Gruß mit den drei aufrecht erhobenen Fingern und durch die drei Spitzen unserer Bundeslilie dokumentiert werden.
Mit dem Pfadfinderversprechen bezeugt der ausgebildete Pfadfinder seine freiwillige Zugehörigkeit zum Bund mit der übernommenen ebenso freiwilligen Verpflichtung des Lebens nach einer scoutistischen Ausrichtung.

Das Pfadfinderversprechen wird immer einzeln (außer bei der Versprechenserneuerung) vor dem gesamten Stamm abgelegt. Es soll immer eine für das Kind oder den Jugendlichen und alle Beteiligten unvergessliche Feierstunde sein, dabei schlicht und ganz einfach.
Wir haben in der EPG eine Art der Versprechensfeier entwickelt, die all diesen Gesichtspunkten entspricht und die Vorstellungen von Baden-Powell einbezieht.
Unsere Versprechensfeiern finden, fast immer, im Bundes-Pfingstlager, statt. Wir suchen einen dafür geeigneten Platz in der Nähe aus, der einen feierlichen und unserem Pfadfindertum angemessenen Rahmen bildet und darstellt. Das kann eine Burg oder Burgruine sein, ein markanter Steinbruch, ein unbelastetes Denkmal, ein Thingplatz, eine einsame Waldkapelle, in einer Jurtenburg im Lager bei Sturm und Dauerregen oder am Ufer von einem einsamen See.
Ich schildere hier einmal ganz einfach das Umfeld und die Versprechensfeier aus dem Jahr 1997:

Wir lagerten bei Bettenfeld in der Vulkaneifel, am Fuße des Mosenberg.
Am Sonntagnachmittag holten wir alle aus dem Lager zusammen, die am Abend ihr Versprechen ablegen sollten. Ich besprach mit ihnen noch einmal die Proben, die sie in ihren Sippen durchgearbeitet hatten, ließ mir einige Probenordnungen zeigen und so kamen wir dann auf das Pfadfinderversprechen. Die Freunde wussten um was es ging. Dieses Gespräch am Nachmittag im Lager halte ich für sehr gut, wichtig und auch angenehm. Man bereitet sich gemeinsam auf ein wichtiges Ereignis vor. Hektik und Stress entweichen und es kehrt Ruhe und Gelassenheit ein. Den Kindern, Jugendlichen und auch Leitern, wird die Angst und die Aufregung genommen, denn sie spüren das wir alle zusammen alles sind und alleine wenig. Dann gingen wir auseinander ins Lagerleben zurück.
Nach dem Abendessen dann versammelte sich das ganze Lager, natürlich außer den Wachen, zum Abmarsch. Fröhlich zog die Schar hinauf zum Mosenberg, wo wir uns am Mosenberg-Maar trafen. Dieses wunderschöne Gewässer ist der einzige Bergkratersee nördlich der Alpen, das Windsbornmaar. Dort versammelten wir uns in der

Abenddämmerung. Rund um den See wurden an den Anglerstegen Pechfackeln entfacht, die der Feierstunde den entsprechenden Rahmen gaben. Als es völlig dunkel war begannen wir mit unserer Versprechensfeier. Von Pechfackeln beleuchtet hing das Lilienbanner über einer Stange, die von zwei Trägern gehalten wurde. Dahinter stand ich, links und rechts je ein Assistent, mit dem Rücken zum See, davor die versammelte Pfadfinderschaft, am Rand dabei etwa 10 Gitarrenspieler.
In die Stille hinein begann ich nun mit der Feierstunde.

Liebe Freunde, wieder ist die Stunde des Versprechens gekommen. Wir alle, deren eigenes Versprechen nun schon eine Zeit zurück liegt, erinnern uns in dieser Stunde daran. So wollen wir unseren Freunden heute auch eine würdige Versprechensfeier gestalten, damit auch sie dieses denkwürdige Erlebnis nie in ihrem Leben vergessen werden.
Wir beginnen die Versprechensfeier mit dem „Bundeslied“.

Ihr habt euch auf euer Versprechen gut vorbereitet durch eine Ausbildung nach der Bundes-Probenordnung. Ihr wisst, dass die Grundlage unseres Pfadfindertums das Pfadfindergesetz und das Pfadfinderversprechen sind.

Wir hören nun noch einmal die Pfadfindergesetze: (vorgelesen von einem Assistenten)

1. Auf die Ehre eines Pfadfinders kann man unerschütterlich bauen.
2. Der Pfadfinder ist treu Gott, seinem Glauben und dem Vaterland.
3. Der Pfadfinder ist hilfsbereit.
4. Der Pfadfinder ist Freund aller Menschen und Bruder aller Pfadfinder.
5. Der Pfadfinder ist höflich und ritterlich.
6. Der Pfadfinder schützt Pflanzen und Tiere.
7. Der Pfadfinder gehorcht aus freiem Willen und macht nichts halb.
8. Der Pfadfinder ist stets guter Laune, auch in Schwierigkeiten.
9. Der Pfadfinder ist sparsam und einfach.
10. Der Pfadfinder ist rein in Gedanken, Worten und Werken.

Wir singen „Wir sind eine kleine verlorene Schar“.
Als Pfadfinder schließt du dich einer gewaltigen Schar von Jungen und Mädchen aller Völker an und wirst Freunde in allen Erdteilen haben.
Diese Bruderschaft der Pfadfinder gleicht in vieler Hinsicht einem Kreuzzug. Pfadfinder aus allen Teilen der Welt sind Botschafter des guten Willens, schließen Freundschaft und reißen Schranken der Rasse, der Religion und der Klasse nieder.
Das ist sicher ein bedeutungsvoller Kreuzzug.
Ich rate euch, tut bei diesem Werk euer Bestes, denn bald werdet ihr Männer und Frauen sein.(BiPi)

Wir singen „Ziehen die Straßen dahin“.

Bei deiner Aufnahme als Pfadfinder wirst du das Pfadfinderversprechen vor dem ganzen Stamm ablegen. Es lautet:

„Ich (Vor- u. Zuname) verspreche bei meiner Ehre, dass ich mit der Gnade Gottes mein Bestes tun will, Gott, meinem Glauben und dem Vaterland zu dienen, jederzeit und allen Menschen zu helfen und dem Pfadfindergesetz zu gehorchen.“

Das Versprechen ist gar nicht leicht zu befolgen, es ist aber etwas sehr Ernstes, und kein Junge oder Mädchen ist ein richtiger Pfadfinder, solange er nicht sein Bestes tut, um stets diesem Versprechen getreu zu leben.
So siehst du, dass dir das Pfadfindertum nicht nur Vergnügen bietet, sondern das es auch ziemlich viel von dir erwartet. Aber ich bin überzeugt, dass ich dir vertrauen kann. Du wirst alles daran setzen, dein Pfadfinderversprechen einzuhalten. (BiPi)

Nun singen wir „Wind in den Augen“.

Wir hören nun BiPis letzten Brief:

Liebe Pfadfinder! (vorgelesen von einem Assistenten)
In dem Theaterstück „Peter Pan“; das Ihr vielleicht kennt, ist der Piratenhäuptling stets dabei seine Totenrede abzufassen aus Furcht, er könne, wenn seine Todesstunde käme, dazu keine Zeit mehr finden. Mir geht es ganz ähnlich. Ich liege zwar noch nicht im Sterben, aber der Tag ist nicht mehr fern. Darum möchte ich noch ein Abschiedswort an euch richten. Denkt daran, das es meine letzte Botschaft an euch ist, und beherzigt sie wohl.
Mein Leben war glücklich, und ich möchte nur wünschen, dass jeder von euch ebenso glücklich lebt.
Ich glaube, Gott hat uns in diese Welt gestellt, um darauf glücklich zu sein und uns des Lebens zu freuen. Das Glück ist nicht die Folge von Reichtum oder Erfolg im Beruf und noch weniger von Nachsicht gegen sich selbst. Ein wichtiger Schritt zum Glück besteht darin, das Ihr Euch nützlich erweist und des Lebens froh werdet, wenn Ihr einmal Männer und Frauen sein werdet.
Das Studium der Natur wird euch all die Schönheiten und Wunder zeigen, mit denen Gott die Welt ausgestattet hat, euch zur Freude. Seid zufrieden mit dem, was Euch gegeben ist, und macht davon den bestmöglichen Gebrauch. Trachtet danach, jeder Sache eine gute Seite abzugewinnen.
Das eigentliche Glück aber findet Ihr darin, dass Ihr andere glücklich macht. Versucht, die Welt ein bisschen besser zurückzulassen als Ihr sie vorgefunden habt. Wenn dann Euer Leben zu Ende geht, mögt Ihr ruhig sterben im Bewusstsein, Euere Zeit nicht vergeudet, sondern immer Euer Bestes getan zu haben.
Seid in diesem Sinn „Allzeit Bereit“, um glücklich zu leben und glücklich zu sterben. Haltet euch immer an das Pfadfinderversprechen, auch dann, wenn Ihr keine Knaben und Mädchen mehr seid.
Euer Freund
Baden Powell of Gilwell

Wir singen das „Georgslied“.

Pfadfindergebet der EPG.

Wir kommen nun zum feierlichen Pfadfinderversprechen.

Dann legten einige EPG Leiter bei mir ihr Leiterversprechen ab.

Die Stammesmeister übernahmen dann die eigenen Stämme mit ihrem Lilienbanner von der Wölflingsstufe aufwärts. Sie stellten sich vor dem Banner auf, traten einzeln vor und legten ihr Versprechen ab, indem sie dem Stammesmeister die linke Hand reichten, die auf dem Banner ruhten, und mit der Rechten grüßten. Die Stammesmeister antworteten auf den Versprechenstext:
„Hiermit bist du (Vor- und Zuname) als (Stufe wie z.B. Jungpfadfinder) in die EPG und den Stamm (Name) aufgenommen. Gut Pfad.“ Die Antwort ist dann „Allzeit Bereit“.
Dann überreichte der daneben stehende stellv. Stammesmeister das neue Halstuch, wechselte es aus beim Übergang in eine andere Stufe, oder überreichte die Gradnadel bei Versprechenserneuerung mit der ganzen Sippe. Er grüßte den Jeweiligen mit dem üblichen Pfadfindergruß „Gut Pfad“ und erhielt als Antwort „Gut Pfad“.

„Liebe Freunde,
unsere Versprechensfeier geht zu Ende. Wir sind sicher alle der gleichen Meinung, dass es eine schöne und unserem Pfadfindertum entsprechend würdige Feierstunde war.
Wir wollen uns immer wieder daran erinnern und weiter versuchen, immer bessere Pfadfinder zu werden.“

Zum Abschluss singen wir „Nehmt Abschied Brüder“ und gehen dann gemeinsam zurück zum Lager. Dort werden die Wachen eingeteilt und es ist für alle, bis Pfadfinderstufe, Nachtruhe.

Zum Abschlusslied wurde ein großer Kreis gebildet und die Feierstunde ging zu Ende mit meinem Ruf in die Runde: „Bis ins Lager, Gut Pfad.“

Natürlich muss man in den unterschiedlichen Situationen und Lagern immer flexibel sein, denn es kommt auf die Platzverhältnisse an, auf die Witterung und den Zustand der Lagerteilnehmer. Um nur einige Beispiele zu nennen: Wir hatten Versprechensfeiern in Steinbrüchen, in Burgruinen, im Lager und an Seen und verwunschenen Felsenweihern, auf einsamen Berghöhen und an verlassenen Orten. Aber alle diese Plätze hatten eines gemeinsam: Sie waren Orte, die für alle Beteiligten unvergessen sein werden. Und das ist sehr wichtig. Jeder Pfadfinder soll sich in jedem Alter an den Ort seines Versprechens erinnern können.

Die Jungpfadfinder (1. Grad)

Wir gehen davon aus, dass jede nachfolgende Stufe die vorangegangene durchlaufen hat oder beherrscht. Daher sind ab dem 2. Grad für Jungpfadfinder alle nachfolgenden Proben nur noch als zusätzliche Anforderungen anzusehen.
Mit diesen Worten beginnt die Beschreibung der nachstehend erläuterten Proben.
Angegeben ist auch mit den vorgeschlagenen Altersangaben die Begründung dieser gesteigerten Ausbildung.

Unter (1. Glaube) kennt der Jungpfadfinder die Bergpredigt Jesu und kann sie interpretieren.
Dieser Hinweis auf einen Abschnitt aus dem Neuen Testament muss man in dem Zusammenhang sehen, dass gegenwärtig die meisten EPG Mitglieder dem christlichen Glauben anhängen. Für Mitglieder anderer Religionsgemeinschaften ist es durchaus denkbar, das geeignete ebenso wichtige Glaubensaussagen in die Probenordnung für diese Gruppe eingesetzt werden.
Weshalb aber gerade die Bergpredigt ausgesucht wurde, werden wir gleich gemeinsam erfahren. Ich bin eigentlich mehrfach überrascht worden, durch die völlige Unkenntnis mancher junger Leute, die christlich getauft und aufgewachsen waren und auch den Gang zur Ersten Heiligen Kommunion und der Firmung hinter sich hatten.

Die Bergpredigt.
Zulauf des Volkes. Er stieg herab mit ihnen und blieb an einem ebenen Platze stehen, zusammen mit einer großen Schar seiner Jünger und einer großen Menge Volkes aus ganz Judäa und Jerusalem und aus dem Küstengebiet von Tyrus und Sidon, die gekommen waren, um ihn zu hören und sich heilen zu lassen von ihren Krankheiten, auch die von unreinen Geistern geplagten wurden geheilt. Alles Volk suchte ihn anzurühren, denn es ging eine Kraft von ihm aus und heilte alle.
Die Berufenen und Nichtberufenen. Er richtete seine Augen auf seine Jünger und sprach:
Selig ihr Armen, denn euer ist das Reich Gottes. Selig ihr, die ihr jetzt hungert, denn ihr werdet gesättigt werden. Selig ihr, die ihr jetzt weint, denn ihr werdet lachen. Selig seid ihr, wenn euch die Menschen hassen und wenn sie euch ausstoßen, euch schmähen und eure Namen als etwas Böses verwerfen um des Menschensohnes willen. Freuet euch an jenem Tage und jubelt, denn seht, euer Lohn ist groß im Himmel, geradeso taten ihre Väter den Propheten. Doch wehe euch, ihr Reichen, denn ihr habt schon euren Trost. Wehe euch, die ihr jetzt gesättigt seid, denn ihr werdet hungern. Wehe euch, die ihr jetzt lacht, denn ihr werdet klagen und weinen. Wehe euch, wenn euch alle Menschen umschmeicheln, geradeso taten ihre Väter den falschen Propheten.
Von der vollkommenen Liebe. Euch aber, die ihr auf mich hört, sage ich: Liebet eure Feinde, tut Gutes denen, die euch hassen. Segnet, die euch fluchen, betet für sie, die euch schmähen. Dem, der dich auf die Wange schlägt, halte auch die andere hin, und dem, der dir den Mantel nimmt, dem verweigere auch den Rock nicht. Jedem, der dich bittet, gib, und von dem, der das Deine nimmt, fordere es nicht zurück. Und wie ihr wollt, dass euch die Menschen tun, so sollt auch ihr ihnen tun. Wenn ihr die liebt, die euch lieben, was für ein Dank steht euch zu? Denn auch die Sünder lieben jene, die sie lieben. Wenn ihr denen Gutes tut, die euch Gutes tun, was für ein Dank steht euch zu? Denn auch die Sünder tun dasselbe. Wenn ihr denen leiht, von denen ihr hofft, es wieder zu bekommen, was für ein Dank steht euch zu? Auch die Sünder leihen Sündern, um Gleiches wiederzuerhalten. Nein, liebet eure Feinde, tut Gutes und leiht, ohne etwas zurück zu

erhoffen, und euer Lohn wird groß sein, und ihr werdet Söhne des Allerhöchsten sein, denn er ist gütig gegen die Undankbaren und Bösen. Seid barmherzig, wie euer Vater barmherzig ist.
Selbstloses Geben und Richten. Richtet nicht, und ihr werdet nicht gerichtet werden, verurteilt nicht, und ihr werdet nicht verurteilt werden, sprecht frei, und ihr werdet freigesprochen werden. Gebt, und es wird euch gegeben werden, ein gutes, vollgedrücktes gerütteltes und gehäuftes Maß wird man euch geben in euren Schoß, denn mit dem Maß, mit dem ihr messet, wird euch wieder gemessen werden. Auch ein Gleichnis sagte er ihnen:
Kann wohl ein Blinder einen Blinden führen? Werden sie nicht beide in die Grube fallen? Der Jüngere ist nicht über dem Meister, wenn er voll ausgebildet ist, wird jeder sein wie sein Meister. Was siehst du den Splitter im Auge deines Bruders, den Balken aber in deinem eigenen Auge beachtest du nicht. Wie kannst du deinem Bruder sagen: Bruder, lass mich den Splitter in deinem Auge herausziehen, und siehst selber den Balken in deinem Auge nicht? Du Heuchler! Zieh zuerst den Balken aus deinem Auge, dann magst du sehen, das du den Splitter im Auge deines Bruders herausziehst.
Bewährung und Lohn. Denn es gibt nicht einen guten Baum, der schlechte Frucht bringt, und auch nicht einen schlechten Baum, der gute Frucht bringt. Denn jeden Baum erkennt man an seiner Frucht. Man sammelt doch von Disteln nicht Feigen, und von einem Dornstrauch pflückt man keine Trauben. Der gute Mensch bringt aus dem guten Schatz seines Herzens das Gute hervor, und der Böse bringt aus dem bösen das Böse hervor, denn wovon das Herz voll ist, davon redet sein Mund. Was ruft ihr mich: Herr; Herr! und tut nicht, was ich sage? Jeder, der zu mir kommt und meine Worte hört und sie tut, wem der gleicht, will ich euch zeigen. Er gleicht einem Mann, der ein Haus baute, in die Tiefe grub und den Grund auf den Felsen legte. Als nun das Hochwasser kam, brandete der Strom gegen jenes Haus und vermochte es nicht zu erschüttern, denn gar trefflich war es gebaut. Wer aber hört und nicht tut, der gleicht einem Mann, der ein Haus auf das Erdreich baute ohne festen Grund. Als der Strom dagegen brandete, brach es sogleich zusammen, und der Zusammenbruch jenes Hauses war gewaltig. (Lukas)

Das sind wahrhaft gewaltige Texte, die man ein paar Mal durchlesen und auf sich einwirken lassen muss. Um sie einigermaßen zu verstehen bedarf es schon einer gewissen Beschäftigung mit diesen Themen, denn die Worte sind voller tiefer Weisheit.

Sie beinhalten meiner Einschätzung nach die gesamte christliche Ethik und greifen sehr tief auch ein in den Aufbau und die Philosophie des Pfadfindertums nach Baden Powell.

Sicher muss man bei dieser Bergpredigt, wie auch bei allen anderen Berichten aus dem Alten- und Neuen Testament beachten, dass es sich sehr oft um Beispiele handelt und Hinweise, die nicht wörtlich zu verstehen sind.

Im ersten Abschnitt von den „Berufenen und Nichtberufenen" spricht Jesus von denen, die selig sein werden, weil sie zu den Menschen gehören, die nach der Erkenntnis suchen. Wenn ihnen bewusst wird, dass außen nichts sein kann, wenn es nicht zuerst innen war, begeben sie sich auf den richtigen Weg. Sie werden nach der Erkenntnis der Zusammenhänge der Lebensprinzipien diese richtig anwenden und so Frieden und Vervollkommnung in ihrem Leben erfahren.

Die aber nur auf Äußerlichkeiten bauen und rein oberflächlich denken und handeln sind die wirklich armen, die letztendlich unglücklich und unzufrieden durch die Tage ihres Lebens schreiten, auch wenn oft der Schein nach außen trügerisch anders aussieht.

Im zweiten Abschnitt von der „vollkommenen Liebe" geht es um die Wechselwirkung von Geben und Nehmen. Diese Gedanken sind im Pfadfindertum verankert durch die „Gute Tat", das selbstlose „Dienen" und sie sind dokumentiert im Pfadfindergesetz und Pfadfinderversprechen, ebenso in dem Wahlspruch der Wölflinge „Ich tue mein Bestes" und dem der Pfadfinder „Allzeit Bereit".

Wenn du den Weg zu Deinem Unterbewusstsein gefunden hast und durch diese Tür gegangen bist, musst du, um etwas zu erreichen, rein sein. Da ist kein Platz für Hass, Neid und niedere Gedanken. Du kannst nicht deinem Bruder den Teufel an den Hals wünschen und dann erwarten, dass du in den Genuss von Erleuchtung, Harmonie und Freude kommst. Und wie ihr wollt, das euch die Menschen tun, so sollt auch ihr ihnen tun. Mit den Sündern sind jene unter uns gemeint, die zwar so tun, als ob sie gutes vorhaben, in ihrer tiefsten Seele aber immer noch den Groll hegen und so nicht erfolgreich sein

können denn das Unbewusste, das Göttliche, ist unbestechlich und unbetrügbar.
„Selbstloses Geben und Richten" deutet darauf hin, dass du nur deinen eigenen Weg zu gehen hast, ohne auf die Beurteilung anderer zu achten und natürlich auch, ohne andere einschätzen zu wollen. Das Urteil darüber, was richtig und falsch ist, entsteht automatisch und wird letztendlich irgendwann auch sichtbar. Nicht richten um nicht gerichtet zu werden ist der Hinweis darauf, das alle unsere Taten Konsequenzen nach sich ziehen und auf uns selbst wieder zurückfallen.
Keiner von uns Menschen quält einen anderen, ohne dafür die Quittung zu bekommen. Keiner tut einem Unschuldigen weh, ohne das ihm weh getan wird. Das muss nicht für jeden sichtbar werden, aber wer schaut schon in das Herz (die Seele) eines anderen Menschen.
„Bewährung und Lohn" sind praktische Ergebnisse vorher angekündigter Vorgänge.
Denn jeden Baum (Menschen) erkennt man an seiner Frucht. Mit der Frucht ist das Ergebnis gemeint, dass der Mensch hervorbringt. Erfolglosigkeit zeugt von falscher Programmierung der inneren Abläufe. Es kann mich keiner leiden, aber ich benehme mich auch entsprechend. Wie man in den Wald hinein ruft, so schallt es heraus, oder wie man sich bettet, so liegt man.
Der Volksmund hat oft recht treffende Sprüche parat. Meist jedoch werden von der breiten Masse des Volkes die tieferen Zusammenhänge nicht erkannt.
Am aller deutlichsten werden die Hintergründe der Botschaft Jesu bei der Geschichte von dem Hausbau. Mit dem Haus ist unser Leben gemeint. Viele schreiten ohne Wissen über die tieferen Weisheiten der Lebenszusammenhänge dahin. Jeder von uns kennt bestimmt einen Mitmenschen, der geizig ist, mit jedem Streit anfängt, dem man schon im Gesicht seine negative Grundprogrammierung ansieht. Unglücklich verkümmert alles Liebe und Schöne in ihm, um ihn und mit ihm. Vielleicht hat er Geld angehäuft, hat ein Herz aus Stein und rafft und streitet immer weiter. Der Lebensstrom hat mit seinem Hochwasser bereits das Fundament unter ihm weggerissen und die

Brücke zu seinem Selbst, seinem Unbewussten, zerstört. Welch ein Schicksal. Keine Freunde mehr, keine Freude und kein Glück.
Wer aber den Unterbau fest in seinem Unbewussten verankert hat, dem werden all die Dinge gelingen, an die er fest und unverbrüchlich glaubt. Er wird ernten, was er gesät hat.
Verstehst du diese Zusammenhänge. Du säst nicht Weizen, wenn Du Hafer oder Korn ernten willst und du kannst nicht auf Liebe und Seelenfrieden hoffen, wenn du Hass und Zwietracht ausgestreut hast. An Deinen Früchten kann man dich erkennen. Wenn du unter der Brücke landest, waren deine Gedanken, als die Programmierung Deines Lebens, voller Zweifel, Angst und Untergangsstimmung.
Komisch, sagen „die Leute". Auf einen dicken Haufen kommt immer mehr. Klar, das weißt du jetzt auch. Wer nichts hat, egal ob Geld, Glück, Freunde, Liebe, Harmonie und Reichtum in allen Lebenslagen denkt immer nur an Untergang und hat Angst vor noch mehr Verlusten und Elend. Aus dem Haufen wird ein klaffendes Loch das immer tiefer wird.
Wer all das hat denkt an Überfluss und ist sich seines Erfolges sicher und der Haufen wird immer höher.
Du musst also immer zuerst das Fundament schaffen, für das, was du darauf bauen willst. Dann wird dir alles gelingen und es wird dir widerfahren, an das du geglaubt hast.

Der Jungpfadfinder kennt den Unterschied zwischen Bewusstsein und Unterbewusstsein und ihre Wechselwirkungen.
Darüber kannst du nachlesen unter „Meditation" und dem vorherigen Thema. Weil es aber so komplex und sicher auch ein wenig neu und ungewohnt ist, hier noch einmal ganz kurz.
Mit dem Bewusstsein erfahren wir ständig die Welt, in der wir leben. Es lässt uns wahrnehmen, mitteilen und empfangen. Mit ihm denken wir unseren Weg voraus und programmieren das Unterbewusstsein, das die ausführende Kraft in uns ist.
Dahinein spielt dann die nächste Aufgabe – der Jungpfadfinder kennt die Auswirkungen positiver und negativer Gedanken auch in Verbindung mit dem 8. Pfadfindergesetz.

Positive oder negative Gedanken durch das Bewusstsein produziert programmieren das Unterbewusstsein eben in die eine oder andere Richtung.
Wenn du zweifelst, dann sieh dich in Deiner Mitwelt um. Da kannst du alle Facetten menschlicher Programme beobachten. Und prüfe dich auch selbst. Wahrscheinlich hast du bis heute dein Leben so genommen, wie es sich entwickelt hat. Wenn du noch ganz jung bist, werden andere für dich entschieden haben. Frag dich doch ganz einfach einmal, ob du in der richtigen Schule bist oder ob du den Beruf ergriffen hast zu dem du dich berufen fühlst.
Hast du die Freunde, die du gerne hättest. Beschäftigst du dich in der Freizeit mit den für dich richtigen Hobbys. Und wenn du erwachsen bist, hast du ausreichend Geld um dein Leben so zu gestalten, damit es deine Bedürfnisse befriedigt. Hast du den richtigen Partner gefunden und lebst du an dem Ort, der dir wirklich zusagt und wo du Dein Menschsein nach deiner Veranlagung ausleben kannst.
Egal, ob nun alles stimmt oder ob da noch viele Wünsche offen bleiben, du kannst einmal in dich hinein horchen und die Frage versuchen zu beantworten, inwieweit deine Lebenseinstellung dein Leben so gestaltet oder beeinflusst hat, dass es so wurde wie es eben zur Zeit ist.
Danach kannst du dann entscheiden, ob du etwas verändern willst oder nicht. Den Weg dazu kennst du ja nun, zumindest ganz grob.

Unter (2. Pfadfinderkunde) kennt der Jungpfadfinder zu der Geschichte des Weltpfadfindertums auch die spezielle Entwicklung in Deutschland seit der Gründung bis hin zur EPG.
In dem Artikel „Pfadfinder- die Idee eines Vordenkers“ schreibt mein Freund und Stellvertreter Hans-Peter Simon folgendes:
Als am 22. Februar im Jahre 1857 der kleine Robert das Licht der Welt als Sohn des anglikanischen Pfarrers und Oxfordprofessors Baden-Powell erblickte, ahnte sicherlich keiner im Kreise der Familie, welchen Einfluss das Leben ihres Neugeborenen auf viele Kinder und Jugendliche einmal haben würde.
Der frühe Tod seines Vaters weckte in Robert schon früh das Bewusstsein für die ihm anvertraute Familie. Der Einfluss seiner Mutter war durch ihre liebevolle und herzliche Art entsprechend

stark. Eine Faszination übte sein Großvater auf ihn aus. Dieser war Admiral und interessierte sich als Hobbyphysiker und Astronom. Sicherlich ein guter Rahmen für einen Jungen mit dem natürlichen Drang endloser Neugier. Robert Baden-Powell machte eine miserable Schulzeit durch, obwohl er großes Talent in den Bildenden Künsten aufwies. Doch die englischen Schulen schienen nichts für ihn zu sein, ja er schien sie regelrecht nicht zu benötigen. Er meldete sich schließlich früh als Kadett in einer Offiziersschule. Drei Monate später, als man das Jahr 1876 schrieb, fuhr Robert nach Indien und seine militärische Laufbahn, die ihn zu einem englischen Nationalheld machen sollte, begann.
Den Grundstein des Pfadfindertums legte Baden-Powell zunächst unbewusst. Aus seinen Erfahrungen als hochdekorierter englischer Offizier wollte er in der Schrift „Aids to scouting"- Hilfe zum Pfadfinden- den Soldaten und Militärs seiner Zeit eine praktische Hilfe anhand geben. In England wurde diese Schrift aber gerade von den Jungen begeistert aufgenommen., da doch viele nützliche Hinweise zum Überleben und Verhalten in der freien Natur darin enthalten waren.
Wir müssen uns in die Zeit der Jahrhundertwende zurückversetzen, um den Hintergrund zu verstehen. Es war die Zeit der Industrialisierung, riesige Maschinen zogen Tausende Menschen als Arbeitskräfte wie magisch in die Städte, und der Mensch entfremdete sich zusehend vom Leben im Einklang mit der Natur. Baden-Powell erfuhr von dieser allgemeinen Begeisterung in England und missbilligte diese, da doch seine Schrift für Soldaten gedacht war. Er erkannte aber auch das Bedürfnis der Jugendlichen in seiner Zeit und machte sich daran, zunächst in einer Monatszeitschrift, die später zusammengefasst wurde, für die Jugendlichen die Inhalte des Pfadfindertums zu erfassen. Das Ergebnis war Scouting for Boys-Pfadfinden für Jungen. Hiermit war die Idee des Pfadfindertums geboren. Aus der anfänglichen Begeisterung für Baden-Powells Schriften wurde eine regelrechte Massenbewegung, die ihn dazu drängte, weiter in diese Richtung zu arbeiten.
Am 9. August 1907 ging sein erster Versuch mit Jugendlichen, ein Lager nach pfadfinderischer Art durchzuführen, als voller Erfolg zu Ende. Dies war der Anfang einer bis heute anhaltenden und

weltumfassenden Begeisterung für die Ziele des Pfadfindertums. Am 8. Januar 1941 starb Baden-Powell und hinterließ der Jugend der Welt ein wertvolles Geschenk: das Pfadfindertum. Mehr als 250 Millionen Pfadfinder auf der ganzen Welt fühlen sich noch heute in unserer modernen Zeit den Gedanken ihres Gründers Robert Stephenson Smyth Baden-Powell verbunden.

Das Pfadfindertum breitete sich sehr schnell rund um den Erdball aus. Unter Beibehaltung der Grundwerte entwickelte sich je nach Kulturgemeinschaft ein breit gefächertes und buntes Erscheinungsbild. Aktiv dürften heute etwa über 30 Millionen Jungen und Mädchen in 168 Ländern sich zum Weltpfadfindertum zugehörig fühlen, ob nun vom Weltbund offiziell anerkannt oder auch nicht. Viele herausragende Persönlichkeiten sind aus den Reihen der Pfadfinder hervorgegangen. So waren fast alle Präsidenten der USA und auch die meisten Astronauten Pfadfinder. Neil Armstrong brachte die Weltpfadfinderlilie auf den Mond. Thor Heyerdahl war meiner Pfadfindergeneration ein großes Vorzeige-Vorbild, als er 1947 mit seinem Floß Kon-Tiki in einer abenteuerlichen Reise von Peru aus zu den ostpolynesischen Inseln segelte.
Wichtiger aber noch, als das gekrönte Häupter und privilegierte Menschen als dem Pfadfindertum zugehörig genannt werden, ist der positive Einfluss zu nennen, den die von Baden-Powell entwickelten Idealvorstellungen eines glücklichen und erfolgreichen Lebens für den sog. Normalbürger gebracht haben und noch immer bringen.
Was einmal als vormilitärische Erziehung begann ist heute, weiterentwickelt, die Basis für ein weltumspannendes Erfolgssystem in der Ausbildung und Erziehung der Jugend.
Leider sind sich die Politiker dieser meist nicht voll ausgeschöpften und oft ganz brach liegenden Möglichkeiten überhaupt nicht bewusst. Damit will ich auf gar keinen Fall aufrufen dazu, das Pfadfindertum zur Staatsjugend zu machen. Aber hier wären große Potentiale vorhanden, der Verwahrlosung von Kindern und Jugendlichen entgegenzuwirken.
In den USA werden gehobene Positionen in Politik, Wirtschaft und Militär überwiegend von Personen besetzt, die aus der Pfadfinderbewegung kommen. Dadurch entsteht diesem größten

Pfadfinderverband der Welt natürlich unentwegt der Vorteil von größtmöglicher Unterstützung. Den Boy Scouts of Amerika gehören viele große Gebiete in den USA, die sie für ihre Ausbildung und Camps nutzen, incl. einigen Nationalparks.
Auch in anderen Ländern zählen die nationalen Pfadfinderverbände zu den geförderten und angesehenen Jugendbewegungen.
Leider ist in Deutschland die Zersplitterung so weitläufig, dass diese Gewichtung nicht möglich ist. Auch das Verbot im letzten Weltkrieg durch die Nazis hat dazu beigetragen.
Über die Möglichkeiten, wie das Pfadfindertum bei den Problemen der Zeit mit der Jugend helfend tätig werden könnte, will ich an anderer Stelle noch einmal näher eingehen.
Das Pfadfindertum begann also seinen Siegeszug 1907 mit dem Lager auf „Brownsea Island."
1908 erschien dann das Buch „Scouting for Boys" und 1909 gab der Stabsarzt Dr. A. Lion „Das Pfadfinderbuch" in deutsch heraus. 1911 entstand in Deutschland der erste Pfadfinderbund, der DPB. Unterbrochen durch die Kriegsereignisse von 1914 bis 1918 bildeten sich 1921 evangelische Pfadfindergruppen. 1922 vereinigten sich der DPB mit den Wandervögeln. Die DPSG entstand 1929 aus mehreren katholischen Pfadfindergruppen im katholischen Jungmännerbund.
1938 wurden in Deutschland alle Jugendverbände zu Gunsten der Hitlerjugend verboten. Viele gingen in den Untergrund und wurden verfolgt.
Ab 1948 begann der Neuaufbau der Pfadfinderverbände in der Bundesrepublik Deutschland.
Bis Mitte der 60er Jahre spricht man in der deutschen Pfadfinderbewegung vom traditionellen Pfadfindertum. Die Zusammenschlüsse führten zur Bildung des – RdP = Ring deutscher Pfadfinderverbände. In ihm sind vertreten und damit im Weltbund anerkannt die – DPSG = Deutsche Pfadfinderschaft Sankt Georg, der – BdP = Bund der Pfadfinderinnen und Pfadfinder und der – VCP = Verband Christlicher Pfadfinderinnen und Pfadfinder.
Wie schon an anderer Stelle geschildert, führten größere Veränderungen in den genannten Verbänden zu vielen Abspaltungen und einer Umstrukturierung in der Bewegung.

Wie es zur Gründung der EPG kam, hast du bereits nachlesen können. Weitere Einzelheiten, über viele Bünde der Pfadfinder, kannst Du nachlesen in den Veröffentlichungen des – IJAB = Internationaler Jugendaustausch- und Besucherdienst der Bundesrepublik Deutschland, wo auch die EPG aufgeführt wird in Verbindung mit dem – AzJ = Arbeitskreis zentraler Jugendverbände e.V. als ein Anschlussverband des – DBJR = Deutschen Bundesjugendring.

Die Frage nach den Unterschieden und den Unterscheidungsmerkmalen der z.Zt. in Deutschland bestehenden Pfadfinderbünde zu beantworten, ist bei der Vielzahl wirklich nicht ganz leicht.

Augenscheinlich sichtbar sind Banner, Kluft und Auftreten bei Lager und Fahrt, wenn es so etwas noch gibt.

Die wirklich trennenden Merkmale in Deutschland jedoch sind die unterschiedlichen Anbindungen der verschiedenen Pfadfinderbünde an Kirchen und andere soziale Gruppierungen. Sie entfernen sich dadurch meiner Meinung nach zu sehr von der Grundidee des Gründers und werden zudem auch noch stark abhängig.

Für mich ist in diesem Zusammenhang allein die Frage wichtig, wie nahe ein Verband noch am Ursprung ist. Wenn der Abstand schon zu groß geworden ist, handelt es sich um öffentliche und allgemeine Jugendarbeit und hat mit dem Pfadfindertum Baden-Powells nicht mehr viel zu tun.

Wäre unser Ausgangsbund noch nahe genug am Original gewesen, hätten wir uns die wirklich aufwendige Gründung der EPG sparen können. Wir wollten aber die Möglichkeit erhalten, das Pfadfindertum nach Baden-Powell in seiner so phantastischen Form ausleben zu können.

Seit der Gründung gab es oft Versuche, das Pfadfindertum neu zu deuten und unterschiedlich zu interpretieren. Möglicherweise werden auch gegen die Auslegungen in diesem Buch Proteste kommen. Jedoch denke ich, kann man die feste Verankerung mit dem Original in Bezug auf Pfadfindergesetz und Pfadfinderversprechen mit den entsprechenden Auslegungen der Lebensauffassung nach BiPi nicht als falsch bezeichnen. Der Zeitgeist ist dafür zu kurzlebig.

Baden-Powell hat schon zu seiner Zeit natürlich erkannt, dass es immer wieder falsche Interpretationen seines Modells gab. Er bemerkt, jemand habe eine verbesserte Ausgabe von „Scouting for Boys“ geschrieben und darin Verbote aufgestellt. Das widerspreche seiner positiven Ausrichtung des Pfadfindertums. An anderer Stelle schreibt er, dass gewisse „Autoritäten“ sich beeilt hätten, das Pfadfindergesetz zu verbessern und weil sie die aktive Seite darin nicht erkannt hätten, hätten sie es in das Gegenteil verändert. Mit dem Verbot „tu es nicht“ und ich füge hinzu, dem erhobenen „Zeigefinger“, hat schnell eine Umkehrung stattgefunden.

Der Jungpfadfinder erkennt den Europäischen Gesichtspunkt der EPG basierend auf dem 4. Pfadfindergesetz.

Der Pfadfinder ist Freund aller Menschen und Bruder aller Pfadfinder.

In der Satzung der EPG kannst Du auf Seite 5 unter §3.7 nachlesen, wie wir zu dem Thema Europa stehen. Weiter in der Ordnung der EPG auf Seite 14 unter E = Europäische, unsere Interpretation dazu.

Europa wächst unaufhaltsam zusammen. Das ist ein sehr erfreulicher Vorgang, nach all dem Elend, das sich die Völker auf diesem Kontinent jahrhundertlang zugefügt haben.

Bereits im Jahre 1968 habe ich mich intensiv für den Zusammenschluss in Europa eingesetzt und beispielsweise im Hotel Porta Nigra in Trier vor einer Versammlung von Europäischen Föderalisten gesprochen und dazu aufgerufen. Damals war dieses Gedankengut in der breiten Masse noch recht umstritten. Allerdings beseitigten schon damals Mitglieder der EUROPA UNION symbolisch und demonstrativ gegen den Willen der Grenzer die Schranken am Übergang von Deutschland nach Luxemburg bei Echternach. Heute ist er, zusammen mit allen anderen Grenzbarrieren, längst verschwunden.

Die europäische Auslegung unseres Pfadfinderbundes im Jahre 1990 war deshalb nur eine logische Weiterentwicklung bereits bestehenden Gedankengutes.

Die Internationalität des Pfadfindertums ruft uns geradezu dazu auf, den Einzugsbereich über die Nationalgrenzen hinaus zu erweitern.

Als das französische Parlament den EURO angenommen hatte, wurde auch vom Deutschen Bundestag mit überwältigender Mehrheit quer durch die Parteien zugestimmt. Ein weiterer Schritt auf dem Weg der Integration Europas.

Wer noch an der Notwendigkeit der Bildung eines Vereinten Europas zweifelt, sollte den ersten Weltkrieg betreffend die Schlachtfelder von Verdun besuchen und sich in einer Führung die Forts, das Beinhaus von Douaumont mit 130.000 unbekannten Soldaten, die unzähligen Ehrenfriedhöfe und die Zitadelle zeigen und erklären lassen. Was den zweiten Weltkrieg angeht, so ist ja ganz Europa übersät mit Ehrenfriedhöfen und Gedenkstätten an die gefallenen aller beteiligten Nationen plus die Toten aus den Vernichtungslagern auf allen Seiten.
Auch Baden Powell hat sehr unter den kriegerischen Entwicklungen gelitten, hatte er doch versucht, durch seine völkerverständigende Idee des Weltpfadfindertums den Frieden zu erhalten und zu sichern. Aber damals war die Zeit dafür noch nicht reif. Als er sich als alter Mann nach Kenia zurückzog, war ihm die Hilflosigkeit sehr bewuss t. Aber er wahr sicher auch hoffnungsfroh für die Zukunft, denn keine Diktatur hält sich ewig und nach einem solchen Inferno geht es auch immer wieder aufwärts.
Für Deutschland ist die Entwicklung in jedem Fall sehr positiv zu sehen. Waren früher in der Kaiserzeit und auch dann im Dritten Reich die Positionen so, dass es in der Mitte Europas isoliert und gegen seine Nachbarn alleine stand, ist es heute ein wichtiger Bestandteil der großen Gemeinschaft.
Nur so kann der Frieden und der Wohlstand für alle in der Zukunft gesichert werden.

Unter (3. Heimatkunde) kennt der Jungpfadfinder verschiedene Dinge in dem Bereich, in dem er Zuhause ist.
Über den Baustil der Pfarrkirche oder des Gotteshauses, die Sagen und Geschichten des Wohnortes oder seiner Umgebung und das möglicherweise vorhandene Heimatmuseum findest du bestimmt schnell gedrucktes Informationsmaterial.
Mit den wichtigsten Erwerbszweigen der engeren Heimat in Vergangenheit und Gegenwart sind gemeint die Eigenarten der Region. Es gibt Gebiete mit überwiegender Landwirtschaft oder Bergbau oder Kleinindustrie. Es ist deine Aufgabe als möglicher Sippenleiter, deinen Leuten die Dinge näher zu bringen. Dadurch verstehen sie auch die Zusammenhänge in Verbindung mit ihrer Umwelt.

Viele Gemeinden haben Partnerschaften geschlossen mit Orten oder Städten eines anderen Landes. Das kann entstanden sein durch ähnliche Strukturen wie eben erwähnt, oder Namensgleichheit oder auch durch Bekanntschaften aus der Bevölkerung heraus. Manchmal ist auch der Sport oder gemeinsame Stärken oder Austausch im kulturellen Bereich der Auslöser. Damit solltet Ihr euch befassen und auseinandersetzen.

Unter (4. Verkehrskunde) soll dem Jungpfadfinder der sichere Umgang mit den wichtigsten, alltäglichen Dingen des Lebens vermittelt werden. Zur Post kommen natürlich heute noch die privatisierten Anbieter wie DPD und andere Paketdienste hinzu. Über Verkehrswege und auch Flugplätze bekommst du alle Informationen über die Institutionen und Verkehrsämter.
Übrigens schicken dir auch alle Verkehrsämter der Städte auf Anfrage ihre meist umfassenden Unterlagen zu.

Unter (5. Naturkunde und Umweltbewusstsein) werden an den Jungpfadfinder Anforderungen gestellt, die für viele gute Sippenstunden ausreichend Stoff bieten. Mit Termitenhügeln sind natürlich die Bauten der heimischen Ameisensorten gemeint. Bei Problemen in Wald und Feld kannst du dir auch beim zuständigen Förster Rat und Hilfe holen. Diese Leute sind meist kooperativ und froh, wenn sich überhaupt jemand für ihre Arbeit interessiert.
Alle Anforderungen aus diesem Punkt sind dir sicher verständlich.

Unter (6. Lagerfertigkeit) kennt der Jungpfadfinder die jeweils benötigte Ausrüstung für verschiedene Unternehmungen. Weiter weiß er Bescheid über die nötigsten Lagerbauten. Das alles hat er bei der Ausbildung gelernt oder es sollte jetzt eingeübt werden, denn im Lager werden solche Anforderungen auf euch zukommen.
Dann sollte der Jungpfadfinder bereits jetzt in die Lage versetzt werden, Aufgaben wie beschrieben zu übernehmen und dafür auch verantwortlich zu sein. Das stärkt ihn nach innen und außen.

Unter (7. Lager und Fahrt) steht ein schöner Text, der, wie ich meine, den Nagel auf den Kopf trifft. Natur, Aufbruch, Antrieb und Abenteuer, das sind bestimmende Faktoren in dieser Lebensphase.
Eine Wochenendfahrt organisieren und mit Karte und Kompass unterwegs sein, ist sicher kein Problem. Wenn aber der Hike zu Zweit wegen der Probleme dieser Zeit oder für Mädchen und etwas unsichere Freunde zu gefährlich erscheint, sollte man ihn in der größeren Gruppe durchziehen. Die Sicherheit steht an erster Stelle. Weiter kann man auch, wenn es geboten erscheint, auf moderne Kommunikationsmittel zurückgreifen.

Unter (8. Gesundheit, Sport und Erste Hilfe) stehen ebenfalls viele Aufgaben, die erstens Spaß machen und zweitens für viele Sippenstunden gut sind. Sie bringen den Jungpfadfinder und auch den Sippenleiter ein gutes Stück weiter.

Unter (9. Singen und Spielen) wird wieder der Versuch gemacht, die Kreativität des Jungpfadfinders herauszufordern. Als Anregungen stehen euch dafür heute viele gute Möglichkeiten aus den verschiedenen Medien, wozu ich auch und ganz besonders das Buch meine, zur Verfügung. Ganz zu Schweigen von den neuen Wegen über das Internet.

Unter (10. Kimprobe) verlassen wir die bisher übliche Form und stärken so das Vertrauen.

Unter (11. Kreatives Gestalten) solltest du ganz bewusst und nicht nur so nebenbei deine Leute herausfordern, denn oft schlummern in Jugendlichen Talente, die lediglich geweckt werden müssen. Wenn es nicht durch Elternhaus oder Schule geschehen ist, dann vielleicht jetzt durch die Pfadfinder.

Unter (12. Haltung und Zuverlässigkeit) beurteilen die angegebenen Leiter den Ausbildungsstand des Jungpfadfinders und wissen, dass oft der Weg unter bestem Einsatz schon ein Teil des Zieles ist. Ein Erfolgserlebnis, wenn vor dem versammelten Stamm das 1. Gradabzeichen überreicht und empfangen wird. Es sollte auch auf der Kluft getragen werden, so wie in der Kluftordnung des Verbandes beschrieben, als Ausdruck und Zeichen freiwilliger Initiative.

Der Jungpfadfinder (Kornett)

Du hast dich dazu entschlossen, die Proben zum Kornett anzugehen. Dazu gratuliere ich dir und wünsche dir dabei viel Freude und Erfolg. Es zeigt, dass du bereit bist, etwas für dich und die Gemeinschaft zu tun. Du willst freiwillig Energie aufbringen. Das wird dich auch ganz persönlich weiterbringen, so wie es im Anfangstext zu den Proben beschrieben ist.

Unter (1. Glaube) geht es um Meditation. Unter diesem Thema kannst du darüber einiges nachlesen. Vielleicht hast du das ja auch schon getan. Wir bieten in der EPG gelegentlich ja auch Ausbildungswochenenden für Kornetts an. Bei Bedarf werden wir auch zu Meditationswochenenden aufrufen. Melde dich, wenn du möchtest. Auf Stammesebene kannst du vielleicht auch erreichen, dass man einmal zu einem Einkehrwochenende fährt. Es gibt eine ganze Reihe Angebote aus dem religiösen Spektrum, auf das man nur zugehen muss.
Aber auch andere Organisationen und Einrichtungen haben die guten Möglichkeiten innerer Einkehr und Konzentration auf das Wesentliche erkannt und bieten Seminare an.
Meditationen für die Gruppe gibt es viele. So z.B. draußen, an einem alten Baum. Die Jahresringe bieten gute Möglichkeiten der Meditation über das Leben und die Jahreszeiten.
Ein wunderschöner Sonnenuntergang kann Anlass für ein gemeinsames Gruppenerlebnis sein. Wichtig ist halt nur, dass man die richtigen Partner dafür hat, oder die Freunde darauf so vorbereitet, dass eine entsprechende Meditation möglich wird. Über einige Ziele der Meditation habe ich schon hingewiesen. Lies dir nach Bedarf die Dinge noch einmal durch.
Um dich zu unterstützen, will ich hier noch ein Beispiel anführen.

Vorbereitet wie umfassend unter Meditation beschrieben ruhst du auf der Unterlage.
Du fühlst deinen Körper in seiner Gesamtheit und es geht dir gut. Du atmest tief und gleichmäßig. In dir ist eine große Ruhe und Ausgeglichenheit. Nichts kann dich jetzt stören oder beunruhigen. Du hörst die leise Musik die Harmonie ausstrahlt. Es geht dir gut.
Deine Gedanken konzentrieren sich jetzt auf deinen Kopf. Du fühlst deine Stirn und gleitest hinab über die geschlossenen Augen und fühlst ganz warm deine Ohren, die Nase, deine Zunge und die geschlossenen Lippen. Deutlich spürst du deinen Rachenraum, den Hals hinunter, die Schultern, beide Arme und den Brustbereich. Deine Hände ruhen neben dem Becken und in deinen Gedanken spürst du die Schenkel bis hinunter zu den Knien und den Füßen. Alles ist gesund, wohlgeformt, gut durchblutet und schmerzfrei.
Du atmest tief entspannt und konzentrierst dich nun auf deine geistige Mitte.
In deinem Bewusstsein steigst du nun hinab in dein Innerstes Ich. Du steigst eine Treppe hinunter, immer tiefer und kommst an eine Tür. Der Schlüssel in deiner Hand öffnet sie und du machst langsam die Tür auf. Ein heller Raum empfängt dich. Hinter dir drückst du die Tür leicht zu. Dann setzt du dich auf den einzigen Stuhl an den kleinen Holztisch. Darauf liegt ein Blatt Papier und ein Bleistift. Du bist an deinem Ziel angekommen. Denke nach. Was fehlt dir zu deinem Glück. Was fehlt den Menschen um dich zu ihrem Glück. Was sind deine Wünsche für dich und für sie.
Schreibe deine Wünsche, Träume und Vorstellungen auf das Blatt Papier. Lass dir Zeit und denke daran, du kannst immer wieder hierher zurückkommen. Hier ist der Raum der erfüllten Wünsche. Schreibe auf, was du benötigst zu deinem Glück und dem Glück anderer.
Wenn du nun deine Wünsche aufgeschrieben hast, dann lege deinen Bleistift wieder neben das Blatt Papier.
Du kannst gewiss sein, dass deine Wünsche alle in Erfüllung gehen werden. Du hast sie deinem Unterbewusstsein offenbart und das wird für ihre Umsetzung und Erfüllung sorgen. Glaube ganz fest daran. Alle deine Wünsche werden sich erfüllen. Steh nun auf und gehe zu der Tür, öffne sie und schau noch einmal zurück in das gleißende

Licht im Raum in deinem Innern und denke immer daran: In dir brennt ein helles, gleißendes Licht. Dort sind deine Träume gut aufgehoben. Es ist dein Tempel, deine göttliche Kraft sorgt für dich und hilft dir.
Schließe nun die Türe und steige die Treppe langsam und gemächlich wieder hinauf, Stufe für Stufe kommst du nach oben zu deinem Bewusstsein.
Nun spürst du deinen Körper wieder. Er ruht auf der Unterlage und es geht ihm gut. Es geht dir sehr gut. Du weißt, alles wird gut. Du kannst nun in der nächsten Zeit gespannt sein, wie sich die Dinge um dich verändern und wie deine Wünsche sich erfüllen werden. Du kannst immer wieder an diesen stillen Ort zurückkehren. Dort ruht dein Geheimnis wohl behütet und sorgt für dich.
Langsam kehrst du nun in das Alltagsleben zurück, öffnest die Augen und empfindest ein wohliges Gefühl innerer und äußerer Zufriedenheit.

Unter (2. Pfadfinderkunde) kennt der Jungpfadfinder-Kornett den besonderen pädagogischen Hintergrund des Sippensystems.
Die Sippe ist das eigentliche Kernstück des Pfadfindertums. Bitte lies dazu meine Ausführungen unter „Die Sippe“. Dort stehen auch, zumindest vom Ansatz her, erste Aussagen über die Bedeutung des Kornett. Da du aber nun auf dem Weg bist, Kornett zu werden, will ich an dieser Stelle näher darauf eingehen.
Obwohl heute, aus Sicherheitsgründen, ein erwachsener Sippenleiter eingesetzt wird, ist es wichtig, dass jede Sippe sich einen Kornett wählt. Dieser sollte der wirklich Geeignetste und bereit sein, sich ausbilden zu lassen. Lies dazu auch die Ausführungen von Baden Powell in „Scouting for Boys“ und erkenne, wie wichtig dieses Amt ist.
Der Kornett ist für das Auftreten seiner Sippe verantwortlich. Er sorgt dafür, das die Ausbildung entsprechend der Bundes-Probenordnung konsequent durchgeführt wird.
Baden-Powell hebt die Position des Kornett sehr hervor. Er vertraut ihm seine Jungen und Mädchen an und indem er ihm vertraut, zeigt er ihm seinen eigenen Erfolgsweg.
Baden-Powell schreibt dazu unter Anderem:

Ich wünsche, dass ihr Kornetts eure Sippe selbst ausbildet, da ihr die Möglichkeit habt, jeden einzelnen in eurer Sippe zu erfassen und aus ihm einen tüchtige Pfadfinder zu machen. Es hat keinen Zweck, einen oder zwei blendende Pfadfinder zu haben, wenn die übrigen nichts taugen. Ihr müsst darauf hinarbeiten, dass alle etwas wert sind.
Der wichtigste Schritt zu diesem Ziel ist euer eigenes Beispiel, denn was ihr selbst tut, werden eure Pfadfinder tun.
Zeigt ihnen, dass ihr Anordnungen gehorchen könnt, gleichgültig ob es sich um mündliche Aufträge oder um gedruckte oder geschriebene Weisungen handelt und das ihr sie durchführt, gleichgültig, ob euer Truppleiter (Stammesmeister) anwesend ist oder nicht. Zeigt ihnen, dass ihr auch Spezialabzeichen für tüchtige Leistungen erwerben könnt, und eure Pfadfinder werden eurem Beispiel ohne viel Zureden folgen. Aber merkt euch, dass ihr sie leiten und nicht antreiben dürft.
Je intensiver ich mich mit dem Gedankengut Baden-Powells auseinandersetze, um so wichtiger erscheint mir die Position gut ausgebildeter Kornetts in der EPG auf dem Weg zu hochmotivierten Leitern. Ich werde unter „Die Leiter in der EPG“ noch einmal näher darauf eingehen.
Der Jungpfadfinder-Kornett kennt die „ungeschriebenen Gesetze“ der Pfadfinder auf der ganzen Welt. Dazu passend kennt er die pfadfinderischen Sitten und Gebräuche.
Hinter dem Pfadfindergesetz in der Bundes-Probenordnung der EPG steht geschrieben:
„Die Pfadfinder auf der ganzen Erde haben ungeschriebene Gesetze, an deren Beachtung sie ebenso streng gebunden sind, als wenn sie schwarz auf weiß gedruckt stünden“.
Ein kleiner und schnell zu übersehender Satz, der es aber ganz gewaltig in sich hat. Er sagt alles aus, was das Pfadfindertum ausmacht und was ihm elementar anhaftet.
Es kommt schließlich nicht von ungefähr, dass der Name „Scout“ oder „Pfadfinder“ weltweit, in allen Nationen und Kulturen, einen guten Klang hat und positiv belegt ist.
Daran haben viele Generationen intensiv gearbeitet. Wir, die wir jetzt auf Erden wirken, müssen unseren Anteil immer wieder dazu beitragen, damit dieses sehr gute Image erhalten bleibt und weiter ausgebaut wird. Auch Du bist hier gefordert. Dieses Image kann nicht

nur aufgesetzt sein, denn als Luftblase hätte es nicht 95 Jahre überlebt.

Wir wissen, dass viele Worte, die wir gelernt haben, mit einem besonderen Gedankengut belegt sind. Das hat man uns so beigebracht. Unter der Überschrift „Scoutismus gegen Rassismus" werde ich noch einmal darauf zurückkommen. Hier aber schon einmal eine Kostprobe. Was fällt Dir spontan ein bei den folgenden Worten:

Politiker, Stadtstreicher, Klinkenputzer, Rockerbande, Artisten, Pfadfinder, Kegelschwester, Mutter Theresa, Albert Schweizer, Karlheinz Böhm.

Weißt du jetzt was ich meine? Das war jetzt ganz harmlos und trotzdem hast du die unterschiedliche Belegung mit Wertungen zu den einzelnen Begriffen empfunden.

Wenn man von Pfadfindern spricht, dann wissen die meisten Menschen nichts genaues. Sie haben aber da irgendwo im Kopf etwas festgelegt wie Ordnung, Sauberkeit, Anstand, Zucht, Gute Tat und Uniform. Brave Kinder und gut erzogene Jugendliche ziehen mit leicht einfältigen erwachsenen und weltverbessernden Idealisten durch die Gegend. Man kann ihnen trauen. Bei denen sind unsere Kinder gut aufgehoben. Hier will ich noch eine für mich äußerst belustigende Bemerkung mit einfließen lassen. Wieso beschäftigen sich erwachsene Menschen, Männer und Frauen, eigentlich in ihrer Freizeit mit unseren Kindern? Die bekommen doch nichts dafür, oder doch? Seltsame Leute, diese erwachsenen Pfadfinder.

Da haben sie recht, „die Leute". Aber wir wissen ja, weshalb wir Pfadfinder sind und weshalb uns dieses Leben mit den nachrückenden Generationen so gefällt und was wir davon haben.

Aber kurz zurück zu den ungeschriebenen Gesetzen und den Sitten und Gebräuchen.

Pfadfinder hinterlassen immer einen guten Eindruck, egal wo und wie sie auftreten. Das Erscheinungsbild ist in Ordnung. Das Verhalten tadellos. Ob auf Zeltplätzen oder in Jugendherbergen, im öffentlichen Straßenverkehr oder bei Veranstaltungen, Pfadfindern traut man und sie sind überall gerne gesehen und willkommen.

Die ungeschriebenen Gesetze sind der Ausdruck der geschriebenen Gesetze, die durch Verinnerlichung außen sichtbar werden und so wieder auf den Pfadfinder und die ganze Bewegung zurückstrahlen.
Die Sitten und Gebräuche sind ebenfalls Spiegelbild und Ausdruck der gemeinsamen Lebensphilosophie aller Pfadfinder nach Baden-Powell. Sie zeichnen das tatsächlich leicht elitäre Pfadfindertum aus und heben es aus dem Brei der Masse hervor. Außerdem verbinden sie die Gemeinschaft, stärken das Gefühl der Zusammengehörigkeit und fördern das Verständnis der Eigenarten dieser Art von beglückendem Zusammenleben.
Der Kornett führt ein Logbuch, also eine Niederschrift über die Dinge, die für die Entwicklung der Sippe wichtig sind. Diese Notizen erleichtern den Überblick über das, was man für wichtig hält. Später erst werden diese Aufzeichnungen so richtig interessant und wertvoll.

Unter (3. Heimatkunde) kennt der Jungpfadfinder-Kornett den Hintergrund der im Versprechen geforderten Treue zu seinem Land. Liebe Dein Land, schreibt Baden-Powell und es besteht darin überhaupt kein Widerspruch zu der Aufforderung der guten Zusammenarbeit mit den anderen Nationen und dem Rest der Welt. Ich habe an anderer Stelle schon ausführlich darüber geschrieben.
Um die Gremien der kommunalen Verwaltung und deren Aufgaben kennen zu lernen, bedarf es nur eines Besuches im Rathaus. Der Besuch einer öffentlichen Ratsitzung kann sehr aufschlussreich sein.
Den Aufbau der demokratischen Ordnung des Heimatlandes und des Vereinten Europas erfährst du in deiner Schule und natürlich aus geeigneter Literatur oder dem Internet.

Unter (4. Verkehrskunde) ist für dich die Planung der geforderten Unternehmung sicher kein Problem.

Unter (5. Naturkunde und Umweltbewusstsein) geht es um Erfahrung, Orientierung, Wissen und Pflege der Mitwelt.

Unter (6. Lagerfertigkeit) sollst du das Morsealphabet kennen. Auch wenn heute andere Mittel der Nachrichtenübermittlung zur Verfügung stehen, es ist wesentlich interessanter und auch meist

verfügbarer, mit dem Licht der Taschenlampe zu agieren. Natürlich macht es nur Sinn, wenn man es auch tatsächlich ausprobiert und einsetzt.
In einem Buch mit abenteuerlicher Pfadindergeschichte habe ich über Erlebnisse in Verbindung mit Morsen berichtet. Hier will ich dir ganz kurz erzählen, was bei einem Spiel in einem Herbstlager passiert ist. Das spielt auch bereits in den nachfolgenden Punkt unter (7. Lager und Fahrt) hinein. Am Abend zogen die Lagerteilnehmer in zwei Gruppen ganz hoch hinauf aus dem Tal zu den gegenüberliegenden Bergrücken. Gegen 21 Uhr wurden die Positionen erreicht und man begann sich auf die Übermittlung der Nachrichten vorzubereiten. Das ist dann etwas, was ich dir und euch sehr empfehlen möchte. Die Nachrichten senden, empfangen und die Botschaften ausführen, ergeben meist spannende Stunden mit einem gewissen Ansatz auf Abenteuer.
In unserem Fall also waren die Standorte bereits ermittelt und eine erste Verbindung per Lichtzeichen hergestellt. Dann begann die Übermittlung der ersten Nachrichten und Antworten.
Plötzlich kam von der einen Seite her das Zeichen ...---... also SOS. Danach die Nachricht: Übung abgebrochen, zurück ins Lager, Günther entführt.
Nun müsste man denken, dass niemand so etwas erst nehmen würde, aber nach einer Woche mit Frostnächten im Lager und ganz abgelegen von der Zivilisation und allem, was schon geschehen war, sieht die Welt ganz anders aus.
Nach einer Stunde Rückmarsch im Lager angekommen fand man folgende Situation vor:
Die im Lager verbliebene Mannschaft berichtete, man habe nach mir gerufen und als ich mich nicht gemeldet habe, hätte man mein Zelt leer vorgefunden und es seien eindeutig Kampfspuren sichtbar. Die Ortsbesichtigung bestätigte den Lagebericht. Nachdem man nun dazu überging, mit den jüngeren Lagerteilnehmern das Programm normal weiter laufen zu lassen, versuchten die mitverantwortlichen Leiter die Situation zu erfassen und geeignete Schritte in die Wege zu leiten.
Eine Leiterin lief weinend und kreischend im Lager herum. Die Wölflinge gingen nach ein paar Pfannkuchen aus der warmen Jurte in die kalten Zelte schlafen und die Jungpfadfinder übernahmen eine

verstärkte Wache. Gedrückte Stimmung breitete sich aus. Ein Pfadfinder lachte und erklärte, alles sei fauler Zauber. Das wurde ihm übel genommen, denn alle anderen waren vom Tatbestand überzeugt.
Schließlich wurde unter Führung meines Stellvertreters eine Mannschaft mit dem Jeep in Marsch gesetzt, die hoch hinauf in das abgelegene Bergdorf fuhr.
Dort gingen zwei Mann in das einzige Gasthaus, um evtl. eine Spur zu finden. Die Bauernkneipe war vollbesetzt von laut grölenden Männern. Nicht nur Qualm und Alkohol lag in der Luft sondern auch eine starke Aggression.
So wurde die Frage an die Wirtin hinter dem Tresen, ob sie einen etwas älteren Pfadfinder gesehen hätte, sofort mit Unverschämtheiten der an der Theke sitzenden und sturzbesoffenen Gäste beantwortet.
Da hieß es lautstark „Hitlerjugend“ und „Nazischweine“ und der „Alte“ könne sich wohl warm anziehen, wenn er die Nacht überleben wolle. Die Freunde waren entsetzt, ließen aber nicht locker. Bis zu dem Punkt, dass man sie aus dem Lokal prügeln wollte, hatten sie nur erfahren, dass es der Kirmesmontag in diesem Dorf war und dass deshalb die Dorfgemeinschaft, zumindest und hauptsächlich die männliche, hier am saufen war. Um Mitternacht fand immer nach altem Brauch folgendes Ritual statt:
Nach ausgiebigem Feiern ging man hinaus hinter das Dorf und grub den Schädel eines Stieres aus, der dann später wieder dort für ein Jahr begraben werden würde.
Mit diesem Stierkopf mit Hörnern auf einem langen Stock aufgespießt zog man dann singend und grölend, unterstützt durch die exzessive Alkoholzufuhr, durch das dunkle Dörfchen, mit Pechfackeln bestückt.
In diesen Tumult war dann wohl der harmlose, ältere Pfadfinder geraten, an dem sich die Aggressionen dergestalt entladen hätten, das man ihn als einen alten Nazi mitgenommen und prügelnd und zerrend in der Mitte des Umzuges geführt hatte, um ihn weit vor dem Ort gefesselt in einen verlassenen Steinbruch zu stoßen.
Das Entsetzen war groß und sofort wurde zu dem entlegenen Ort aufgebrochen, wo man mich dann halb erfroren, geknebelt und gefesselt nach einigem Suchen fand.
Mit Schürfwunden und blauen Flecken brachten mich die Freunde

zurück ins Lager, wo dann große Erleichterung eintrat. Der Zweifler war verstummt. Außer mir wussten nur noch mein Stellvertreter, der damals schon in ganz jungen Jahren Hans-Peter war und Silvia, die kreischende, vom tatsächlichen Sachverhalt. Und selbst mein Freund Jürgen, er möge mir verzeihen, glaubte noch ein paart Jahre später an diese fast 90 prozentig wahre Geschichte.
So kann man mit etwas Phantasie die Ereignisse in einem kalten Herbstlager so beeinflussen, dass es wert ist, auch heute noch darüber zu sprechen.
Morsezeichen können also noch immer so eingesetzt werden, dass sie etwas bewirken.

Unter (7. Lager und Fahrt) organisierst du ein Wochenende in der kühleren Jahreszeit mit Übernachtung natürlich in der Kohte und ganz wichtig, mit Feuerwache. Darüber habe ich schon geschrieben und ich will es Dir ganz besonders ans Herz legen. Es gibt nicht viele Momente im Leben eines Pfadfinders, der die Sippe so eng zusammenbringt, wie die Nacht in der Kohte, wenn es draußen bitter kalt ist und am Feuer die Wache sitzt. Auf kleinem Raum miteinander klar zu kommen und aufeinander Rücksicht zu nehmen, bringt das pädagogische System Baden Powells genau auf den Punkt.

Unter (8. Erste Hilfe) hast du natürlich inzwischen deinen Kurs beim Roten Kreuz, oder einer anderen entsprechenden Organisation besucht oder wurdest in deinem Stamm ausgebildet.

Unter (9. Singen und Spielen) sollte der Kornett, wenigstens etwas, den Gesang seiner Sippe auf der Gitarre begleiten können. Wenn es nun absolut unmöglich ist, dann in Gottes Namen. Unter „normalen“ Bedingungen sollte es für dich aber kein Problem sein, 5 oder 6 Griffe zu lernen und so einzusetzen, dass es einigermaßen klingt. Versuche es doch einmal in einer stillen Stunde.

Unter (10. Kimprobe) sollst du das Buch „Kim“ gelesen haben, um hinter den Sinn der „Kimprobe“ zu kommen. Das Buch ist unter der ISBN-Nummer 3-423-01672-8 zu bekommen und erschienen im Deutscher Taschenbuch Verlag, München. Im Vorwort des Buches

steht über den Autor:
Rudyard Kipling, englischer Dichter, wurde am 30. Dezember 1865 in Bombay geboren und starb am 18. Januar 1936 in London. Er verbrachte seine ersten Lebensjahre in Indien, kam dann nach England und unternahm später Reisen in alle Weltteile. Im Jahre 1907 wurde ihm der Nobelpreis für Literatur verliehen. Er veröffentlichte zahlreiche Kurzgeschichten und Gedichte. Am bekanntesten wurden die Tiergeschichten, die beiden Dschungelbücher – und der Roman – Kim.

Über die Kimprobe habe ich schon geschrieben. Informiere dich bitte umfassend.

Unter (11. Kreativität) wird von dir als Kornett erwartet, dass du dich engagierst. Nur wer vorwärts strebt und Ziele entwickelt und ansteuert, wird im Leben weiterkommen.

Unter (12. Haltung und Zuverlässigkeit) steht die Abwicklung beschrieben, wie es nach Erfüllung dieser Proben weitergeht. Ich empfehle dir dringend, auf diesem Ablauf und auch der Verleihung der vorgegebenen Auszeichnungen zu bestehen. Ich freue mich mit dir, wenn alles zu deiner Zufriedenheit gelungen ist und wünsche dir Glück und Erfolg.

Die Pfadfinder (2. Grad)

Wenn du die Ausbildung zum Pfadfinder (2. Grad) angehst, hast du sicher schon die Jungpfadfinderstufe durchlaufen oder sie zumindest verinnerlicht. Die Beschreibung zu Beginn verdeutlicht dir die Ausgangsposition und in etwa, was von dir erwartet wird.

Unter (1. Glaube) geht es um die Kenntnis der Grundzüge der großen Weltreligionen und über deine eigene Glaubensrichtung.
Möglicherweise und je nach deiner Schulbildung und der Intensität deiner Glaubensausübung bist du bestens darüber informiert.
Für den Fall, dass es anders ist, hier in großen Zügen einige Informationen.
Religion – lat. Religio – gewissenhafte Berücksichtigung, fromme Scheu, Gottesverehrung oder Bindung. Als Glauben bezeichnete Überzeugung von der Existenz einer oder mehrerer nicht konkret erfahrbarer jenseitiger Instanzen – Gott, von dem oder denen ein entscheidender Einfluss auf das Diesseitige erwartet wird. Damit verknüpft in gewisser Weise ist auch der Gedanke an ein Weiterleben nach dem Tode in der einen oder anderen Form, sei es selbst auch durch Wiedergeburt, wie auch immer.
Es gibt viele Religionsgemeinschaften als Zusammenschluss von Menschen, die sich zu deren Kult bekennen. Diese bestehen aus Gläubigen gleicher Glaubensbekenntnisse, die sich zur Religionsausübung in umfassenden Sinne bekennen und zusammen finden.
Als erstes nennen wir hier die Israeliten – hebrä. Kämpfer mit Gott – später Juden, die ihren Glauben aus dem Alten Testament entnehmen.
Dann die Buddhisten, deren Lehre etwa 560-480 v.Chr. durch Gautama entstand, der den Ehrennamen Buddha = Erleuchteter erhielt. Dieser Glaube entstand gegen den Hinduismus mit all seinen Nebenformen der Volksreligionen Indiens.
Weiter die Christen, die ihren Glauben auf Jesus Christus und dem Neuen Testament aufbauen. Sie sind unterteilt in Katholiken, Protestanten und unterschiedlich starke größere und kleinere christliche Sekten.
Schließlich die Mohammedaner – arab. der Gepriesene – eigentl.

Abul Kasim Muhammad Ibn Abdallah, der um 570-632 n.Chr. den Islam ins Leben rief.
Ohne auf die unterschiedlichen Formen des Götterglaubens und Naturreligionen der alten Völker wie der Ägypter, Griechen, Germanen und Römer einzugehen, ganz kurz die Inhaltsschwerpunkte der heute noch praktizierten, großen Weltglaubensgemeinschaften.
Das Judentum ist die Zusammenfassung des Volkes Israel. Nach ihrer Hebräischen Sprache zur Sprachgruppe der Semiten gehörend werden sie auch die Hebräer genannt.
Sie bekennen sich zu der auf Moses zurückgehenden mosaischen Religion. Im Alten Testament, das den Juden als Gottes Wort gilt, sind die religiösen Gesetze und die frühe Geschichte des Volkes Israel überliefert. Um 500 n. Chr. entstand als weiteres religiöses Gesetzbuch der Talmud. Die Juden erwarten ihrem alten Glauben nach und wie in den Heiligen Schriften offenbart den Messias – hebr. Erlöser.
Der Buddhismus will in tiefer, innerlicher Versenkung (Meditation) den Weg des Heils suchen. Er predigt, dass der Mensch nacheinander in verschiedenen Körpern wiedergeboren wird, bis er sich durch tugendhaftes Leben von allem Irdischen gereinigt hat und ins Nirwana eingeht. Die Buddhastandbilder zeigen den Religionsgründer in dieser Erlöstheit. Die strenge Form des Buddhismus verlangt den Glauben an die Lehre und nicht an den Stifter. Der Buddhismus ist heute in ganz Asien verbreitet und hat unterschiedliche Formen angenommen. Auch in der westlichen Welt findet er immer mehr Anhänger.
Das Christentum ist die große Weltreligion, die von Jesus Christus – dem Messias – geoffenbart wurde und zu der heute rund ein Drittel der Weltbevölkerung gezählt werden.
Die christliche Lehre fordert den Glauben an den gekreuzigten und auferstandenen Sohn Gottes auf Erden – Jesus Christus, der durch sein Leiden die Welt von den Sünden erlöst hat und der am Ende der Zeit wiederkommen soll, um das Werk zu vollenden.
Der Christ glaubt an die unsterbliche Seele. Weiter glaubt er an die ewige Seligkeit durch die Gnade Gottes, der er sich aber erst durch ein gottgefälliges Leben vergegenwärtigen muss.
Das Lebensprinzip des Christen muss daher sein nach der Lehre Jesu

die uneingeschränkte Liebe zu Gott und dem Mitmenschen.
Der Islam – arab. Ergebung in Gottes Wille – gegründet von Mohammed dem Propheten im Jahre 622 n. Chr. In diesem Jahr der Flucht Mohammeds mit seinen Getreuen von Mekka nach Medina, beginnt die Zeitrechnung der Mohammedaner. Die wichtigsten Glaubenssätze des Islam sind in dem großen Lehrbuch der Mohammedaner, dem Koran, festgehalten.
Der Islam kennt nur einen Gott: Allah, den Allmächtigen, der die Schicksale aller Menschen schon im voraus bestimmt hat und gegen dessen Willen der Mensch machtlos ist. Der Geburtsort des Propheten, Mekka, gilt als heilige Stadt, zu der sich alle Gläubigen fünfmal am Tag hinwenden und ihre Gebete sprechen und zu dem alle Mohammedaner einmal im Leben pilgern sollen.

Unter (2. Pfadfinderkunde) sollst du wissen, wie sich die Bundesleitung der EPG zusammensetzt. Das ist nun wirklich ganz einfach. Es handelt sich um den Bundesvorstand und die entsprechende Erweiterung. Den aktuellen Stand erfährst Du über deinen Stammesmeister oder das Bundesamt.
Den Aufbau der Weltorganisation habe ich bereits weiter vorne beschrieben und der Begriff „Lernen durch Tun“ stammt von Baden-Powell und wurde erläutert und begreiflich gemacht.

Unter (3. Heimatkunde) kennt der Pfadfinder die Geschichte seines Landes und hat sich über den Weg seines Volkes von damals bis heute Gedanken gemacht. Es geht darum zu erkennen, welchen Ursprung man hat und nachzuvollziehen kann, wie es zum gegenwärtigen Zustand gekommen ist. Jeder Mensch muss wissen, wo er seine Wurzeln hat. Da du vielleicht andere hast wie ich, kann ich dir bei deiner Suche nicht helfen. Diesen Weg muß man sich selbst suchen. Nachstehend aber ein paar Gedanken, die ich vor langer Zeit gefunden habe, als mir danach war mich um meinen eigenen Ursprung zu kümmern und Ahnenforschung zu betreiben. Ich bin damals in Standesämtern und Kirchenbuchämtern gewesen und habe mühsam suchend eine Ahnentafel erstellt. Das war äußerst interessant und ist hiermit zur Nachahmung empfohlen.
Auf Erden weißt Du Menschenkind, wer Du bist? Wer Du warst vor

grauen Zeiten und wer Du sein wirst? Von wannen Du gekommen bist und wohin Du gehst?
Was hat es für einen Sinn, das zu wissen?
Es hat den Sinn, dass Du nicht in den blauen Tag hinein lebst wie bisher, vom Ursprung bis zum Ende, sondern einmal stille stehst und vor und zurückblickst über Deinen Weg. Das Du zur Klarheit über Dich kommst und Dich ausbauest in Deinen Gesetzen. Denn Du hast Deine Lebensgesetze in Dir und bist ihnen unterworfen unbewusst. Du bist Frucht, wie der Apfel Frucht ist vom Apfelbaum, und Du hast Samen, wie der Apfel Samenkerne in seinem Gehäuse hat.
Wenn Du Deinen Apfelbaum pflegst, so wirst Du reichere und edlere Früchte aus ihm ziehen, als wenn Du ihn vernachlässigst. Du bereitest ihm den Boden, Du beschneidest wilde Schosse, legst einen Raupengürtel um seinen Stamm, Du tränkst ihn in der Dürre – wie solltest Du Dich selber nicht hegen und veredeln wollen?
Aus der Asche unserer Urahnen sind wir gekommen, und wir werden selber zu Asche werden. Aber wir wollen eine Spur hinterlassen von unserem Erdenleben und so den Tod überwinden. In diese Spanne Zeit gesetzt, leiten wir den Strom durch uns hindurch zu unseren Urenkeln. Und wollen Menschenrecht und Menschenpflicht erfüllen.
Wenn Du älter wirst und auf Deinem Berge stehst, so wachsen Erkenntnisse in Dir auf. Du spürst Deine Ahnen in Dir wirken, in den tausend Kammern und Keimen, in denen sie in Dir leben, und Du fühlst Dich verbunden, sie weiterzubilden in ihren Stoffen, sie weiterzugeben mit ehrfürchtigen Händen. Erbe bist Du schwerer Güter und Schätze, auch wenn Du arm und bloß auf die Welt gekommen bist. Schmelztiegel geheimnisvoller Verbindungen, die zu ungeahnter Bedeutung kommen, Abkömmling und Werkzeug in der Hand des Schöpfers.

Diesem Keimgut nachzugehen, in Dir verwahrt und zusammengeströmt in hundertfältigen Bächen, sei Deine nachdenksame Lust. Was Du erforschst, kommt Deinen Nachfahren zugute. Du schaffst für sie, du heiligst Dich, da Du Deinem Ursprung nachsinnst und Dich in Zucht nimmst für sie, und Du baust ihnen heute schon, den Ungeborenen und im Schoße der Zukunft Ruhenden, eine Brücke zu neuen Ufern. Der Weg darüber, den sie alle gehen, ob sie wollen oder nicht, führt aus dem rätselvollen Urgrund alles Seins, von Gott zu Gott. (Zitat Ende)

Unter (4. Verkehrskunde) weißt du mit den angegebenen Mitteln umzugehen. Natürlich bedienst du dich in unserer modernen Zeit auch der neuen Medien und weißt, wie man über Computerprogramme schnell und umfassend zum Ziel kommt.

Unter (5. Natur und Umwelt) beteiligst du dich, entweder alleine oder mit der Sippe oder vielleicht sogar mit einem Teil der älteren Stammesmitglieder an einem Projekt zur Aufforstung im Wald. Wo das nicht möglich ist, gibt es sicher andere Initiativen, an denen du teilnehmen kannst. Ich meine damit die Anpflanzung von Bäumen an Straßen, in Parkanlagen, nach der Flurbereinigung auf Streuobstwiesen oder in Gärten. Ideal ist natürlich besonders in Zusammenarbeit mit einem Förster die Aufforstung im Wald. Wenn du in der Stadt wohnst, kann so eine Aufgabe auch Teil eines Lagers oder eines Ausbildungswochenendes sein.

Unter(6. Lagerfertigkeit) bist du inzwischen für alle im Pfadfinderlager anstehenden Aufgaben fit und durch deine Ausbildung und Erfahrung gerüstet. Du bist „Allzeit Bereit" übergeordneten Anweisungen zu folgen und auch selbständig Aufgaben zu bewältigen, die der Lagergemeinschaft dienlich und nützlich sind.

Unter (7. Lager und Fahrt) kommen wir nun zu einem Punkt, der mir manchmal zum Vorwurf gemacht wurde, weil er zu hart und auch zu gefährlich sei. Dabei sollten die Kritiker folgendes bedenken:
Um zum Pfadfinderversprechen zugelassen zu werden, wie unter „Haltung und Zuverlässigkeit" beschrieben, muß dieser Punkt nicht erfüllt sein. Es wird also kein 14 jähriger mit dieser Probe auseinandergesetzt. Außerdem liegt es am Stammesmeister, wen er los schickt, ob er die volle Strecke tatsächlich vorgibt und wie er die Situation einschätzt.
Alle Proben in der Bundes-Probenordnung sind, wie schon mehrfach erwähnt, nur als Richtlinien anzusehen und es liegt alleine im

Ermessen der beteiligten und vor Ort verantwortlichen Kräfte, was sie daraus machen. Entscheidend alleine ist der Nutzen durch das Erfolgserlebnis und die gewonnene Erfahrung des Pfadfinders. Die gleichen Anforderungen tauchen unter 7. Lager und Fahrt, in noch verstärkter Form, auch wieder auf bei den Proben zum Pfadfinder (1. Grad) und Pfadfinder (Kornett). Die angegebenen Strecken sind auch nicht als eine mit dem Lineal auf der Karte gezogene Linie anzusehen, sondern sollen den tatsächlichen Straßenweg darstellen. Weiter können die heute möglichen Kommunikationsmittel eingesetzt werden, um einen schnellen Kontakt mit der Basis herzustellen. Es müssen aber unbedingt auch mindestens immer zwei geeignete Freunde zusammengehen. Es dürfen aber auch, je nach Situation und Fähigkeit, mehr sein.

Unter (8. Gesundheit, Sport und Erste Hilfe) stehen sicher nur für alle Pfadfinder verständliche und hoffentlich auch selbstverständliche Forderungen.

Unter (9. Singen und Spielen) wollen wir sicherstellen, dass du als Pfadfinder ein aufgeschlossenes Wesen bist, das aufgrund seiner bisherigen Ausbildung als ein erfreulicher Zeitgenosse gilt.

Unter (10. Kreativität und Kunstsinn) kannst du dir selbst, deinen Freunden und deinen Leitern beweisen, was in dir steckt und zu was du auf diesem ausdrucksstarken Gebiet fähig bist.

Unter (11. Kimprobe) hat uns die Geschichte mit Kim wieder eingeholt. Deine Beobachtungsgabe soll gestärkt werden. Du bist jetzt kein Kind mehr und die Zeit, in der du verträumt und abwesend, beschützt und behütet, durchs Leben gelaufen bist, ist zu Ende.
Du musst den Realitäten um dich herum ins Auge schauen. Sieh dir die Menschen in deiner Mitwelt an. Beobachte sie und schätze sie ein. Aber es geht ja nicht nur um Menschen, sondern auch um Situationen. Baden-Powell hat diese Kimproben – wie auch das ganze Pfadfindertum – mit einem Sinn für das praktische Leben geschaffen. Schule dich also selbst.

Übrigens gehen Geländespiele mit Spuren legen und suchen und finden überall, auch in der Stadt. Probiert es aus. Es macht Spaß und ist sehr lehrreich.

Unter (12. Mutprobe) wie schon ausgeführt.

Unter (13. Schweigeprobe) ist die Überschrift auch bereits die Anforderung. Erscheint sie dir vielleicht als unnötig? Ich sage dir, sie ist sehr wichtig.
Keiner nennt einen anderen Menschen seinen Freund, wenn er weiß, dass dieser nichts für sich behalten kann. Sei du der zuverlässige Partner, bei dem alle Geheimnisse gut aufgehoben sind. Auch ein Markenzeichen der Pfadfinder. Das hilft dir weiter, privat, in der Schule und im Beruf.

Unter(14. Haltung und Zuverlässigkeit) stehen zusammengefasst noch ein paar Abläufe. Du hast wieder ein gutes Stück deiner Ausbildung abgeschlossen und ich freue mich mit dir über deinen Erfolg. Du bist auf dem richtigen Weg.

Die Pfadfinder (1. Grad)

Zu Beginn steht die Beschreibung der gegenwärtigen Situation.

Unter (1. Glaube) sollst du dich mit den Weisheiten in der Bibel beschäftigt haben.
Damit es dir etwas leichter fällt, will ich dir dabei helfen.
Die Bibel (griech. = Bücher) enthält die Bücher des „Alten“ und des „Neuen Testaments, die nach christl. Auffassung unter Einwirkung des Heiligen Geistes entstanden sind.
Die Bibel wird daher auch als „Heilige Schrift“ oder als „Wort Gottes“ bezeichnet. Die Bücher des Alten Testaments sind meist in hebräischer Sprache geschrieben worden und enthalten die Geschichts-, Lehr- und Prophetenbücher der Juden bis zu Christi Geburt.

Die Bücher des Neuen Testaments sind im ersten Jahrhundert nach der Geburt Christi in griechischer Sprache geschrieben worden. Als ursprüngliche Handschriften sind uns die Bücher nicht mehr erhalten sondern nur noch als Abschriften, die sich aber nur in wenigen Punkten voneinander unterscheiden. Für die kath. Kirche ist neben dem Urtext auch die im fünften Jahrhundert von Hieronymus vorgenommene Übersetzung ins Lateinische, die sog. Vulgata, maßgebend. Für die Protestanten und somit auch für alle anderen, übersetzte Martin Luther die Bibel, die im Jahre 1534 zum erstenmal vollständig gedruckt wurde.

Die Bibel ist das am weitesten verbreitete Buch der Welt und ist in 1120 Sprachen übersetzt.

Die Bibel – das Buch der Bücher, beginnt im Alten Testament mit der „Genesis", dem 1. Buch Moses. Es handelt von der Schöpfungsgeschichte. In ihr wird erzählt, wie alles was ist geschaffen wurde und entstand.

Sie, die Bibel, endet im Neuen Testament, mit der Offenbarung des Johannes, der Apokalypse. Darin erfahren wir, wie alles einmal enden wird bzw. wohin der Weg uns führt.

Das Alte Testament gliedert sich auf, beginnend mit 5 Büchern Moses über die Bücher Josua, Richter und Ruth zu den Büchern der Könige usw. zu denen der Makkabäer als die „Geschichtlichen Bücher".

Danach folgen die „Lehrbücher" wie beispielsweise der Psalmen, Sprüche, Hoheslied und dem Buch der Weisheit.

Weiter geht es mit den Prophetischen Büchern von Isaias über Jeremias bis Ezechiel und Daniel.

Schließlich endet es mit dem Zwölfprophetenbuch beginnend mit Osee über Habakuk zu Zacharias und Malachias.

Das Neue Testament gliedert sich auf, beginnend mit den 4 Evangelien nach Matthäus, Markus, Lukas und Johannes. In ihnen wird das Leben von Jesu geschildert von der Weissagung her über die Geburt bis hin zu Kreuzigung, Auferstehung und Himmelfahrt.

Dann folgt die Apostelgeschichte, die von der Entstehung der Urkirche nach der Himmelfahrt Jesu berichtet bis in die Zeit der Verhaftung und des Martyrertodes von Petrus in Rom.

Weiter folgen nun die 14 Briefe des Apostel Paulus und nachfolgend die Katholischen Briefe des Jakobus, Petrus, Johannes und Judas und schließlich endet das Neue Testament, wie schon gesagt, mit der Offenbarung des Johannes, der sog. Apokalypse.
Die Bibel ist ein spannendes Buch und enthält tolle Geschichten. In fast jeder Familie steht sie zur Verfügung, um darin zu blättern, gelegentlich einmal nachzuschlagen und zu lesen, oder auch um einmal Rat zu geben. Ich kann dir nur empfehlen, hinein zu schauen. Natürlich hat alles seine Zeit.

Unter (2. Pfadfinderkunde) stellen wir fest, dass die Aufgaben immer schwieriger werden.
Aber für einen immerhin mindestens 15 jährigen Jugendlichen in dieser aufgeklärten Zeit dürfte alles kein Problem sein.
Mit eine Graphik anfertigen über die Mängel in unserer Gesellschaft, die daraus resultierenden Konsequenzen für die Lebensführung und die pädagogischen Mittel des Pfadfindertums zu ihrer Behebung und Auflösung ist eine überschaubare Gegenüberstellung gemeint. Das kannst Du in einer Art Tabelle tun. Hier ein einfaches Beispiel:

Mangel	**Ergebnis**	**Behebung u. Ziel**
Verschwendung von Geld u. Energie	Armut und Umweltprobleme	9.Pfadfindergesetz Abgesicherte Lebensführung

Auf diese Punkte werde ich unter „Der Nutzen des Pfadfindertums für die Gesellschaft“ noch näher eingehen.

Unter (3. Heimatkunde) kennt der Pfadfinder die Stellung seines Landes und Volkes in der Europäischen Völkergemeinschaft unter Beachtung von §3.7 aus der Satzung der EPG.
Darüber habe ich bereits teilweise geschrieben.
Anzumerken ist noch, dass zwar alle Länder in der Europäischen Gemeinschaft gleiche Rechte und Pflichten haben, dass es aber auf Grund der Größe und der Bevölkerungszahl sowie der Wirtschaftskraft sehr wohl Unterschiede gibt. So wurde beschlossen, dass 11 Länder an der gemeinsamen Währung beim Start teilhaben.

Das macht zu den nicht beteiligten Nationen schon wieder eine Unterscheidung. Ebenso ist es mit dem Lohn- und Preisgefüge im Norden anders als im Süden. In einigen Jahrzehnten wird das alles angeglichen sein. Unterstütze Du Dein Land auf dem Weg in den Zusammenschluss der freien Völker Europas.

Unter (4. Wirtschaft und Verkehr) geht es darum, das du mit offenen Augen die Schwerpunkte deiner Region erkennst. Das ist auch für dein Fortkommen wichtig. Es beeinflusst möglicherweise auch deine Berufswahl.

Unter (5. Natur und Umwelt) sollst du dich, möglichst natürlich immer auch mit deiner Sippe, an einem Projekt zum Schutz oder der Rettung der Natur beteiligen. Dazu ist es natürlich zunächst wichtig zu erkennen, was es mit diesen, z.B. Biotopen, auf sich hat.
Ein Biotop ist ein durch bestimmte Lebewesen gekennzeichneter Lebensraum. In der von Menschen unberührten Natur eine Selbstverständlichkeit, sind sie in der sog. Kulturlandschaft fast vollständig verschwunden. Heute müssen Biotope also wieder durch Rekultivierung geschaffen werden. Sie sind für die Tierwelt am Ort ebenso wichtig als auch für die wandernden Lebewesen zu Lande, Wasser und in der Luft. Wir als Pfadfinder helfen bedingungslos.

Unter (6. Lagerfertigkeit) bist du absolut in der Lage, den gestellten Anforderungen gerecht zu werden. Lege dabei alle Hemmungen ab und sei selbstbewusst. Du befindest dich unter guten Freunden und du kannst es.

Unter (7. Lager und Fahrt) der Punkt, den ich unter Pfadfinder 2. Grad ausführlich behandelt habe.

Unter (8. Erste Hilfe) alles wie besprochen und beschrieben. Wichtig ist, dass mit zunehmendem Alter auch die „Zivilcourage“ zunimmt und gefestigt zur Selbstverständlichkeit wird. Wie oft geschieht es leider, dass in schwierigen Situationen die Menschen weg schauen, um nicht in etwas verwickelt zu werden. Pfadfinder sind gut ausgebildet und ragen auch in solchen Fällen aus der Masse der Nichtstuer heraus.

Unter (9. Singen und Spielen) kümmerst du dich um die Dinge in deiner Sippe und deinem Stamm. Es ist nicht selbstverständlich, dass es diese Gruppe von Freunden in deiner Gemeinde gibt, in der du nun vielleicht schon einige Zeit gut aufgehoben bist. Da muss man dafür einstehen und sich engagieren. Du bist jetzt so ganz langsam auch soweit, dass es nicht nur mit dir sondern auch durch dich geschieht. Denk darüber nach und tu was.

Unter (10. Kimprobe) die bereits sehr bekannten Ausführungen, die du noch einmal nachlesen solltest, denn dieses Buch ist nicht nur ein Lehrbuch sondern will auch ein Lesebuch sein.

Unter (11. Mutprobe) liest du die Ausführungen zu diesem Thema. Denke aber bitte nicht, dafür seihst du schon zu erwachsen. Es gibt immer wieder Überraschungen.

Unter (12. Haltung und Zuverlässigkeit) steht ein, wie ich meine, sehr wichtiger Text.
Der Charakter und die Herzensbildung des Einzelnen entscheiden mit.
Der Pfadfinder 1. Grad legt im besonderen Maße Zeugnis ab für seine Sippe, den Stamm und den Bund – die EPG.
Sei dir dessen bewusst. Wir vertrauen dir. Du bist jetzt ein Pfadfinder, so wie Baden-Powell es vorgesehen hat. Ein Scout – Späher – oder Pfadfinder.

Der Pfadfinder (Kornett)

Weißt Du eigentlich, was Kornett bedeutet?
Kornett (lat.- franz.) war früher der Fähnrich bei der Reiterei und ein Fähnrich war der, dem man die Fahne anvertraute. Ein Begriff aus dem militärischen, aber auf unsere Welt übertragen, sicher eine Auszeichnung.
Der Pfadfinder-Kornett ist also ein Mensch, dem man wohl ganz besonders viel zutrauen kann und in den man große Hoffnungen steckt.
Zu Beginn der Proben steht ein deutlicher Text dazu.

Unter (1. Glaube) sind einige Punkte angeführt, die ich ausführlich behandelt habe. Später werde ich noch einmal zusammenfassend auf Kernfragen eingehen.
Dass du die Bundes-Ausbildungsordnung der EPG gelesen hast ist anzunehmen, sonst wären wir hier nicht im Gespräch.

Unter (2. Pfadfinderkunde) hast du als Beobachter oder Gast an einer Bundesversammlung teilgenommen. Die Bundesversammlungen der EPG finden normalerweise einmal im Jahr statt, meistens so um Allerheiligen herum. Der Termin wurde so gewählt, weil das übrige Jahr vor lauter Aktivitäten keinen Raum mehr dafür lässt. Über die Zusammensetzung und die Aufgaben der Bundesversammlung hast du sicher nachgelesen auf den Seiten 10 und 11 in der Satzung der EPG.
Was bringt dir die Teilnahme? Sehr viel bringt sie dir. So kurz vor Jahresende treffen sich alle maßgeblichen Pfadfinder der EPG, um miteinander den gemeinsamen Weg zu bestimmen. Du kannst dabei viele Leute treffen, die vorbildliches für den Bund leisten und du kannst sehen und erleben, wie Freunde miteinander umgehen. Vielleicht treffen wir uns ja auch dort.
Die Beschäftigung mit den Jamborees ist ein Anliegen, das zwar etwas schmerzlich ist, aber trotzdem nicht umgangen werden sollte. Schmerzlich deshalb, weil nur anerkannte Verbände teilnehmen dürfen. Interessant und nötig deshalb, weil wir uns mit den

Pfadfindern auch ohne Anerkennung verbunden fühlen. Informationen kannst du über das Bundesamt erhalten oder auch in der unabhängigen Pfadfinderzeitschrift „Scouting“ nachlesen. Möglicherweise wird die Zeit kommen, in der auch die EPG an Weltjamborees teilnehmen kann. Wir arbeiten daran.
Über den Videofilm „Baden-Powell“ haben wir schon gesprochen. Du musst ihn dir unbedingt ansehen, studieren und verstehen, warum es mir so am Herzen liegt. In Kürze erscheint eine Zusammenfassung, die ich in Auftrag gegeben habe. Fordere sie über deinen Stammesmeister an oder frage nach im EPG Bundesamt oder der EPG Geschäftsstelle.

Unter (3. Heimatkunde) stehen Texte, die sehr deutlich, klar und unmissverständlich sind.

Unter (4. Wirtschaft und Verkehr) wirst du angehalten, in deiner Weiterentwicklung nicht stehen zu bleiben, sondern fortzufahren. Wir müssen davon ausgehen, dass die Anforderungen auf unterschiedliche Begabungen treffen und auch auf sehr differenzierte finanzielle Möglichkeiten. Aber du solltest dich unbedingt mit den vorhandenen Möglichkeiten um Fortbildung bemühen. Die Firmen in deiner näheren Umgebung sind möglicherweise auch zukünftige Arbeitgeber und somit nicht zu vernachlässigen.
Als die 1. Ausgabe der Bundes-Probenordnung erschien, wurde ich mehrfach angegriffen wegen des Hinweises auf die EDV. Aber heute wird das wohl kein Thema mehr sein. Wir sind doch nicht gegen ein Leben in und mit der Natur, wenn wir uns der modernen Technik unserer Zeit bedienen. Und noch intensiver: Sollen wir als Pfadfinder noch auf Schiefertafeln schreiben, wenn um uns herum der Computer das Kommunizieren erheblich erleichtert hat?
Ich denke NEIN. Als Pfadfinder bist du aufgefordert, an erster Stelle zu stehen, wenn es gilt, eine Entwicklung mit zu gestalten.
Mein dringender Rat ist folgender: Versuche unbedingt, alles, was du über Computer und was damit zu tun hat erfahren kannst, zu lernen und zu praktizieren.
Dieses Buch wurde von mir auch nicht mehr mit der Hand oder auf der Schreibmaschine geschrieben, sondern auf einem PC mit dem

neuesten Programm und Drucker. Meine Kommunikation mit anderen Freunden geschieht sehr oft über E- Mail und mit der EPG bin ich natürlich auch Online und im Internet. Schon in einem Jahr kann das, was ich gerade zu diesem Thema geschrieben habe, schon überholt und von einer neuen und gigantischen Technik abgelöst sein.
Du stehst gerade am Anfang deiner Entwicklung. Deshalb nutze die neuen Medien ohne Scheu. In ganz naher Zukunft wird kein einziger Arbeitsplatz mehr ohne Computer zu finden sein. Deshalb rüste dich, damit du mithalten kannst.

Unter (5. Natur und Umwelt) stehen wieder klare Anforderungen an dich. Du weißt hoffentlich richtig damit umzugehen. Wenn du, wie unter 4. gefordert, mit einem Industriebetrieb Kontakt hast, so wirst du nicht den Fehler begehen, in sog. jugendlichem Leichtsinn eine Anzeige wegen Umweltvergehen zu erstatten, ohne dich intensiv mit der Sache auseinandergesetzt zu haben. Da gibt es in jedem größeren Unternehmen einen Betriebsrat und davon einen Vorsitzenden. Weiter gibt es da den Sicherheitsbeauftragten, der für solche Fälle geschult ist. Dann die Umweltbehörden, die auf Hinweis zunächst Messungen von Schadstoffen in der Luft oder auch der Abwässer vornehmen. Dort hin wende dich.
Versteh mich bitte richtig: Du sollst natürlich unerschrocken und ohne Scheu für den Umweltschutz eintreten, aber du sollst es mit einem fundierten Wissen tun.

Unter (6. Lagerfertigkeit) ist dir aufgetragen, eine Nachtaktion für eine ganze Gruppe zu organisieren. Dazu fällt mir ein, dass ich einmal zugehört habe, wie ein inzwischen zum Stammesmeister gewordener Freund erzählte, er sei ja nun schon über 15 Jahre Pfadfinder und er habe eigentlich die Gegenden um die Lager nur Nachts erkundet. Da ich der Lagerleiter der meisten seiner Lager war, weiß ich, dass es nicht ganz so schlimm war, doch der Kern seiner Aussagen war richtig. Es ist natürlich so, dass oft die Aktionen bei den Pfadfindern und ganz besonders im Lager, in der Nacht stattfinden.
Die Nacht scheint ihre eigene Gesetzmäßigkeit zu haben, obwohl ja alles genau so ist, wie am Tag, nur dass man es nicht sieht. Mit der

Taschenlampe und der Phantasie wird die Welt eher traumatischer. Wenn du deinen Weg in der Dunkelheit findest, wird auch der Tag dich nicht unangenehm überraschen können.

Unter (7. Lager und Fahrt) kommt wieder der Punkt, an dem ich mich ja nicht so ganz zurückhalten kann. Ich stelle mir gerne vor, wie ein junger Mensch, der im vollen Saft seiner Lebenstage steht, Abenteuer erleben will und kann. Ob wir ihn da wirklich bremsen sollten?
Eine Fahrt mit dem Kanu oder einem Schlauchboot muss aber nun wirklich und unbedingt drin sein. Es ist eben etwas anderes, mit einem Wassergefährt an einem Ufer zu starten, irgendwo anzulegen, ein Zelt aufzubauen und am Feuer zu sitzen beim Abendessen, um am nächsten Morgen wieder in „See“ zu stechen, als bei Muttern im Bett zu liegen oder in der Disco sich mit Drogen voll zu pumpen.

Unter (8. Erste Hilfe und Lebensrettung) geht es genau mit diesem Thema des draußen Seins weiter. Du musst dir selbst helfen können, wenn du anderen helfen willst. Und was mir ganz wichtig ist und worauf ich noch intensiver eingehen werde ist, kümmere dich nicht darum, ob andere etwas tun. Du bist der, auf den es ankommt. Teamgeist ist sehr gut, aber wenn du alleine entscheiden musst, dann tue es. Warte nicht, denn die meisten Menschen warten darauf, dass einer etwas entscheidet. Sei du der Entscheider, für den Fall, dass es nötig ist.

Unter (9. Singen und Spielen) lese, was dort geschrieben steht, und versuche dein Bestes.

Unter (10. Kimprobe) stehen Wahrheiten, die du als junger Mensch inzwischen begreifen kannst und ich muss ganz klar sagen, dass auch ich mich freue, an diesem Punkt angekommen zu sein. Das Schreiben dieses Buches hat mir große Freude gemacht, aber es hat mich auch eine lange Zeit beschäftigt und ist in verschiedenen Phasen ziemlich intensiv an meine Substanz gegangen. Eigentlich habe ich dich vor mir gesehen, in all Deinen Facetten. Das war, und ist es ja immer noch, sehr unterhaltsam.

Unter (11. Kreativität) beteiligst du dich als Pfadfinder-Kornett an den Dingen, die deinen Stamm betreffen und die so auch auf deinen Bund zurückstrahlen.

Unter (12. Haltung und Zuverlässigkeit) hast du dein Ziel erreicht und ich gratuliere dir dazu.
Du bist noch sehr jung, aber du hast eine ganze Menge getan, erlebt und gelernt.
Lass dir deine verdienten Auszeichnungen in der vorgegebenen und angemessenen Form überreichen und wenn du mir eine Freude machen willst, dann denke dabei auch einmal an ihn, den Gründer, der uns auf all diese wunderschönen Dinge des Lebens hingewiesen hat: Baden-Powell.

Die Rover

Rover bedeutet lt. Duden – der Vagabund, Rover Scout – der Rover-Pfadfinder. Das engl. Wort „Rover" ist auch mit „Landstreicher" richtig zu übersetzen. Im Deutschen Sprachraum hieß es früher: Reiten und roven ist keine Schande, das tun die Besten im ganzen Lande. Im franz. Sprachgebiet sagt man zu Rover „Routier". Das ist eine Ableitung von dem Wort „la route" = die Landstraße.
Rover nennt man Leute, die sich mit dem rauen Leben draußen auskennen. Es sind keine Stubenhocker. Sie können sich selbst und anderen durch gute Ausbildung und gesammelte Erfahrung weiterhelfen.
Rover, ein wie ich finde tolles Wort und eine sehr zutreffende Bezeichnung eines Alterszustandes, wie er in unserer Bundes-Probenordnung so deutlich und treffend beschrieben ist. Lies dir die Worte mehrmals durch und verinnerliche sie, bevor du an die Proben heran gehst.
Baden-Powell hat die Roverstufe 1919 gegründet. Dazu hat er ein Buch geschrieben mit dem Titel „Glück auf die Lebensfahrt". Du solltest dir diese Lektüre zu Gemüte führen und dabei bedenken, in welcher Zeit das Buch geschrieben wurde. Die Lebensumstände und

Lebensvoraussetzungen haben sich inzwischen grundlegend verändert, die Inhalte der von Baden-Powell niedergeschriebenen Grundwerte sind jedoch zeitlos und auch heute noch und in Zukunft gültig. Da dieses Buch zur Zeit vergriffen ist, wende dich an mich. Vielleicht kann ich helfen.

„Paddle selbst Dein Kanu“ fordert er auf der ersten Innenseite und zeichnet dazu eine Darstellung, wie er das gemeint hat. Dazu gibt er noch folgende Erklärung ab:

Dieses Bild Eurer Fahrt nach Glück und Erfolg zeigt einige der größeren Klippen, auf die Ihr zu achten habt. Sie mögen wohl finster drohen, aber vergesst nicht, dass das sonnige Ziel, nach dem ihr steuert, jenseits liegt. Wenn Ihr sie überwunden habt, wenden sie euch daher ihre lichte Seite zu. Das erkennt ihr, wenn ihr euch nicht auf sie zutreiben lasst, sondern euer Fahrzeug klug an ihnen vorbei lenkt. Damit meine ich zwei tröstliche Einsichten: Auch die dunkelste Klippe hat ihre Sonnenseite und es lohnt sich, tätig sein Ziel zu erarbeiten, statt sich tatenlos dem Verderben zutreiben zu lassen – man gewinnt an Charakter mit jeder Klippe, die man überwindet, und man gewinnt endlich sein Ziel, das Glück.

Siehst du übrigens jenen Stern hoch am Himmel?

Richte dein Schifflein auf ihn.

Nimm den Stern zum Führer. Mit anderen Worten: „Ziele hoch“.

Auf den Felsenklippen, die es zu umschiffen gilt, hat Baden-Powell, der übrigens auch ein begabter Zeichner war, einige Süchte bildlich festgehalten. Indem die Gefahren erkannt werden, kann man sie erfolgreich umgehen.

Auch für Rover gelten die Pfadfindergesetze. Sie werden allerdings altersgemäß interpretiert und mit Leben erfüllt. Das gleiche gilt auch für das Pfadfinderversprechen. Sinn des Ganzen ist, aufbauend auf einer vorhergegangenen umfassenden Pfadfinderausbildung, den Weg zum „Dienen“ zu finden. Das Motto der Rover ist nach dem Willen des Gründers „Dienen“ und vom Rover wird erwartet, dass er diesen Dienst an anderen praktiziert, auf den er sich als Wölfling, Jungpfadfinder und Pfadfinder selbst vorbereitet hat.

„Dienen“ wird den Mädchen und Jungen beigebracht, beginnend mit der elementaren Guten Tat für die Mutter von Seiten des Wölflings, über die tägliche Gute Tat des Jungpfadfinders und die Bereitschaft

des Pfadfinders zur Lebensrettung, bis zur regulären Ausübung des Dienstes für Andere von Seiten der Rover.
Hier noch einmal Baden-Powell wörtlich zitiert:
Die Lehre des Dienstes ist nicht allein eine Sache theoretischer Unterweisung, sondern die Entwicklung von zwei verschiedenen Phasen: die Einprägung des Geistes des guten Willens und die Schaffung der Möglichkeit, ihn in die Praxis umzusetzen.
Die Lehre geschieht hauptsächlich durch das Beispiel, und der Pfadfinderleiter gibt genau die richtige Anleitung, indem er sich in patriotischer Weise selbst dem Dienst am Jungen und Mädchen widmet, allein aus Freude daran und ohne den Gedanken an materielle Belohnung.
Die Unterdrückung der Selbstsucht, die Entwicklung der Liebe zu anderen und des Dienstes an ihnen (was Gott im Innern bedeutet), bringt dem Einzelnen eine vollständige Veränderung des Herzens und damit den Abglanz des wahren Himmels. Sie macht ein anderes Wesen aus ihm. Die Frage für ihn lautet nicht: „Was kann ich **bekommen**?“, sondern „Was kann ich **geben** im Leben?“
Ich möchte die Möglichkeit und Notwendigkeit des „Dienstes“ in der gewöhnlichen Umgebung des Rover-Lebens betonen und darauf hinweisen, dass der Rover vor allem versuchen muss, seine Ideale in seinem gewöhnlichen Leben anzuwenden.
Und an anderer Stelle schreibt er weiter:
Mit Rovertum meine ich nicht zielloses Wandern, ich meine damit, euren Weg auf frohem Pfade mit einem bestimmten Ziel im Auge zu finden und eine Vorstellung von den Schwierigkeiten und Gefahren zu haben, denen ihr wahrscheinlich auf dem Wege begegnen werdet.
Rover sind eine Bruderschaft des Lebens im Freien und des Dienstes. Sind nicht nur eine Bruderschaft in ihren Zeltlagergemeinschaften, ihren Fahrtenhemden und ihren Lagerplätzen oder Treffpunkten überall in der Welt.
Da es sich um eine Bruderschaft von Wanderern handelt, könnt Ihr als deren Mitglied eure Reisen ins Ausland ausdehnen und dort Freundschaften mit Roverbrüdern (und Schwestern) anderer Nationen schließen.

Diese Seite unserer Bewegung ist nicht nur interessant und erzieherisch, sondern sie ist auch ein echter Schritt zur Sicherung des künftigen Friedens in der Welt durch gegenseitigen guten Willen.
Wenn du nun mit den Proben zum Rover beginnst, stellst du fest, dass zunächst auf die 10 Pfadfindergesetze aufbauend Anforderungen an dich gestellt werden. Die Antworten findest du bei der Lektüre dieses Buches. Teilweise sollst du deine Gedanken schriftlich festhalten und vorlegen.

Unter (1. Ehre) – Auf die Ehre eines Pfadfinders kann man unerschütterlich bauen –
wird dir sicher inzwischen klar geworden sein, was sie für dich bedeutet. Schreibe deine Gedanken in kurzen und klaren Worten nieder.

Unter (2. Treue und Glaube) – Der Pfadfinder ist treu Gott, seinem Glauben und dem Vaterland –
weißt du, dass ohne Treue = Zuverlässigkeit und ohne Glaube = Überzeugung im Leben nichts geht. Denke und lese nach, bevor du deine Notizen machst.

Unter (3. Hilfsbereitschaft) – Der Pfadfinder ist hilfsbereit –
kannst Du Hilfe und Anregung finden bei den Ausführungen zur Guten Tat.

Unter (4. Brüderlichkeit) – Der Pfadfinder ist Freund aller Menschen und Bruder aller Pfadfinder –
stehen die Anforderungen sehr einfach und verständlich beschrieben. Setze sie einfach in die Tat um und mache dir entsprechende Eintragungen mit Bestätigung in der Bundes-Probenordnung.

Unter (5. Ritterlichkeit) – Der Pfadfinder ist höflich und ritterlich –
stehen in der Anforderung schon die Andeutungen zur Antwort und die Hinweise, wo du weitere Erklärungen finden kannst.

Unter (6. Naturschutz) – Der Pfadfinder schützt Pflanzen und Tiere – weise ich dich auf meine Ausführungen unter „Natur und Umwelt" hin.

Unter (7. Dienen) – Der Pfadfinder gehorcht aus freiem Himmel und macht nichts halb –
habe ich u. A. zu Beginn unter „Rover" bereits umfassendes geschrieben. Mache du deine Notizen.

Unter (8. Fröhlichkeit) – Der Pfadfinder ist stets guter Laune, auch in Schwierigkeiten –
lies was ich unter diesem Punkt in der Bundes-Probenordnung und in den Erklärungen zum Pfadfindergesetz geschrieben habe.

Unter (9. Einfachheit) – Der Pfadfinder ist sparsam und einfach –
ist dir auch schon vieles vorgegeben. Aber deine eigenen Erkenntnisse sind gefragt.

Unter (10. Reinheit) – Der Pfadfinder ist rein in Gedanken, Worten und Werken –
kommst du an die Zusammenfassung all dessen, was du bei den Pfadfindern, auch aus diesem Buch, gelernt hast. Ich weise in diesem Zusammenhang auch noch auf den nachfolgend von mir geschriebenen Text bis zur 11. Probe hin.

Unter (11. Mutprobe) wirst du verstehen, dass sie etwas intensiver – wenn auch anders – gestaltet sein muss, wie in deiner Zeit z.B. als Jungpfadfinder. Es wird für dich sicher keinen besonderen Mut mehr aufzubringen sein, durch den dunklen Wald zu laufen. Die Ausarbeitung soll individuell gestaltet sein. Aber als Anregung für den Roversprecher und den Stammesmeister vielleicht ein paar Tipps von mir.
Wenn du oder ein anderer aus deiner Roverrunde Gitarre spielen kannst, könntet ihr beide auf einem Platz in der Stadt – oder Dorf – oder an einem anderen belebten Ort für einen Vormittag Fahrtenlieder singend, auftreten.

Das Gleiche ginge auch in einem Kindergarten oder Seniorenheim zur Freude der dort betroffenen Personen. Auf solchen Gedanken aufbauend wird euch schon das Richtige einfallen.

Unter (12. Hike) gelten die bereits niedergeschriebenen Vorgaben.

Unter (13. Lager und Fahrt) füge ich dem vorgegebenen Text noch folgende Worte von Baden-Powell hinzu:
Wenn Regeln (für Rover) notwendig sind, haltet sie elastisch. Rover sollten die Hauptquelle für unseren Bedarf an Leitern sein.
So ist auch der Hinweis in der Bundes-Probenordnung zu verstehen: Der Rover unterstützt die Stammesleitung bei allen Unternehmungen.

Unter (14. Haltung und Zuverlässigkeit, Bereitschaft-, Reife und Brauchbarkeit) hast du ein großes Ziel erreicht und erhältst vor dem gesamten Stamm nach der Versprechenserneuerung das Metallabzeichen – ROVER – Dazu kann man dir nur sehr froh und herzlich gratulieren.
Du bist nun ein Vorbild für alle nach kommenden jüngeren Pfadfinder. Sie werden auf dich schauen. Die älteren aber werden voller Freude sein über jeden, der sich bis zu ihnen hinauf begeben konnte.

Die Leiter in der EPG

Eigentlich sind die Ausführungen in der Bundes-Probenordnung mit den Hinweisen auf die Satzung und Ordnung der EPG und die bis hierher in diesem Buch festgehaltenen Gedanken zum Thema schon recht umfassend und ausreichend.
Jedoch liegt mir noch etwas sehr am Herzen.
Der Mensch neigt ja nun zu selbstzufriedener Trägheit. Da kann es schon mal sein, dass Freunde auf ihrem Weg einige Dinge, die uns als Pfadfinder ganz wichtig sind, vergessen.
Deshalb erinnere ich an dieser Stelle gerne daran.

Früher nannte man die Leiter „Führer“. Dieses Wort hat aber bekanntlich arg gelitten und so gibt es heute den Begriff – Leiter – für leiten – anleiten und führen – anführen.
Die in der Leiterrunde zusammengeschlossenen Leiter können vielfältige Aufgaben im Stamm übernehmen. Die aller wichtigste Aufgabe jedoch ist die Leitung von Menschen, kleinen oder großen, in den Sippen, den Trupps, den Stämmen oder dem Bund.
Es macht keinen Sinn, wenn eine Leiterrunde sich im Laufe der Jahre angefüllt hat mit älter gewordenen Pfadfindern, die wirkliche Leiteraufgaben übernehmen könnten, es aber aus welchen Gründen auch immer, nicht tun.
Diese Freunde sollten daran erinnert werden, dass sie selbst nur durch engagierte Leiter zu den frohen und erfolgversprechenden Erlebnissen geführt wurden und dass nun sie selbst an der Reihe sind, ihren Teil zu tun.
Eine Sippe zu leiten ist eine geradezu wunderbare Sache. Die jungen Menschen zu führen und zu formen nach den Grundlagen des Pfadfindertums eine beglückende Aufgabe, an der alle gemeinsam wachsen können.
Wenn dann in einem Lager mehrere Sippen in ihren Kohten untergebracht sind und der Lagerleiter (z.B. Stammesmeister) die Sippenleiter (und Truppleiter) zur Besprechung in der Jurte empfängt, ist ein geordneter Ablauf gewährleistet.
Vor den Kohten die Sippenwimpel, das Lilienbanner weht am Bannermast in der Lagermitte, daneben brennt das Lagerfeuer an der sich die Lagerwache hauptsächlich aufhält und in der Jurte brennt ein Feuer, um das sich die Leiterrunde wie beschrieben versammelt. Der Küchendienst ist aus den Lagerteilnehmern organisiert und läuft einigermaßen planmäßig.
Die Lagerleitung bespricht das Programm mit den Leitern und stimmt es mit ihnen gemeinsam ab.
Das sind Ergebnisse die nur bei guter Führung und Ausbildung der Leiter und der Sippenmitglieder erreichbar sind.
Über Führung schreibt Baden-Powell, dass es erst gelernt sein muss, Menschen bei einer großen Sache mitzureißen durch Begeisterung.
Führung ist der Schlüssel zum Erfolg, aber Führung ist schwer zu erklären und Führer sind schwer zu finden. Ich habe häufig

festgestellt, dass jeder Esel ein Befehlshaber sein und ein geschulter Mann oft ein Instruktor sein kann. Aber ein Führer ist mehr wie ein Dichter, geboren, nicht gemacht.
Vier wesentliche Punkte müssen bei der Auswahl eines Leiters – „Führers“ – beachtet werden:

1. Er muss von ganzem Herzen an die Richtigkeit seiner Sache glauben und darauf vertrauen.
2. Er muss eine fröhliche, energievolle Persönlichkeit mit Sympathie und freundlichem Verständnis für seine Leute sein.
3. Er muss Selbstvertrauen dadurch haben, dass er seine Aufgabe kennt.
4. Was er predigt, muss er selbst praktizieren.

Das Wesentliche der Führerschaft könnte, in telegraphischer Kürze, als „Kameradschaft und Kompetenz“ zusammengefasst werden. Führerschaft durch persönlichen Kontakt ist die Schlüsselfunktion zum Erfolg in unserer Bewegung.

Die Pfadfinder-Gilde

Das Wort „Gilde“ ist niederländisch und wird übersetzt „Vereinigung zur Förderung gemeinsamer Interessen und gegenseitiger Hilfeleistung“.
Wenn du den Text auf den zwei Seiten in der Bundes-Probenordnung liest, erkennst du genau diesen Hintergrund, den Aufbau und das Anliegen.
Hat sich also in einem Stamm die Leiterrunde, wie eben beschrieben, mit älter gewordenen Pfadfindern ohne Leitungsfunktion oder ohne eine Aufgabe kraft eines Wahlauftrags angefüllt, solltet ihr nicht zu lange warten, bevor diese Freunde ihren Platz in eurer Pfadfinder-Gilde finden können, damit sie der Bewegung erhalten bleiben.
Um klar zu machen, wie ich mir die Arbeit und das Zusammensein einer EPG-Pfadfinder-Gilde vorstelle, hier ein paar Gedanken dazu:
Aus den Pfadfindern ab 20 Jahre wie schon beschrieben zusammengesetzt, trifft man sich zu einer ersten Runde. Der Versammlungsort kann das Jugendhaus sein, ein öffentliches

Gebäude, ein Wohnzimmer oder Partykeller bei einem der Freunde oder in einer dafür aufgestellten Jurte. Es wird ein Gilden-Vorstand gewählt bestehend aus dem „Gildenmeister“, seinem Stellvertreter und dem Kassenwart. Diese sorgen dann für einen zukünftigen, geregelten Ablauf in den Unternehmungen der Gilde.

Was können das für gemeinsame Aktionen sein:

Der Gilden-Vorstand könnte beispielsweise zu einem Treffen einmal im Monat einladen, damit die Kontakte nicht verloren gehen. Es können Freizeitunternehmungen aller Art angeboten werden, auch mit den Familien der Mitglieder. Aber auch bei pfadfinderischen Aktionen sind die Freunde willkommen. Es gelten natürlich und dann ganz besonders die pfadfinderischen Regeln z.B. im Lager und auf Fahrt.

Die Gilden-Mitglieder gehören weiter zu Stamm und Bund und zahlen Beiträge lt. der Satzung und Ordnung der EPG.

Der Stammes-Gildenmeister ist Mitglied der Stammesleiterrunde und sorgt für die weitere Integration der Gilde im Stamm.

Aus den Gildenmeistern der Stämme wählt die Bundesversammlung den EPG Gildenmeister.

Dieser vertritt auf Bundesebene die Interessen der Freunde aus den Stämmen und sorgt für ihre überregionale Zusammenarbeit.

Wie kann diese aussehen:

Die EPG Pfadfinder-Gilde soll eine wachsende Gruppe älter gewordener Pfadfinder sein, die dem Bund erhalten bleibt, auf die er gegebenenfalls zurückgreifen kann und für die er jederzeit immer noch da ist.

So muss niemand nach seiner aktiveren Zeit wehmütig der Gemeinschaft nachtrauern oder sogar auf sie verzichten. Ja, er kann zu vielen, gemeinsamen Aktivitäten auch seine inzwischen entstandene Familie auf deren Wunsch mit einbringen.

Möglicherweise sind dann die Eltern in der Gilde und die Kinder aktive Pfadfinder im Stamm.

Eine wie ich meine sehr glückliche Lösung.

Aktionen der Gilde auf Bundesebene können auch sein die Teilnahme an Lagern und Fahrten sowie das Engagement in Sozialen-, Umwelt und anderen Projekten. Auch können die Freunde auf Grund ihrer

beruflichen Ausbildung oder ihrer Position in der Gesellschaft für den Bund (und Stamm) fördernd und unterstützend tätig werden.
Auf der ganzen Welt sind sog. Altpfadfinder aktiv zusammengeschlossen oder inaktiv tätig für die großartige Idee des Pfadfindertums nach Baden-Powell. Wir haben die EPG Pfadfinder Gilde. Sei du ein Teil davon.

Sendungsauftrag

Wir haben jetzt alle Stufen der EPG durchlaufen und so manches Thema besprochen. Hier nun sieht es so aus, als ob nichts mehr nachkommen könne. Aber genau das Gegenteil ist für denjenigen der Fall, der genug Energie hat, weiter zu gehen und über sich hinaus zu wachsen.
Aus dem Text dieser Seite in der Bundes-Probenordnung geht grundsätzliches hervor, darüber was gemeint ist. Aber wie könnte es in der Praxis aussehen?
Du lebst seit einiger Zeit aus genannten oder ungenannten Gründen in einer anderen Gemeinde, sei es auf dem Land oder in der Stadt.
Du würdest gerne etwas außerhalb deines Berufes tun und denkst gerne an die tolle Zeit bei den Pfadfindern zurück.
In deiner Umgebung gibt es bereits Pfadfinder, aber sie sind nicht nach deiner Vorstellung.
(Dann lass von diesen die Finger, denn in eine bestehende Gruppe einzudringen, um sie zu verändern, bringt nur Ärger und verläuft erfolglos.)
In deiner Umgebung gibt es noch keine Pfadfinder. Das ist dann eine gute Ausgangsposition.
Aber in beiden Fällen brauchst du Hilfe. Such dir noch mindestens zwei begeisterungsfähige Leute über 18 Jahre und nimm mit dem EPG Bundesamt Kontakt auf. Dann erhältst du das neueste Informationsmaterial und einen ersten Gesprächstermin.
Dabei geht es darum, die vorhandenen Möglichkeiten in deinem Umfeld abzuklären.

Gibt es einen Raum für erste Treffen. Sind in deiner Nähe schon Pfadfinder und bedarf es einer Ausbildung. Gibt es weitere geeignete Personen in deinem Umfeld und wie sind die Möglichkeiten für die Werbung. Dann werden Termine abgesprochen, an denen EPG Aktionen wie Leiter-Ausbildungs-Wochenenden und Lager stattfinden. Schließlich werden die nächsten Schritte eingeleitet.
Wenn du und die ersten deiner Leiter soweit sind, beginnt die Werbung mit dem Aufruf zur Stammesgründung. Der erste Termin ist dann eine Versammlung für Kinder und Jugendliche aller Altersstufen, mit Eltern und für am Pfadfindertum interessierte Erwachsene. Daran teilnehmen wird dann auch eine Abordnung aus der EPG, möglicherweise auch aus dem Bundesvorstand.
Organisatorische Fragen wie Ausbildungs- und Zeltmaterial und vieles mehr werden geklärt.
Laut Satzung und Ordnung der EPG auf Seite 16 können Pfadfinder einer Gemeinde in Sippenstärke bei der Bundesleitung einen Antrag auf Aufnahme als Aufbaustamm stellen.
Zur Beantragung einer Aufnahme als Stamm müssen in mindestens zwei Altersstufen je eine Sippe pfadfinderisch tätig sein. Über die Aufnahme entscheidet die nächste Bundesversammlung.
Bei der Aufnahme während der Bundesversammlung erhält der neue EPG Stamm das Bundes-Lilienbanner, das während einer Feierstunde oder einer Messe im Wohnort unter Beteiligung möglichst vieler Abordnungen von Stämmen die Bannerweihe erhält.
Ab dann hast du alle Möglichkeiten, wieder als Pfadfinder für andere und dich selbst tätig und aktiv zu sein. Wenn du dieses Buch aufmerksam gelesen hast und auch noch die letzten Kapitel studierst und auf dich einwirken lässt, ist dir der Weg geebnet und die meisten deiner Fragen zum Thema sind dir beantwortet. Wenn du dir dazu die einschlägige Literatur von Baden-Powell und Anderen beschaffst und dich darin weiter schlau machst, bleiben fast keine Fragen mehr offen.
Das Beste wird aber sein, wenn du dann damit beginnst, auf all dem übermittelten Wissen weiter aufbauend nach- und vorzudenken, denn alles ist grenzenlos und sicher sind noch viele ungedachten Dinge aus dem Dunkel ans Licht zu befördern.
Nur eines wird immer bestehen bleiben bei aller Weiterentwicklung:

Der unvergleichliche Kern.
Also Pfadfinder, mach dich auf den Weg ins Abenteuer.
Viele Kinder, Jugendliche und Erwachsene, die noch nichts von ihrem Glück wissen, warten auf dich. Ich und wir alle warten auch auf dich.
Wer soll es tun, wenn nicht gerade Du?

Die Sippe leiten

Du konntest nun in den verschiedenen Abschnitten dieses Buches so einiges über das Sippensystem lesen und auch darüber, wie man eine Sippe ausbildet und leitet. Aber auch dann, wenn ich mich wiederhole, möchte ich das Thema hier noch einmal etwas ausführlicher und spezieller aufgreifen.
Wenn du nun selbst eine Sippe verantwortlich leiten sollst, bist du mindestens 18 Jahre alt und dazu ausgebildet. Damit diese Erfahrung auch für dich selbst zum Erfolgserlebnis wird, will ich dich an meinen eigenen Erkundungen in diesem Bereich teil haben lassen.
Natürlich kommt es darauf an, in welcher Stufe du eingesetzt bist. Darüber allerdings steht spezielles bereits geschrieben in der Bearbeitung der Anforderungen aus der Bundesprobenordnung. Hier geht es mir um das Grundsätzliche, das für die Sippen aller Stufen gleich bleibt, egal ob es sich um Biber, Wölflinge, Jungpfadfinder oder Pfadfinder handelt. Für die einzelne Stufen werde ich dann gegebenenfalls besondere Passagen hinzu fügen.
Wie wir schon gelesen haben, übernimmst du als Sippenleiter die Verantwortung für die dir anvertrauten Kinder und Jugendlichen. Du bist dir sicher der Schwere dieser Aufgabe bewusst. Du hast dich bei deinem Weg bis zu diesem Ziel damit beschäftigt, wie man eine Sippe in der angedachten Stufe leiten soll und dich auch mit dem Thema „Erste Hilfe“ und „Aufsichtspflicht“ intensiv befasst und weißt mit diesen Dingen umzugehen. Also geht es los.
Wir gehen einmal ganz einfach davon aus, dass es sich um einen Neustart mit Kindern handelt, die bisher noch nichts mit dem Pfadfindertum zu tun hatten und wir sagen einmal, sie seien 9 Jahre

alt. Es wird also eine neue Wölflingssippe entstehen und das erste Treffen findet in eurem Jugendraum statt. Es erscheinen 7 Kinder gemischt in 4 Jungen und drei Mädchen.
Du begrüßt die „Neuen“ und stellst dich ihnen vor, indem du ihnen bereits deinen bisherigen pfadfinderischen Werdegang in Stichworten schilderst. Dann forderst du die Kinder auf, sich selbst vor zu stellen und betonst von vorne herein, dass man sich ja unter Freunden befindet und Hemmungen nicht angesagt sind. So lernt ihr euch bereits etwas kennen und du kannst deine Menschenkenntnis schulen und dir ein erstes Bild machen. Dann ist zu Beginn ganz wichtig, das ihr über den Zeitpunkt der wöchentlichen Sippenstunden sprecht. Es muss ja ein Termin gefunden werden, an dem neben dir, auch alle anderen können und an dem auch der Raum zur Verfügung steht. Wenn das geschafft ist solltest du erklären, wie du dir die nächsten Sippenstunden vorstellst und wie lange sie jedes Mal so in etwa dauern werden. Das ist für die Eltern wichtig, damit sie abschätzen können, wann ihre Kinder wo sind. Über die Dauer von Sippenstunden gibt es unterschiedliche Meinungen. Ich tendiere für bis zu zwei Stunden wöchentlich mit dem Hinweis, dass es auch länger dauern kann wenn es draußen statt findet und auch einmal zu spontanen Aktionen kommen kann, zu denen man die Sippe z.B. per Telefon zusammen ruft. Als ein Beispiel nenne ich hier eine Schneewanderung bei urplötzlichem starkem Schneefall.
Der nächste Schritt ist eine Erklärung darüber, dass es ein Schrifttum der EPG gibt und der Hinweis auf die Proben für Wölflinge. Du kündigst an, dass in der nächsten Sippenstunde alle, die ab dann mit machen wollen, einen gewissen Betrag dabei haben sollen für die Satzung und Ordnung, die Bundes-Probenordnung und das gelbe Halstuch mit dem Lederknoten. Die Kinder werden dich fragen, was es mit der Kluft, die du ja sehr sauber und ordnungsgemäß trägst, auf sich hat und du gibst ihnen die passende Auskunft.
Zum Schluss der ersten Begegnung erkläre noch, dass jede Sippe einen eigenen Sippennamen haben soll und lässt dir schon mal Vorschläge machen. Das wird sicher lustig und bringt eine erste Wallung in die neue Sippe.
Zur Verabschiedung erkläre deinen neuen Sippenmitgliedern, dass wir einen speziellen Gruß haben und gib ihnen dazu die linke Hand

und grüße wie die Wölflinge. Das solltest du auch ab dann beibehalten zur Begrüßung und Verabschiedung bei jeder Sippenstunde und anderen Zusammenkünften.
In der nächsten Sippenstunde sitzen dann schon deine Wölflinge mit Halstüchern da und wissen auch, wozu die Knoten an den unteren Enden angebracht worden sind. Jedes Kind bekommt das gelbe und blaue Heft überreicht mit den passenden Erklärungen dazu. Satzung und Ordnung sollen auch von den Eltern gelesen werden. Erkläre deiner Sippe, wie du mit ihnen die Ausbildung nach der Bundes-Probenordnung gestalten willst und sprich die Anschaffung eines Ringbuch an, das die verschiedenen schriftlichen Ausarbeitungen aufnehmen soll. Einige Aufgaben können die Wölflinge bereits zu Hause ausarbeiten, im Ringbuch eintragen und sich nach Prüfung bei dir die Unterschrift abholen. Das macht Spaß und bringt Erfolg für alle Beteiligten. Sorge dafür, dass alle Eintragungen in der Bundes-Probenordnung auch tatsächlich ordnungsgemäß gemacht werden. Insbesondere auch die Seiten mit den Angaben zur Gesundheit. Dann sollte diese Probenordnung überall mit dabei sein, damit im Krankheitsfall die Angaben sofort zur Verfügung stehen. Weiter ist es schön und hat einen großen Erinnerungswert, wenn alle Lager, Fahrten und z.B. Jugendherbergsaufenthalte in der Probenordnung dokumentiert werden. Darin auch hin und wieder ein Stempel mit Unterschrift des BM. oder seines Stellvertreter zum Thema 1 Punkt „Der Goldene Pfeil“.
Verweise deine Sippe auch auf das Liedgut der EPG und bereite sie darauf vor, dass sie in der nächsten Sippenstunde Geld mit bringen sollen zur Anschaffung des EPG Liederbuch. Bei all diesen Materialien arbeitest du intensiv mit deinem Stammesmeister zusammen. Er muss ja auch über den Fortgang deiner Sippe informiert sein.
Dann erkläre den Begriff „Kornett“ und lass die Kinder darüber diskutieren, wer wohl der oder die geeignetste sei, auch als Hilfskornett. Schliesslich erkläre auch noch, dass es einen Wimpelträger geben soll und verweise auf die vielen Aufgaben, die hinten in der Bundes-Probenordnung stehen. Dabei solltest du dafür sorgen, das die Sippe einen bestimmt, der die Sippenkasse führen soll, in die zu jeder Sippenstunde von allen, auch von dir, 50 Cent

eingezahlt werden. Eine verantwortliche Aufgabe für den, der die Kasse führt. Später dann lege ein Sparbuch an. Gehe dazu mit der ganzen Sippe in die Filiale einer Bank vor Ort und wahrscheinlich wird es so sein, dass du das Sparbuch auf deinen Namen nehmen musst. Lass aber dann auf der ersten Seite eintragen: Für die Sippe „so und so“. Das Sparbuch verwaltet dann auch der Kassenwart, der selbst einzahlen, aber nicht abheben darf.
Den Wimpel betreffend gibt es Stoff für einige Sippenstunden, die mit der Materialbeschaffung und der Übertragung des Sippentieres, des Namens, des Stammes und der EPG zu tun haben. Andere Aufgaben wie Sanitäter, Chronist Techniker sind sehr gefragt und so erhalten deine Leute nach und nach eine Aufgabe, die ihren Talenten und Möglichkeiten entsprechen. Überhaupt liegt es an dir, diese Fähigkeiten der Individualität jedes Einzelnen aus der Masse heraus zu arbeiten und zu fördern. Erkenne die Talente deiner Wölflinge und unterstütze sie dabei, diese auch selbst zu erkennen. Versuche auch das Gitarrenspiel zu fördern und singe mit deiner Sippe wenigstens ein paar Lieder in jeder Sippenstunde. Das bringt auch das Gemeinschaftsgefühl in die Gruppe und befähigt auch, im Stamm und bei Lagern voll integriert zu sein und mit machen zu können.
Die Vorgaben in der Bundes-Probenordnung zeigen dir den Weg, den du ausbauen und mit Leben erfüllen kannst. Deiner eigenen Phantasie und Kreativität sind dabei kaum Grenzen gesetzt, wenn du dich dabei im Rahmen der erlaubten Möglichkeiten bewegst.
Wie du weiter vorgehen kannst mit Kimprobe, Mut- und Schweigeprobe und so weiter hast du bereits an anderer Stelle gelesen. Obwohl das Wetter unbedeutend ist, kann man sich etwas darauf einstellen. So spricht nichts dagegen zwischen Weihnachten und Neujahr mal einen Kegelabend ein zu legen, wenn es draußen schüttet im Gruppenraum einen jugendgerechten lustigen oder spannenden Film anzuschauen oder gemeinsam ins Kino zu gehen. Auch eine Eisbahn kann schon mal das Ziel sein. Jedoch gilt immer, dass die pfadfinderischen Dinge im Vordergrund stehen sollen. Alles andere kann vorübergehend unterhalten, aber auch die Kinder wissen, dass sie das immer haben können. Die Möglichkeiten unseres Pfadfindertums bieten hingegen im Lernen durch tun ganz andere

Gesichtspunkte der sinnvollen Betätigung in der Freizeit und darüber hinaus.
Ob du nun mit deiner Sippe in der Stadt lebst oder auf dem Land, die Freiräume in der Natur gibt es überall. Deshalb geht so oft es machbar ist hinaus. Wenn ihr als Sippenzelt eine Kohte habt, dann übt immer wieder, diese schnell und vor allen Dingen richtig und zweckmäßig auf zu stellen. Wie oft sieht man in Lagern die verzweifelten Versuche schlecht ausgebildeter Freunde, insbesondere wenn es, wie so oft, regnet. Dann zeigt sich, was Baden-Powell damit gemeint hat:
Als ich im Stadion von Budapest zur gleichen Zeit mit einem schweren Platzregen ankam, wurde ich wieder einmal als „Baden Meister“ (Bademeister) begrüßt. Ich erklärte den Jungen, dass ich den Regen absichtlich deshalb mitgebracht habe, um ihre Fähigkeiten besser beurteilen zu können, da ich nicht erwartet habe, dass sie ausschließlich Gut-Wetter-Pfadfinder seien. Ein Lager ist für Wölflinge nicht so notwendig wie für Pfadfinder. Es ist weit besser, nicht zu versuchen, überhaupt zu zelten, bevor sie nicht alle notwendigen Einrichtungen und Erfahrungen haben. (Zitat Ende)
Hier spricht Baden Powell von den Kindern seiner Zeit, aber bei schlechter Ausbildung trifft es auch auf die Wölflinge unserer Zeit zu. Er beschreibt weiter, wie ein schlecht gelaufenes Lager zum Vorwurf gegen den Leiter, den Stamm oder sogar die ganze Bewegung werden kann. Ein gutes Lager bewirkt natürlich das entsprechende positive Gegenbeispiel.
Baden-Powell meint weiter: Ein Wölflingslager ist eine höchst wertvolle Gelegenheit für das Studium der Wölflinge, denn in wenigen Tagen wirst du mehr über sie wissen als in vielen Monaten üblicher Treffen, und du kannst sie in Dingen des Charakters, der Sauberkeit und Gesundheit auf solche Weise beeinflussen, das diese zu bleibenden Gewohnheiten werden. (Zitat Ende)
Die Wölflingszeit dauert max. ca. 4 Jahre. Das ist lange und Zeit genug, die 15 Proben umfassend zu erfüllen. Wenn deine Wölflinge dann ihr Wölflingsversprechen abgelegt haben und alle Unterschriften vorliegen, kann es mit den Proben für Jungpfadfinder los gehen. Denke daran, was ich alles dazu geschrieben habe. Es wartet auf dich das große Abenteuer, dass du mit deiner Sippe auf

dem Weg durch die verschiedenen Grade in den Stufen bis Rover erleben wirst und darfst. Es liegt an dir, ob es für alle Beteiligten eine tolle Zeit wird, mit vielen positiven und unvergesslichen Erlebnissen und Erfahrungen.

Wenn du mit deiner Sippe unterwegs bist, achtest du darauf, dass Jungen und Mädchen in getrennten Zelten schlafen und du selbst hast auch einen Schlafplatz außerhalb deiner Sippe. Das ist absolut notwendig um jedem Vorwurf schon von vorne herein zu begegnen. Mit zunehmendem Alter achtest du auch ganz besonders darauf, dass deine Sippenmitglieder sich strikt an die Geschlechtertrennung halten. Beachte bitte dazu auch meine Ausführungen unter „Etwas was Recht ist".

In jedem Alter ist deine Sippe zusammen mit dir ein Teil des Stammes, zu dem ihr gehört. Du nimmst teil an den Stammesleiterrunden und mit deiner Sippe an den Stammesversammlungen, den Stammeslagern und mit dem Stamm an den übergeordneten Unternehmungen der EPG.

Den Stamm leiten

In der „Ordnung der EPG“ steht unter „Aufbau des Verbandes“ auf Seite 18:
Die Sippenleiter und Truppleiter haben eine Pfadfinderausbildung abgeschlossen und sind in der Regel mindestens 18 Jahre alt. Die Stammesleiter haben eine entsprechende Pfadfinderausbildung und Erfahrung und sind mindestens 20 Jahre alt. Die Ausbildung regelt die Probenordnung.
Diese Vorgaben sind wichtig, denn um einen Stamm erfolgreich zu leiten, muss man diese Pfadfinderausbildung absolviert haben.
Wenn du also von der Stammesleiterrunde für die nächsten drei Jahre zum Stammesmeister gewählt worden bist, dann kann man dir gratulieren. Die Freunde in dieser Runde vertrauen dir und das will etwas heißen, denn Stammesmeister zu sein bedeutet, eine große Verantwortung zu tragen.
Nehmen wir an, dein Stamm hat in unterschiedlichen Stufen mehrere Sippen und die Sippenleiter bilden eine gute Stammesleiterrunde. Dann verfügst du über eine Mannschaft, in der du einen Stellvertreter hast und neben einem Schatzmeister auch einen Schriftführer. Weiter sollte da jemand sein, der sich um das gesamte Material des Stammes kümmert.
Du weißt natürlich, dass wir in der EPG die Ausrüstung mit Schwarzzelten, also Kohten und Jurten anstreben. So lange das finanziell nicht machbar ist, kann man sich mit anderem Zeltmaterial behelfen. Sicher wirst du mit der Zeit einen Weg finden, dass jede Sippe und natürlich die Leiter eine eigene Kohte bekommen und als Gemeinschaftszelte eine oder zwei Jurten zur Verfügung stehen. Dazu reichen die Beiträge aber nicht aus und du musst nach Sponsoren, Spendern und Bezuschussung Ausschau halten. Jedoch finden sich immer Eltern oder wohlgesonnene Geschäftsleute, die mit Geld und Material weiter helfen.
Eine andere Möglichkeit ist es, jedes Jahr ein Fest zu arrangieren. Das kann z.B. ein Erntedankfest im Herbst sein oder ein weihnachtliches Jurtenfest. Dabei können für eine schöne Tombola aus größtenteils gespendeten Preisen Lose verkauft werden. Weiter kann man von den

Müttern gebackene und gestiftete Kuchen mit Kaffee verkaufen und auch Tschai ist bei solchen Festen ein gerne angenommenes Getränk.
Wenn dann Zelte gekauft werden sollen, lass dir ein gutes Angebot von einem günstigen Lieferanten machen und bedenke dabei, dass die Schwarzzelte alle und ausschließlich von einem Hersteller stammen und somit der Preis sich nur durch den unterschiedlichen Gewinn des Händlers unterscheidet. Einen Direktbezug vom Hersteller gibt es nicht.
Liegt das Angebot vor, so stelle einen Zuschussantrag bei der zuständigen Kreisverwaltung. Diesen Zuschuss wird man dir bestätigen und dann wird gekauft und die Rechnung zur Bezuschussung eingereicht.
Finden Lager oder andere Unternehmungen zur Ausbildung statt, so lass vom Schriftführer vorbereitete Anträge von allen Teilnehmern unter 27 Jahre mit Namen, Anschrift, Alter und Zahl der tatsächlichen Tage der Veranstaltung ausfüllen und unterschreiben. Diese reiche dann bei deiner Gemeinde und der Kreisverwaltung ein. Das bringt etwas Geld in die Kasse und du kannst schon mal einen Hordentopf, Seil oder Ausbildungsmaterial anschaffen oder auch die Teilnehmerkosten für finanzschwache Kinder übernehmen oder insgesamt senken.
Um die Gesamtstruktur deines Stammes zu stabilisieren, führe regelmäßig an einem bestimmten Abend im Monat die Stammesleiterrunden durch und interessiere dich für die Anliegen deiner Leiter und ihrer Sippen. Sorge dafür, dass alle gut ausgebildet sind und bei der Ausbildung ihrer Sippen nach der Bundes-Probenordnung vorgehen. Um den 22. Februar herum solltest du anlässlich des „Thinking Day“ die Stammesversammlung organisieren und dann, neben einem Jahresrückblick, das Programm für das begonnene Fahrtenjahr vorstellen. Beim Ablauf achte darauf, dass wir in der EPG gewisse „ungeschriebene Gesetze“ haben, an die wir uns eben so gebunden fühlen, als ob sie schwarz auf weiß gedruckt ständen.
Jede Gemeinschaftsveranstaltung beginnt mit dem Bundeslied und endet mit dem Abschiedslied. Wenn du ein paar Mal in EPG Lagern dabei warst, weißt du, wovon ich spreche. Bei Stammesversammlungen gilt auch, dass neben den vorgetragenen Texten

immer wieder eines unserer tollen Fahrtenlieder gesungen wird. Auch das ist ein entscheidender Unterschied in der EPG zu anderen Bünden und Verbänden.
Dann solltest du einmal im Jahr eine Elternversammlung veranstalten, damit der Kontakt erhalten und vertieft wird. Grundsätzlich bin ich kein Freund von zuviel auf diesem Gebiet, jedoch muss ein gewisses Maß von Verbindung erhalten bleiben.
Da dieses Thema schon in Richtung Öffentlichkeitsarbeit geht, sollte der Kontakt mit der Presse und anderen Medien gepflegt werden, denn die Informationen müssen fließen. Es gibt zwar schöne Blumen, die im verborgenen blühen, jedoch sollte man sein Licht auch nicht unter den Scheffel stellen.
Zur Ausrüstung deines Stammes sei noch gesagt, dass du darauf achten musst, wie die Mitglieder auch rein optisch daher kommen. Die Fahrtenhemden gehören in die Hosen und Jujas sind klassischer wie Tausend unterschiedliche andere Oberbekleidungen. In der EPG wird, mit ganz wenigen Ausnahmen, als Kopfbedeckung, der große Pfadfinderhut getragen.
Über seine Qualitäten habe ich mich schon ausgelassen. Tritt dein Stamm in der Öffentlichkeit in Erscheinung; ist das optische Bild „Außen“ auch ein Zeugnis vom Zustand „Innen“. Erfolg in der Pfadfinderischen Jugendarbeit hängt auch von solchen Faktoren ab.
Es ist wesentlich besser, wenn die Bevölkerung von den ordentlichen Pfadfindern spricht und dieses in vielen Jahrzehnten entstandene Image weiter gepflegt wird, als dass man von dem Sauhaufen spricht, der da gerade durch die Gegend zieht.
Es ist dein Stamm, also sorge dafür, dass du stolz auf ihn sein kannst. Denke daran, dass du der „Chef“ bist. Führe deine Leiterrunde und deinen Stamm zwar an der langen Leine, aber führe ihn. Nichts ist zerstörerischer wie ein Haufen ungeführter Menschen, denen die Richtung fehlt. Aber du weißt Bescheid und ich verlasse mich auf dich. Wenn du mein Buch „Die Nacht im Chateau“ gelesen hast, so wirst du auch darin etwas vom Gedanken des Führens empfunden haben.
Die Zeit der Sippenstunden im Jugendheim oder in der freien Natur mit ihren vielen unterschiedlichen Ausbildungs- und Erlebnisphasen, hat zum Ziel, die erfolgreich durchzuführenden Lager und Fahrten.

Dabei gibt es Lager auf Stammesebene wie beispielsweise Sommerlager, Herbstlager oder auch mal ein Winter-Camp und die oft dazu gehörenden Hikes. Auf Bundesebene nimmst du mit deinem Stamm teil am EPG Bundespfingstlager, der EPG Bundes-Wallfahrt und mit Abordnungen am Oster-Hike und den EPG Bundesversammlungen. Weiter natürlich an Veranstaltungen befreundeter Stämme wie beispielsweise Bannerweihen.
Aber eines gilt für alle Einsätze die mit deinem Stamm zu tun haben: Du bist der Chef und egal wie es läuft, es steht alles unter deiner Verantwortung und kommt immer wieder auf dich zurück.
Nun könnte man meinen, dass diese Arbeit und große Verantwortung ohne Bezahlung, also ehrenamtlich durchgeführt und noch mit eigenen Kosten belastet, nur einem Verrückten aufgebürdet werden könnte. So könnten es Menschen sehen, die sich nur oberflächlich mit dem Thema befasst haben oder die sich nicht die Mühe machen, hinter die Dinge zu schauen.
Hier spielt der bereits ausführlich behandelte Begriff des selbstlosen Dienens hinein und das Glück, das mehr ist als eine Belohnung durch Bezahlung. Als Stammesmeister tust du ebenso viel wie jemand der eine Firma leitet. Dein Horizont weitet sich mit jeder Aktion und deine Erfahrungen bilden dein Selbstbewusstsein aus im besten Sinne für dich und deinen Stamm.
Deine positiven Erfolgserlebnisse, die sich auf deinen Pfadfinderischen Ausbildungen und Erfahrungen aufbauen, werden sichtbar in dir und deinem Umfeld. Du dokumentierst ohne große Gesten, was ein Leben als Pfadfinder durch viele Stufen aus einem Menschen machen kann und so lebst du den kleinen und größeren Freunden in deinem Stamm das gute Beispiel vor. Die Vorbereitungen vieler Aktionen, die im laufenden Jahr zur Durchführung kommen können, werden von dir angeregt und mit deinem Team in die Tat umgesetzt. Es gibt Stämme, die starten vor Ostern die Unternehmung Eier färben und dann mit den Sippen von Haus zu Haus verkaufen gehen. Dann gibt es regional unterschiedliche Feste, an denen sich die Pfadfinder beteiligen können und die dann auch durch ihre Präsenz die Öffentlichkeit auf sie aufmerksam werden lässt. Rechtzeitig zur Bundesversammlung erscheint immer der sehr schöne EPG Kalender, der zum Verkauf

angeboten wird und neben dem Effekt der Werbung auch noch Geld in die Stammeskasse bringt.
Nicht zu kurz kommen sollte auch das soziale Engagement des Stammes. Dem Gedanken der Guten Tat folgend wollen wir unsere Mitglieder auch auf die Schwachen und Hilfsbedürftigen aufmerksam machen. Da kann eine Sippe ruhig mal einem alten Menschen, der alleine lebt, kleine Dienste tun. Ohne großes Aufsehen kann man z.B. vor Weihnachten versuchen, einsamen und vom Glück verlassenen Menschen, etwas Licht in ihre Dunkelheit zu bringen. Große Freude bringt man zu den alten Leuten in einem Seniorenheim, indem man mit einer Gruppe Pfadfinder einen Nachmittag gestaltet mit gitarrenbegleitetem Gesang und Spielen.
Jeder von uns muss wissen, dass des Menschen Leben nicht nur aus Jugend und Schönheit besteht, sondern das dazu auch das Alter und die Vergänglichkeit gehört. Es gehört auch zu deiner Aufgabe als Stammesmeister, deinen Leuten etwas von dieser Sensibilität näher zu bringen, die das kultivierte menschliche Miteinander ausmacht.
An anderer Stelle habe ich bereits darüber geschrieben, wie wichtig ein Pfadfinderstamm für eine Kommune sein kann und wenn ihr euch engagiert, wird es leichter sein, von dieser wahrgenommen zu werden. Bereits in den Proben zum Jungpfadfinder-Kornett wird die Teilnahme an einer Gemeinde- (Stadt) Ratssitzung gefordert und so ist es ratsam, sich dort öfter als interessierte Pfadfinder zu zeigen, denn die gewählten Volksvertreter entscheiden nicht selten über Dinge, die auch die Jugend betreffen. In Speicher geht es beispielsweise gerade in dieser Zeit darum, den Pfadfindern das Jugendhaus zu erhalten. Eine Auseinandersetzung, die nur durch größtmögliche Initiativen glücklich überstanden werden wird. Wir sind zwar selbst als EPG Pfadfinder unpolitisch, jedoch können wir durch gelebtes Beispiel die Vertreter von Parteien und Behörden wohlwollend auf unsere Seite ziehen. Das alles geschieht schließlich zum Wohl der uns anvertrauten Kinder und Jugendlichen aus eben diesen Kommunen.
Gehst du mit deinem Stamm in ein Lager oder auf Fahrt, kommt dein schönster, wenn auch anstrengernster Aufgabenteil.
Du hast den Platz organisiert, Verträge abgeschlossen, den Preis festgesetzt, hast einkaufen lassen, Brennholz organisiert und für die

Fahrgelegenheiten die Eltern eingeteilt. Auf dem Zeltplatz angekommen teilst du die einzelnen Plätze für die Zelte ein und sorgst dafür, dass jede Sippe ihre Kohte alleine aufbaut, natürlich mit ihrem Sippenleiter. Alle zusammen stellen dann die Jurten auf und auf dem bereits brennenden Lagerfeuer beginnen die eingeteilten Köche mit der Zubereitung des Abendessen und der Getränke. Der Bannermast wird geholt, aufgestellt und ist für das Lilienbanner vorbereitet. Am Bannermast hängt das Schwarze Brett mit dem Lagerprogramm, das du vorbereitet hast, möglicherweise mit einige der Fähigsten aus der Leiterrunde.

Nach dem Abendessen versammelt sich der ganze Stamm um das Lagerfeuer und den Bannermast, an dem nach deiner kurzen Begrüßung und dem Bundeslied bei der dritten Strophe das EPG Bundes-Lilienbanner gehisst wird. Kein Lager ohne Lilienbanner am Bannermast und dort oben bleibt es auch, bis es bei der Abschlussrunde und dem Lied Nehmt Abschied Brüder wieder eingeholt wird. Eine Ausnahme ist, wenn es im Pfingstlager für die Versprechensfeier gebraucht wird.

Bei deiner Lagereröffnung gehst du auf den Pfadfinderischen Hintergrund des Lagers ein und beziehst dich auf die Pfadfindergesetze als verbindlich geltende Lagerordnung. Es kann auch ein Gebet gesprochen werden wie z. B. das Pfadfindergebet der EPG oder dieses hier, das speziell für solche Treffen, auf Stammes- oder Bundesebene, von mir angedacht wurde:

Ein Gebet zum Beginn.

Allmächtiger ewiger Gott,
Du hast uns hier in dieser Gemeinschaft der
Georgspfadfinder zusammen geführt und
dafür danken wir Dir. Hilf uns nun, in diesen
Tagen und Nächten, unsere Freundschaft zu
vertiefen, die Sinne zu öffnen für das Gute
im Leben und den Geist unserer Bewegung.
Lass uns miteinander und voneinander lernen,
damit wir der Erkenntnis unserer Ideale im
Georgspfadfindertum immer näher kommen.

Der Wölfling sagt „Ich tue mein Bestes". Der
Pfadfinder sagt „Ich bin Allzeit Bereit"
und als Rover und Leiter wollen wir selbstlos
„Dienen". Hilf uns dazu und segne uns, Amen.

Ganz besonders intensiv verweist du bei deiner Lagereröffnung auf die Verhütung von Gefahrensituationen, die bedingt durch eventuelle Gegebenheiten im Gelände um den Lagerplatz herum entstehen könnten. Wie ich unter „Etwas davon, was Recht ist" ausführlicher beschreiben werde, sind diese täglich immer wiederkehrenden Belehrungen sehr wichtig, um auch deiner Verantwortung gerecht zu werden.

Dann werden die Nachtwachen eingeteilt und nun wird sich das schöne Lagerleben entfalten. Da werden möglicherweise Leiter mit unterschiedlichen Gruppen zu Nachtaktionen aufbrechen, andere werden Vorbereitungen für Mutproben und Lagerspiele in den nächsten Tagen und Nächten treffen und schließlich werden alle wieder zu denen stoßen, die am Feuer und dem Bannermast mit Gitarren und Gesang geblieben waren. In der Nacht bei absoluter Lagerruhe werden die Wachen ständig bemüht sein, den Schlaf der Freunde in den Zelten und das Lilienbanner hoch oben über dem Lager zu schützen.

Am nächsten Morgen wird die Wache dann das Lager, nicht zu spät, wecken und nach Waschen, möglicherweise etwas Frühsport und Frühstück, beginnt der Ablauf wie jeden Tag, mit der Morgenrunde. Dabei werden neben einem Gebet ein paar Lieder in den Tag gesungen und das Tagesprogramm erläutert. Wenn es Grund für Kritik oder Anregungen zum Lagerablauf gibt; hier ist der richtige Moment dafür.

Dann werden möglicherweise weitere Lagerbauten errichtet wie Lagertor, Lagerturm oder Sitzgelegenheiten und Tische. Die Köche bereiten das Mittagessen vor und am Nachmittag ziehen die Sippen (immer in bester Kluft und mit Sippenwimpel) wieder hinaus. Da gibt es Orterkundungen, die du mit der Leiterrunde vorbereitet habt und viele andere Möglichkeiten. Jedenfalls sorgst du dafür, dass im Lager keine Langeweile aufkommt. Das gilt auch für die nächsten Tage und Nächte, denn nichts ist schlimmer, als heimkehrende Lager-

teilnehmer, die auf die Fragen der Familie und Freunde nur ein lahmes Gähnen als Bericht abgeben können.
Nach der fröhlichen Rückkehr deiner Truppen ins Lager und der Erholungsphase mit Abendessen ist dann die Abendrunde angesagt, in der auch jeder von seinen Erlebnissen und Eindrücken des Tages beichten kann und soll. Ein Singeabend kann dann am Lagerfeuer, je nach Jahreszeit und Witterung draußen oder in der Jurte, den ersten Lagertag ausklingen lassen. Die nächsten Tage und Nächte sind voll guter Abenteuer und gepaart mit Arbeit und Vergnügen, vergehen sie nur allzu schnell. Dabei sein sollten auf jeden Fall ein paar lange Märsche und du könntest etwas besichtigen lassen und natürlich muss das Lagerumfeld gründlich erkundet werden. Schön und sehr lehrreich ist eine Betteltour, bei der die Sippen in unterschiedlichen Dörfern und Ansiedlungen den Bürgern an den Haustüren erzählen, sie seien ausgeschickt worden, um Lebensmittel zu beschaffen. Die Heimkehrer werden neben sehr vie Spaß aber auch von so manchem sonderlichen Erlebnis berichten können. Denke aber daran, dass alles außerhalb des Lagers, nur in einwandfreier Kluft durchgeführt werden darf, sonst gibt es einen sehr ungünstigen Verlauf und alle deine Leute haben negative Erlebnisse.
Unbedingt einbauen solltest du in deinem Lagerprogramm, intelligent gemachte Abenteuererlebnisse und ein Lagerspiel der besonderen Art. Einige Ideen dazu habe ich an anderer Stelle ausführlich beschrieben.
Geht nun dies schöne Lager zu Ende, so kommt die Abschlussrunde, bei der du alles kurz zusammenfassend noch einmal anschneidest und die möglichst nur positiven Dinge hervorhebst. Ein Gebet ist auch hier angebracht und du kannst das folgende nehmen, das auch für Bundesaktionen gedacht ist:

Ein Gebet zum Schluss.

Gott unser allmächtiger Schöpfer,
wir danken Dir für die Tage und Nächte,
die wir hier in dieser Gemeinschaft der
Georgspfadfinder miteinander verbringen
durften. Wir haben Deinen Geist gespürt
denn wo zwei oder mehr sich in Deinem

Namen versammeln, da bist Du mitten unter
ihnen. Toleranz, Freundschaft und Harmonie
haben unser Lernen, Arbeiten und froh sein
bestimmt und das macht uns alle stark und
glücklich. So werden wir nun heimkehren
in unseren Stamm (unsere Stämme) und
Sippen, um den Geist unserer Bewegung
weiter zu tragen, damit wir alle zusammen
immer bessere Pfadfinder werden.
Hilf uns dazu und segne uns, Amen.

Schließlich wird das Bundeslied gesungen und beim Abschiedslied das Lilienbanner eingeholt. Wenn das Lager abgebaut ist und du als letzter den Lagerplatz verlässt, sieht man nicht mehr viel davon, das dort eine ganze Zeit lang frohe Menschen gelebt hatten.

Nach der Heimkehr und einer Zeit der Erholung geht es wieder regelmäßig weiter mit der Sippen und Stammesarbeit. Das gesamte Zelt und Lagermaterial muss gewartet und gepflegt werden. Die Erlebnisse im Lager werden sicher noch eine Weile die Gemüter beschäftigen und Berichte darüber in den örtlichen Medien machen weiter positive Schlagzeilen über deinen Stamm im Speziellen und die EPG im Allgemeinen.

Ich wünsche dir als Stammesmeister viel Glück und Erfolg. Dein Erfolg ist auch der Erfolg der EPG. Aber weit wichtiger für dich ist es, dass dir dein Pfadfindertum weiter hilft auf der Suche nach deinem eigenen Lebensweg. Ich bin guter Hoffnung, dass du den Pfad findest oder ihn schon gefunden hast.

Den Bund leiten

In der Satzung und Ordnung der EPG sind alle Regularien beschrieben, auch die, welche mit den Leitungsfunktionen auf Bundesebene zu tun haben.
Die Mitglieder des Bundesvorstandes sind entsprechend ausgebildet, erfahren und mindestens 20 Jahre alt. Der Bundesmeister hat alle Ausbildungsstufen durchlaufen und ist mindestens 25 Jahre alt.
Die Bundesebene setzt sich zusammen aus dem Bundesvorstand; er setzt sich zusammen aus dem Bundesvorsitzenden, 2 Stellvertreter, dem Schriftführer und dem Schatzmeister.
Die Wahl des Bundesvorstandes erfolgt durch die Bundesversammlung. Die EPG wird gerichtlich und außergerichtlich durch den Vorstand vertreten. Auf Bundesebene durch den Bundesvorstand. Vertretungsberechtigt sind jeweils der Vorsitzende oder sein Stellvertreter.
In die Organe der EPG auf allen Ebenen kann nur gewählt oder berufen werden, wer volljährig und Pfadfinder ist, entsprechend den Forderungen der Bundessatzung und Ordnung, sowie der Bundes-Probenordnung und Bundes-Ausbildungs-Ordnung.
Mit dieser nun in der ersten Auflage fertig gestellten Bundes-Ausbildungs-Ordnung schließt sich endlich der Kreis des geforderten EPG Schrifttums und alle Interessierten können sich umfassend informieren.
Ganz bewusst ist die Bezeichnung Bundesmeister bisher nur ganz zurückhaltend verwandt worden, denn im Bundesvorstand ist überall die Rede vom Bundesvorsitzenden und seinen beiden Stellvertretern mit Schriftführer und Schatzmeister. Den Grund dafür werde ich in diesem Bereich der Bundes-Ausbildungs-Ordnung mit erklären.
Der inhaltliche Aufbau der EPG ist nun nach über einem Jahrzehnt des Aufbruchs soweit abgeschlossen, dass man darüber resümieren kann und einen weiteren Schritt in die Zukunft des Verbandes tun muss und wird.
Bereits bei den Vorbereitungen zur Gründung der EPG habe ich Wert darauf gelegt, dass der „Neue Bund“ ein gewisses Niveau bekam. Vergleicht man ausnahmsweise die EPG mit vielen anderen

Abspaltungen, Neugründungen und kleinen Bünden, so werden die Unterschiede schnell sehr deutlich. Wer verfügt denn über eine so detaillierte, gedruckte und in vielen Bundesversammlungen überarbeitete, ergänzte und erweiterte Satzung und Ordnung? Wer sich einmal intensiv damit beschäftigt und auseinander setzt, findet z.B. einige entscheidende Unterschiede zu anderen nationalen Bünden wie auf Seite 12 unter

§ 13 die Beschreibung der Doppelmitgliedschaft, die ich hier kurz anreißen will:

§ 13.1 Pfadfindergruppen (Stämme) und Pfadfinderbünde sowie Einzelpersonen, die in ihren Heimatländern Mitglied nationaler Pfadfinderverbände sind, können auf internationaler Ebene Mitglied der EPG werden.

§ 13.2 Die Ausrichtung des Pfadfindertums nach BiPi Pfadfindergesetz und Pfadfinderversprechen, gelten als Voraussetzung. Als Zeichen der Verbundenheit gilt die Lilie der EPG.

§ 13.3 Über die Aufnahme entscheidet auf Antrag mit einfacher Mehrheit die Bundesversammlung.

§ 13.4 Ab Stammesgröße hat jeder Stamm sowie jeder untergeordnete Pfadfinderbund in der Bundesversammlung durch einen Delegierten entsprechend den Pfadfinderischen Voraussetzungen der EPG Stimmrecht.

Die Beitragsordnung der EPG regelt dann in diesem Angebot den Beitrag für Einzelmitglieder und die Doppelmitgliedschaft pro Jahr als Einzelmitglieder, Stämme, Bünde bis 500 Mitglieder, Bünde bis 5000 Mitglieder und größere Bünde, ab Position 3 ohne Versicherung.

Diese offene Ausrichtung unseres Bundes besagt ganz klar und deutlich, dass wir auch ein Dachverband sind, dem sich andere Georgspfadfinder anschließen können. Ein Zeichen unserer Bereitschaft zur Expansion, insbesondere in der Einsicht verschwindender Grenzen. So werden wir unsere Satzung und Ordnung der EPG nach weiteren Überarbeitungen und Erweiterungen neu drucken und diese Drucklegung in drei Sprachen vornehmen in Deutsch, Englisch und Französisch. Mit hinein kommt dann auch die Satzung und Ordnung des EPG FB (Europäische Pfadfinderschaft St. Georg Förderkreis Bund) und in Zukunft all das, was die Delegierten der zukünftigen

Bundesversammlungen an Satzungsänderungen beschließen werden. Was nun die Stellung des Bundesvorstandes angeht und die Bezeichnungen Bundesmeister und Bundesvorsitzender, so werden wir auch in diesem Bereich den nächsten Schritt tun.
Wir werden einen Weg beschreiten, der die bisherigen Dimensionen sprengt und dabei die Führung der EPG auf breitere Füße stellen.
Dabei werden die Positionen „Bundesamt“ und „Geschäftsstelle“ eine besondere Aufwertung erhalten.
Ist die Leitung eines Stammes bereits so aufwendig wie die Führung einer Firma, so versteht es sich von selbst, dass die erfolgreiche Führung eines Bundes bereits an die Leitung eines größeren Unternehmens erinnert. Dazu kommt aber in unserer Größenordnung, dass es kein unterstützendes Büro mit geschultem Personal gibt, sondern das hier Enthusiasmus und selbstloser Einsatz gefragt sind. Deshalb sollten alle Mitglieder des Bundesvorstandes ihre eigenen Aufgaben so gut als möglich erfüllen und zusätzlich den Bundesmeister und den Bundesvorsitzenden tatkräftig unterstützen.
Wir in der EPG haben einen Bundesvorstand, der wie alle anderen Organe und Ebenen des Verbandes rein ehrenamtlich für die Gemeinschaft tätig ist. Das ist besonders in der Satzung unter § 4 Gemeinnützigkeit festgelegt. Dort heißt es unter § 4.1:
Die EPG dient ausschließlich und unmittelbar gemeinnützigen, jugendpflegerischen Zwecken. Sie strebt u.a. die Völkerverständigung der jungen Generation an, wie es das Pfadfindergesetz vorschreibt. Ein wirtschaftlicher Zweck wird nicht verfolgt. Mittel des Verbandes und etwaige Gewinne dürfen nur für satzungsmäßige Zwecke verwendet werden. Die Mitglieder erhalten keine Gewinnanteile und in ihrer Eigenschaft als Mitglieder keine sonstigen Zuwendungen aus Vereinsmitteln. Keine Person darf durch satzungsfremde Verwaltungsausgaben oder unverhältnismäßig hohe Vergütungen begünstigt werden.
Wir sind also keine Organisation mit gut bezahlten Funktionären, sondern ein Pfadfinderbund und eine Jugendbewegung mit ehrenamtlichen Pfadfindern, die sich uneigennützig und ganz in den selbstlosen Dienst an der Gemeinschaft stellen.
Der Bundesmeister führt die EPG. Er ist die ideelle Integrationsfigur des gesamten Bundes.

Wie ich mir diese Aufgabenlösung, auch für zukünftige Amtsinhaber vorstelle, möchte ich mit folgenden Worten unseres großen Vorbildes einigermaßen deutlich beschreiben:
Wenn du durch diese Welt ziehst, wirst du wissentlich oder eben nicht eine Spur hinterlassen, unabhängig davon, wer oder wo du bist. Andere werden sie erkennen und ihr vielleicht folgen. Es mag eine sein, die zum Guten führt, oder sie auf den Irrweg verweist. Das hängt von dir ab. Du kannst diese Spur in die Bäume ritzen, damit sie gesehen wird, oder du kannst ziemlich unbewusst Fußstapfen setzen, Fußstapfen, die im Sand mehr oder eben weniger zu finden sind. In jedem Fall ist es gut, sich daran zu erinnern, dass du Spuren irgendeiner Art hinterlässt und deshalb, wenn du die Schritte richtig setzt, andere ebenfalls in die richtige Richtung führen kannst. Deine Spur ist durch Taten und Reden oder durch dein geschriebenes Wort markiert. Deine Taten sind beständig sichtbare Wegweiser, deine Reden aber sind Fußspuren, die durch die Zeit verändert oder getilgt werden können, deine geschriebenen Worte sind gewissenhaft an den Bäumen festgehaltene Markierungen. (Zitat Ende)
Ich füge noch hinzu, dass du deine Spuren auch noch in die Herzen der Menschen pflanzen kannst, damit sie von diesen immer weiter gegeben werden können. Wenn sie dann auch noch nachlesbar festgehalten wurden, sind deine hoffentlich positiven Spuren für lange Zeit erhalten.
Wenn wir uns die weiteren einzelnen Positionen im Bundesvorstand anschauen, wird klar, was von den gewählten Pfadfindern erwartet wird.
Der 1. und 2. stellvertretende Bundesvorsitzende sind in der EPG mit vertretungsberechtigt und ihnen kommen wichtige Aufgaben zu, die mit dem Alltagsgeschäft in der Führung eines Bundes zu tun haben. Sie arbeiten eng mit dem Bundesmeister zusammen und übernehmen delegierte Aufgaben bei vielen Veranstaltungen und Unternehmungen der EPG.
Der Bundes-Schatzmeister hat sich ausschließlich um die Finanzen des Bundes zu kümmern und muss seine Arbeit bei jeder Bundesversammlung zur Prüfung und Zustimmung dem Vorstand und den Delegierten mit gewählten Kassenprüfern vorlegen. Er verwaltet die eingehenden Gelder und sorgt für Rücklagen und

Bonität des Verbandes. Natürlich bezahlt er die anstehenden Ausgaben und passt auf, das alles nach Satzung und Ordnung der EPG abläuft.

Der Bundes-Schriftführer fertigt von der Bundesversammlung und darüber hinaus von allen Vorstandssitzungen und sonstigen Treffen Protokolle an, die entsprechend der Vorgaben für eingetragene Vereine gestaltet und zur Verfügung gehalten werden müssen. Weiter wird in Zukunft der Bundesschriftführer den gesamten Schriftverkehr der EPG in Zusammenarbeit mit dem Bundesmeister und den stellvertretenden Bundesvorsitzenden übernehmen und dadurch den Bundesmeister und die stellvertretenden Bundesvorsitzenden entscheidend entlasten.

Deshalb ist es auch dringend notwendig, bereits vor der Wahl den Kandidaten das ganze Paket der Aufgaben zu erläutern, damit die richtigen und die wirklich einsatzbereiten Freunde in diese Ämter gewählt werden.

Gehen wir noch weiter in der Begutachtung der Qualität des EPG Aufbaus und betrachten uns nach der bereits genannten Satzung und Ordnung die Bundes-Probenordnung, so muss man feststellen, dass sie einmalig ist. So differenziert und stufenumfassend mit allen Nebenbereichen, hat sie kein anderer Bund aufzuweisen. Das merken wir auch daran, dass immer wieder von anderen Bünden danach gefragt und sie gerne bestellt wird.

Mit unserem Liederbuch ist es ähnlich und nur die Tatsache, dass wir es „nur zum internen Gebrauch“ bestimmt haben und darauf aufmerksam machen, dass es „keine Veröffentlichung im Sinne des Presserechtes“ ist, schränkt den Gebrauch nur auf EPG Mitglieder ein. Der Grund ist ganz einfach, dass wir nicht genau wissen, wer alles Urheberrechte an den alten Liedern hat und wir uns damit nicht in die Gefahr von Rechtsstreitigkeiten begeben wollen.

Aber sicher ist auch, dass nur ganz große Bünde und Verbände über eigene Liederbücher in diesem Umfang und dieser Qualität verfügen. Eine tolle Sache, wie ich und viele andere meinen.

Es kommt sicher auch nicht oft vor, dass ein Bund einen Jugend-Roman hat, in dem speziell das Fahrtenabenteuer eines Stammes mit dem Namen ihres Bundes beschrieben wird. Den Jugend-Roman „Die Nacht im Chateau“ mit dem Untertitel „Das Fahrtenabenteuer in der

Bretagne“ habe ich nicht geschrieben, um irgendein Abenteuer zu erfinden, sondern um über eine spannende Geschichte unseren Leuten etwas davon zu vermitteln, wie es mit einem EPG Stamm bei Lager und Fahrt ablaufen könnte. Damit der Lerneffekt weiter anhält, wird diese Reihe interessant und spannend verpackter Heranführung an unser Pfadfindertum weiter fortgesetzt. Die Büchlein sollten auf jedem Nachttisch unserer Freunde immer griffbereit liegen.

Ebenso ist es mit diesem Buch „Scouts“ - Die Bundes-Ausbildungs-Ordnung der EPG. Kein Bund verfügt über eine solche Zusammenfassung und Erklärung ihres Schrifttums und ich hoffe sehr, dass unsere Mitglieder sie annehmen und zu ihrem und dem Nutzen des Pfadfindertums einsetzen.

Einen neuen Pfadfinder-Bund aufzubauen und erfolgreich zu leiten, ist also mehr als nur bei einem Lager die Eröffnungsrede zu halten oder die Bundesversammlung zu leiten. Es geht auch immer darum, die Pfadfinderkultur zu pflegen und der Gemeinschaft die Möglichkeit zum niveauvollen Miteinander zu ermöglichen. Wir haben in der EPG Strukturen aufgebaut und einen soliden Unterbau geschaffen, der wohl den Weg in eine lange und erfolgreiche Zukunft schaffen wird. Dabei ist es sicher auch wichtig, dass an den Riten und Gebräuchen, die wir zu vielen Anlässen sich haben entwickeln lassen und die, wie beispielsweise bei unseren Versprechensfeiern, auf die Vorgaben von Baden-Powell zurück greifen, festgehalten wird. Unser Grundsatz, dass wir zum „Guten Alten“ nur das „Gute Neue“ hinzufügen wollen, wird sich auch in Zukunft bewähren.

So bin ich zuversichtlich, dass auch in Zukunft der Bundesvorstand den von mir vorgegebenen Weg erfolgreich weiter gehen wird, damit unser Ziel auch weiterhin erreicht wird, nämlich den jetzigen und kommenden Generationen die Möglichkeit zu eröffnen, auch dieses beglückende Georgspfadfindertum in Freiheit und ohne Zwänge erleben zu können.

Die EPG Stufenmeister

Als ich 1989 die „Satzung und Ordnung der EPG“ schrieb, war mir unter § 9.5 die Position der „gewählten Bundesbeauftragten der Altersstufen“ sprich „Stufenmeister“ bereits sehr wichtig.
Wie allgemein bekannt habe ich mich in den ersten 10 Jahren unseres Bestehens immer wieder und sehr engagiert für die Aufwertung dieser Positionen eingesetzt und kann nun feststellen, dass inzwischen die Arbeit in den Stufen läuft.
Um die Positionen der Stufenmeister richtig zu beschreiben, müssen wir sie im Bund zunächst einmal einordnen und positionieren:

- Bundesmeister
- Bundesvorstand
- Träger EPG Georgskreuz
- Stufenmeister
- Stammesvorstände mit den Delegierten
- Stammeskornett

Die EPG Stufenmeister haben Sitz und Stimme als Delegierte ihrer Altersstufe in der EPG Bundesversammlung. Dort können und sollen sie die Interessen ihrer Stufe vertreten und sich Gehör verschaffen. Sie arbeiten intensiv mit den Leitern aus den Stämmen ihrer Stufe zusammen, entsprechend den Vorgaben aus der Bundes-Probenordnung, den Ergebnissen der Bundesversammlungen und der Zusammenarbeit mit Bundesmeister und Bundesvorstand.

Um dieses Ziel zu erreichen müssen die EPG Stufenmeister ihre Aufgaben sehr engagiert und mit pfadfinderischem Optimismus angehen. Dabei sind sie der absoluten Unterstützung durch alle Organe der EPG sicher.
Stufenmeister in der EPG zu sein ist eine ehrenvolle und äußerst wichtige Aufgabe im Bund. Wird das Amt mit Überzeugungskraft

und Enthusiasmus erfolgreich geführt, entsteht für alle Beteiligten ein größtmöglicher Nutzen, den man nicht genug hervorheben kann.
Obwohl betont werden muss, dass die Stufenmeister selbständig handeln sollen und können, ist bei entscheidenden Fragen und Vorhaben die Absprache mit Bundesmeister und Bundesvorstand erwünscht und wird auch als empfehlenswert und unabdingbar vorausgesetzt.
Ist nun ein Pfadfinder von den Delegierten der Bundesversammlung in eine Stufe gewählt worden und hat das Amt eines EPG Stufenmeister angenommen, muss er zunächst einmal das gesamte Aufgabengebiet erkunden und feststellen, welches Potential vorhanden ist.
Dazu ist zu empfehlen, bei den Stammesmeistern mit einem vorbereiteten Papier abzufragen, welche Leiter in der Stufe mit wie vielen Sippenmitgliedern und Sippen aktiv sind.
Sind dann die Sippenleiter der jeweiligen Stufe mit Namen, Anschrift, Telefonnummer und möglicherweise E-Mail Adresse bekannt nebst der Anzahl der Kinder, Jugendlichen oder jungen Erwachsenen, kann der nächste Schritt folgen.
In einem Rundbrief an alle Sippenleiter der Stufe wird ein Termin vorgeschlagen für ein Treffen, um sich kennen zu lernen, Kontakte aufzunehmen und zu pflegen und die zukünftige intensivere Zusammenarbeit vorzubereiten. Dabei ist aber sehr wichtig, dass vom jeweiligen Stufenmeister die entscheidenden Impulse ausgehen, um die Sippenleiter zu pfadfinderischem Handeln entsprechend den Vorgaben wie schon beschrieben zu motivieren und anzuspornen. Ziel ist auch in diesem Fall ein möglichst gleich hohes Niveau in der Stufe quer durch die EPG Stämme zu erreichen. Das setzt logischerweise voraus, dass der Stufenmeister als „Erster unter Gleichen" die Materie beherrscht und weiß wovon er spricht. Die Aufgabenstellungen aus der Bundes-Probenordnung für seine Stufe müssen ihm zwangsläufig absolut vertraut sein und er muss in der Lage sein, den Leitern Lösungen der Aufgaben, wenn erforderlich, anzubieten. Gibt es für den Einen oder Anderen auf diesem Gebiet noch Nachholbedarf, so empfiehlt sich der baldige Kontakt mit Bundesmeister und Bundesvorstand, um diese Lücken zu schließen. Von dort wird jederzeit geholfen.

Das Treffen der Leiter einer Stufe mit dem Stufenmeister sollte irgendwo zentral statt finden. Jetzt in der Aufbauphase der EPG ist das noch im Georgshof möglich. Denkbar ist aber auch ein Wochenende in Zelten, ein Jugendheim ähnlich Kolbenstein oder auch in einer Jugendherberge. Letzteres ist natürlich die zwar bequemste aber auch teuerste Variante.
Es empfiehlt sich, die Termine sehr früh zu vereinbaren, denn die Erfahrung hat gezeigt, dass viele Leiter unter Termindruck stehen und geeignete Versammlungsstätten oft lange im Voraus gebucht sind.
Die Treffen der Leiter einer Stufe sollten in ihrem Aufbau und Ablauf als wesentlichen Bestandteil die Pfadfinderische Komponente beinhalten, die sich in Theorie und Praxis dokumentieren kann. Lernen durch Tun in Verbindung mit der Bewegung in der Natur und dem Musischen Zusammensein bringt den gewünschten Erfolg. Die Gruppe findet zusammen und erkennt in der gemeinsamen Aufgabe den durch unser Pfadfindertum bestehenden verbindenden Gedanken. Daraus resultierend werden die zukünftigen gemeinsamen Unternehmungen entstehen.
Möglicherweise und empfehlenswert ist ein Wochenende, an dem die Sippenleiter mit dem Stufenmeister ein Treffen aller Mitglieder der Stufe organisieren und durchführen. Hier empfiehlt sich, je nach der Anzahl der Teilnehmer, das Gleiche wie bereits für das Treffen der Leiter einer Stufe beschrieben. Um das Thema ausführlicher beschreiben zu können, werde ich nun in die einzelnen Stufen einsteigen und versuchen, einige Anregungen zu geben.
Trotzdem kann die Lektüre der anderen Stufen allen Stufenmeistern etwas bringen.

Mäuse

Für diese „neue Stufe“ gibt es noch keinen Stufenmeister, da es sich noch um ein Modellprojekt handelt. In den kommenden Jahren mag sich das ändern.

Biber

Entgegen einiger anderer Pfadfinderbünde beginnen wir in der EPG bereits früh mit unserer Pfadfinderischen Jugendarbeit. Biber sind Kleinkinder ab 5 bis 7 Jahre. Sie werden auf spielerische Art und Weise an das Pfadfindertum herangeführt.

Einfache Aufgaben in der Bundes-Probenordnung zeigen den Biberleitern ansatzweise einen Weg, wie sie die Sippenstunden gestalten können. Auch durch die Lektüre dieser Bundes-Ausbildungs-Ordnung hoffe ich, dazu beizutragen.

Der Bibermeister hat die Aufgabe, dieses Vorgehen zu unterstützen und auf Bundesebene zu koordinieren. Bei dem Treffen der Biberleiter werden neben der Planung für die Stufentreffen auch die gemeinsamen Unternehmungen im Bundes-Pfingstlager vorbereitet.

Es ist mir ein ganz besonderes Anliegen, dieses in den Altersstufen gestaltete Lagerleben zu fördern. Biber haben andere Vorstellungen und Ansprüche an das Zusammenleben und Erleben in einem Lager. Die Biberleiter unter Anleitung des Bibermeister sorgen dafür, dass alle ein Erfolgserlebnis haben und das Zusammensein zu einer beglückenden Erinnerung wird. Ich stelle mir das ganz toll vor. Der Bibermeister trifft bereits am Freitagabend mit den Biber-Sippenleitern zusammen und leitet die im Vorfeld vorbereiteten Unternehmungen ein. Das könnte am ersten Abend eine Nachtwanderung sein, um die nötige Nachtruhe einzuleiten. In den nächsten Tagen dann unterschiedliche Projekte wie Singen, Spielen, Wandern, Basteln, Sport und Vorbereitungen für den Sonntag-Nachmittag, um das Lager mit kleinen Darbietungen zu erfreuen.

Das Letztere ist auch ein Punkt für das Treffen an einem Wochenende vorher und vielleicht auch noch mal zum Herbst hin. Baden-Powell hat viel davon gehalten und ich tue das auch, den Kindern und Jugendlichen Kreativität zu vermitteln, die sie auch im späteren Leben gut gebrauchen können.

Wenn so ein Wochenende beispielsweise in einer Schule oder Jugendheim stattfinden würde, sollte ein Kochteam für die Versorgung zur Verfügung stehen, damit alle Leiter sich intensiv um die Biber und ihre Unternehmungen kümmern können.
Man stelle beispielsweise einige Karton mit Utensilien wie Kleidung und irgendwelchen Zubehör in die Raummitte und stelle die Aufgabe, ein Theaterstück zu kreieren. Die Leiter mit den Bibern werden alle eingebunden und erleben ganz viel Spaß und tolle Erkenntnisse, denn Verkleiden und in andere Rollen schlüpfen hat was.
Da die meisten von uns ja christlichen Glaubens sind, kann man auch, mit einem Jugendpfarrer eine kleine Messe feiern oder selbst eine Andacht gestalten. Alle sitzen in der großen Runde auf dem Boden und der Priester oder wer es sonst in die Hand nimmt ist mittendrin in diesem Gewimmel. Das Ganze muss natürlich ganz locker und kindgerecht ablaufen.
So gibt es tausend Möglichkeiten, aber stets soll im Hintergrund der Pfadfinderische Aspekt deutlich werden.
Sicher ergeben sich bei solchen Treffen auch gute Gelegenheiten, manche Vorgaben aus der Bundes-Probenordnung zu erfüllen, die vielleicht bei den normalen Sippenstunden in den Stämmen zu kurz kommen.
Diese Ausführungen zum Thema Biber sind natürlich nur ein Aufruf zu der Entfaltung eigener kreativer Ideen. Das Georgs-Pfadfindertum bietet uns so viele Möglichkeiten der Entfaltung innerhalb von Pfadfindergesetz und Pfadfinderversprechen, wie wir es sicherlich nicht ganz ausleben können. Also geht die Sache an mit den Worten von BiPi:
Ein alter Pfadfinder ist voller Findigkeit. Aus allen Schwierigkeiten oder Nöten findet er einen Weg. Gib nicht auf, weil du nicht alles gleich findest, was du tun solltest, sondern nimm, was du hast, benutze deine Findigkeit und mach das Beste daraus.
Und noch was: Mir singen die Biber zu wenig. Das liegt natürlich nicht an ihnen selbst. Es liegt daran, dass sich „erwachsen fühlende Pfadfinder“ vergessen haben, was kleine Leute wollen. Also, lasst uns mit unseren Bibern singen, so wie sie es „Gott sei Dank“ noch gerne tun. Es muss ja nicht nur „Raubritter“ und „Roter Wein im Becher“ sein.

Der Bibermeister hat nun mit den Leitern der Stufe die geradezu wunderbare Möglichkeit, das „Kindsein“ in der EPG Biberstufe so richtig pfadfinderisch auszuleben.

Wölflinge

Wölflinge sind Kinder ab 7 bis 11 Jahre. Sie erleben in ihrer Sippe bereits wichtige Teile des Pfadfindertums und legen nach der Ausbildung das Wölflingsversprechen ab. Damit sind sie berechtigt die Bundeslilie auf der Kluft zu tragen. Sie übernehmen erste Aufgaben in Sippe, Trupp und Stamm.

Der Wölflingsmeister sollte zunächst folgendes wissen, was ich auch an anderer Stelle bereits ausführte: Baden-Powell hat erst spät der Gründung der Wölflingsstufe zugestimmt und ihr damals das Dschungelbuch von Rudyard Kipling mit der Geschichte des kleinen Mowgli zugrunde gelegt. Als ich die EPG gegründet habe und mich mit dem Thema Wölflinge auseinander setzte, habe ich diese Grundlagen aus guten Gründen abgelehnt. Ich hab sie gesehen, die Wölflinge, wie sie um den Ratsfelsen gesprungen sind, während die anderen „richtigen Pfadfinder“ am Lagerfeuer saßen und Pfadfinderlieder sangen. Die Welt hat sich verändert und die Menschen auch. Heute sind die Kinder schon in frühen Jahren wesentlich erwachsener wie damals. Dieser Tatsache habe ich Rechnung getragen und die Wölflinge nicht als Kleinkinder behandelt. Es möchte doch wohl auch niemand aus der Leiterschaft als Akela oder Balu gerufen werden.

Da ich selbst zu dieser Zeit eine wirklich große Wölflingssippe leite, glaube ich zu wissen, was Wölflinge wirklich vom Pfadfindertum erwarten und dabei fällt mir sofort Baden-Powell ein:

Die Wölflingsausbildung unterscheidet sich von der der Pfadfinder, ist aber ein Schritt auf dem Weg dazu.

Die Ausbildung unserer Wölflinge geschieht im wichtigsten Zeitpunkt ihres Lebens, wenn Körper und Geist am formbarsten sind, um die richtige Richtung zu erlangen. (Zitat Ende)

Welch eine Aufgabe für einen Wölflingsmeister und die Leiter dieser Stufe.

Geht man die Aufgaben in der Bundes-Probenordnung für die Wölflingsstufe durch, so erkennt man sehr leicht die bereits gestiegenen Anforderungen.
Grundsätzlich gilt für die Wölflingsstufe der gleiche Grundaufbau wie bei den Bibern, nur das auf Grund des Alters die Ansprüche höher sind. Wobei unser Grundsatz durchgehend ist, dass wir hoch ansetzen, um zumindest einen Durchschnittswert zu erreichen.
Was die Orte der Versammlung mit Wölflingen angeht, so denke ich, das auch hier, wie schon bei den Bibern angeregt, vorgegangen werden sollte. Es ist allerdings vorstellbar, dass bereits in naher Zukunft auch Wölflinge öfter, unter der Leitung des Wölflingsmeister und der Sippenleiter, entsprechende Lager durchführen werden. Die Aufgaben müssen dann, wie auch im Pfingstlager, entsprechend dieser Altersstufe sein.
Auch hier gilt der Hinweis, dass gemeinsame Unternehmungen gute Möglichkeiten bieten, Aufgaben aus der Bundes-Probenordnung zu erfüllen, die sonst vielleicht zu kurz kämen. Ich denke hier beispielsweise an 6. Lagerfertigkeit: Er baut mit seiner Sippe ein Floß und überquert damit ein mindestens 20 m breites Gewässer.
Es gibt noch weitere Beispiele dieser vielseitigen gemeinsamen Unternehmungen, aber ich denke, unsere Wölflingsleiter werden wissen, was ich meine.
Das die Wölflinge in der EPG die ersten sind, die ein Versprechen ablegen dürfen und dadurch zum Tragen unserer Bundeslilie berechtigt sind, verpflichtet natürlich die Leiter dazu, die Anforderungen aus der Bundes-Probenordnung als Minimum der Ausbildungsziele anzusehen. Der Stufenmeister wird sich intensiv darum bemühen, alle Wölflingsleiter in diese Richtung zu unterstützen. In diesem Zusammenhang weise ich auf Punkt 15. Haltung und Zuverlässigkeit hin:
Der Wölfling kommt regelmäßig und pünktlich in Kluft zur Sippenstunde. Er ist ein guter Kamerad, zuverlässig und tut immer sein Bestes. Er hält sich an das Wolfsgesetz und das Wölflingsversprechen und versucht täglich jemandem eine Freude zu bereiten. Er hat sein Ringbuch gut geführt und erhält nach Erfüllung aller Proben und dem Wölflingsversprechen die Bundeslilie.

Jungpfadfinder

Jungpfadfinder sind Kinder ab 11 Jahre und Jugendliche bis 14 Jahre, die in dieser wichtigen Entwicklungsphase in der Gemeinschaft von gleichaltrigen Freunden die ersten Schritte ins Erwachsenenleben gehen. Mit unbändiger Kraft und Eifer gehen sie die Dinge an und sollen „Lernen durch Tun“. Die Pfadfindergesetze und das Pfadfinderversprechen sind die Basis der Pfadfinderischen Methode zur fortschreitenden Selbsterziehung, die auf Selbstverwirklichung und Entfaltung aller Fähigkeiten hinzielt.

Mit diesen Worten beginnen die Vorgaben in der Bundes-Probenordnung für Jungpfadfinder 2. Grad.

Dem Jungpfadfindermeister steht eine Truppe zur Verfügung, wie sie bunter und unterschiedlicher nicht sein kann. Der Text trägt diesem Zustand Rechnung. Da sind „Kinder“ und „Jugendliche“ mit all ihren Facetten und entwicklungsmäßig bedingten Unterschieden und Eigenarten. Darauf muss bei der Programmgestaltung im Pfingstlager und bei anderen Stufentreffen Rücksicht genommen werden. Ich leite gegenwärtig auch eine Jungpfadfindersippe und kenne die Materie bestens mit all ihren Schwierigkeiten, aber auch geradezu wunderbaren Möglichkeiten und Chancen.

Für alle Sippenleiter und den Jungpfadfindermeister eine echte Herausforderung, aber auch eine beglückende Aufgabe, um mit daran zu wachsen.

Hier gilt insbesondere die Aufforderung von Baden-Powell, dass unser Pfadfindertum eine Frischluftangelegenheit ist. Das Leben im Freien ist das echte Ziel des Pfadfindertums und der Schlüssel zum Erfolg. Keiner wird seine Jungpfadfinder lange in geschlossenen Räumen „bei der Stange“ halten können. Deshalb sollten die Sippenstunden, so oft es geht, draußen statt finden. Ebenso sollten die Stufentreffen als Zeltlager gestaltet werden mit all diesen wunderbaren Möglichkeiten, die uns unser Pfadfindertum, gerade für die Jungpfadfinder, bereit hält.

Dabei stelle ich mir vor – und das gilt auch für die anderen Stufen – dass jeweils die Sippenleiter mit ihren Sippenmitgliedern zusammen in der Runde stehen, um vom Stufenmeister die gerade anstehenden nächsten Schritte der geplanten Unternehmungen im Lager entgegen zu nehmen. Ich betone das hier besonders, weil man oft noch erleben

muss, dass es nicht so ist und deshalb nicht immer alle Informationen ankommen und deshalb manche gut gemeinten Ansätze einfach im Sande verlaufen und einfach nicht statt finden.
Wie wichtig auch die Jungpfadfinderstufe für die EPG ist möchte ich damit erklären, dass hier im Übergang vom Kind zum jungen Erwachsenen der Grundstein gefestigt wird für die danach kommende Zeit des Lebens, auch als Pfadfinder. Geprägt durch die schwierige Zeit der Pubertät entscheidet sich in dieser wichtigen Phase, welche Lebensrichtung der junge Erwachsene einschlägt und für sich wählt. Daran mag man die Wichtigkeit und Verantwortung der Leiter in dieser Stufe einschätzen und die geradezu wunderbare Aufgabe des Jungpfadfindermeister.
Die Jungpfadfinderstufe ist ja auch aufgegliedert und der Stufenmeister sollte unbedingt die Bereitschaft hin zur nächsten Weiterentwicklung unterstützen, möglicherweise auch durch das Angebot zusätzlicher gemeinsamer Ausbildungsmöglichkeiten.
Bei Jungpfadfinder 1. Grad gehen wir davon aus, dass jede nachfolgende Stufe die vorangegangene durchlaufen hat oder beherrscht. Daher sind ab dem 2. Grad für Jungpfadfinder alle nachfolgende Proben nur noch als zusätzliche Anforderungen anzusehen.
Der Jungpfadfinder 1. Grad ist mindestens 13 Jahre alt. Er hat das Buch von Baden-Powell „Scouting for Boys“ gelesen und sich mit dem tieferen Sinn des Pfadfindertums beschäftigt. Mit der Erfüllung der Proben zum 1. Grad Jungpfadfinder beweist er sich selbst und seiner Gruppe die Bereitschaft zu stetiger Weiterentwicklung und Vervollkommnung seines Wissens und der Pfadfinderischen Fähigkeiten.
Als ich 1989 die EPG Bundes-Probenordnung geschrieben habe, war mir diese Möglichkeit der fortschreitenden Entfaltung entsprechend dem jeweiligen Alter sehr wichtig. Um noch einmal darauf hinzuweisen: Es gibt für jeden „Grad“ das entsprechende Stoffabzeichen, das laut der „Kluftordnung der EPG“ aus „Satzung und Ordnung der EPG“ getragen werden sollte. Die Stufenmeister sollten sich um diesen Punkt kümmern, wenn er von anderer Stelle aus vielleicht vernachlässigt wird.

In diesem Zusammenhang möchte ich auf die Möglichkeit „Jungpfadfinder Kornett“ hinweisen.
Bitte lest dazu den Text in unserer Bundes-Probenordnung und hier in diesem Buch. Der gewählte Kornett bis 13 Jahre und trägt ja die Kornettschnur in blau mit Pfeife in Brusttasche. Ab dem 13. Lebensjahr und dem Abzeichen Jungpfadfinder 1. Grad kann die Ausbildung zum Jungpfadfinder Kornett laut Vorgaben in der Bundes-Probenordnung erfolgen und mit deren erfolgreichen Abschluss wird das Abzeichen (silbernes – K –) zum Tragen neben den Gradabzeichen überreicht.
Auch hier bieten sich dem Jungpfadfindermeister Möglichkeiten, in das Geschehen seiner Stufe positiv einzugreifen. In Zusammenarbeit mit Bundesmeister und Bundesvorstand ist jede Form von Ausbildung und Förderung möglich.

Pfadfinder

sind Jugendliche ab 14 bis 17 Jahre. Keine Kinder mehr, aber noch nicht volljährig, sind sie nun in dem Alter angelangt, in dem sie sich so nennen dürfen, wie Baden-Powell seine Leute nannte: Scouts = Späher – oder „Pfadfinder“. Als Biber, Wölflinge und Jungpfadfinder haben sie auf diese Altersstufe geschaut und hingearbeitet. Durch die vorausgegangenen Proben in der Jungpfadfinderstufe sind sie gut vorbereitet und so erleben sie die Pfadfinderstufe als eine Art erste Erfahrungs- und Wissensvervollkommnung.
Auch hier bietet sich die Möglichkeit über den 2. Grad den 1. Grad mit entsprechendem Einsatz zu erlangen und weiter zu streben, um Pfadfinder-Kornett zu werden.
Die Bundes-Probenordnung hält Aufgaben bereit, die dieser Altersstufe und der Bezeichnung „Pfadfinder“ entsprechen und angemessen sind.
Der Pfadfindermeister hat es hier mit jungen Leuten zu tun, die bereits wissen, um was es geht. Seine Zusammenarbeit mit den Mitgliedern dieser Stufe und den dazugehörigen Leitern erfordert viel Geschick, Begeisterungsfähigkeit und Einsatz.
Wenn bei den Jungpfadfindern bereits von Unternehmungen draußen gesprochen wurde, so gilt das ganz besonders für alles, was danach kommt.

Insbesondere sollte der Stufenmeister auch darauf drängen, dass die Pfadfinderleiter auf die Ausbildung möglichst nahe an den Vorgaben in der Bundes-Probenordnung achten. Darin enthalten sind viele Anregungen und Hinweise für Lager, Fahrt und Hike, als Anliegen quer durch alle Altersstufen.
In der Pfadfinderstufe muss sich herausstellen, ob die Zeit in den Stufen davor sinnvoll genutzt wurde und ob sich das Erlernte und Erlebte nun bewährt. Schließlich ist das Pfadfindertum eine „Schule für´s Leben“. Aus den Beschreibungen am Ende der jeweiligen Proben stehen unter „Haltung und Zuverlässigkeit“ einige Ziele, die erreicht werden sollten.
Über die durch das Pfadfindertum angestrebten Ziele ist viel gesagt und geschrieben worden.
Aber keiner kann besser beschreiben, um was es geht, wie der Mann, der damit begonnen hat.
BiPi: Ich habe das Pfadfindertum als eine gute Sache für Jungen empfohlen, weil ich damit begann, als ich ein Junge war, und ich weiß, dass ein großer Schritt vorwärts darin liegt, das Pfadfindertum zu erlernen, während ihr jung seid, wenn ihr Freude am Leben haben und vorwärts kommen wollt. Ein Junge und ein Mädchen, die als Pfadfinder lernen was sie lernen können, haben gute Chancen in der Welt.
Das ganze Ziel unseres Pfadfindertums ist es, den Charakter der Jungen und Mädchen in ihrem glühend heißen Stadium der Begeisterung zu erfassen, ihn in die richtige Form zu schmelzen und seine Individualität zu ermutigen und zu entwickeln – so dass die Jungen und die Mädchen sich selbst erziehen können, um gute und brauchbare Menschen zu werden.
Ziel der Pfadfinderbewegung ist es, Männer und Frauen zu Staatsbürgern zu erziehen, die mit den drei „H“ ausgestattet sind: Healt, Happiness und Helpfulness = Gesundheit, Glück und Hilfsbereitschaft. (Zitat Ende – etwas in die heutige Sprache erweitert) Der Pfadfindermeister hat also die große Aufgabe, zusammen mit den Sippenleitern dieser Stufe, die Ziele und Inhalte der Vorgaben in die Tat umzusetzen und die Worte mit Leben zu erfüllen. Dass es leider bisher nicht überall gelingt sieht man daran, dass viele Pfadfinder in dieser Stufe ausscheiden und deshalb die

Roverstufe dünn besetzt ist. Deshalb hier der Aufruf an alle, die mit dieser Gruppe zu tun haben: Kümmert euch bitte auch und gerade um unsere „Pfadfinder". Sie erscheinen uns oft als Erwachsen und selbständig. Dabei bedürfen auch sie noch unserer Unterstützung. Man muss sie immer wieder ansprechen und auf ihrem Weg ermutigen. Richtig geführt, wenn auch etwas an der „langen Leine" bleiben sie dabei und können in der Stammesleiterrunde bereits mit helfen und dem Stammesmeister eine große Hilfe sein.

Der Pfadfindermeister sollte das Programm in den Stufentreffen und im Pfingstlager sehr gut planen und dem Alter entsprechend spannend, lehrreich und unterhaltsam gestalten. Langeweile ist „auch" in der Pfadfinderstufe „tödlich".

Junge Leute in diesem Alter wollen ernst genommen und gefordert werden. Deshalb sollten die Anforderungen eher zu hoch als zu tief angelegt sein. Ganz wichtig ist mir auch, dass unsere Pfadfinder über die Stämme hinaus Kontakt miteinander halten. Auch das ist eine der wichtigen Aufgaben des EPG Pfadfinder- Stufenmeister.

Rover

Rover sind junge Erwachsene ab 17 bis 20 Jahre. Sie sind zusammengeschlossen in der Roverrunde, die geleitet wird vom Roversprecher. In dieser Gruppe herrscht partnerschaftliches Verhalten und Teamgeist, der nicht zuletzt entstanden ist aus den gemeinsamen Erfahrungen der vorausgegangenen Pfadfinderstufe. Da in der EPG Mitglieder möglichst schon aufgenommen werden in der Biber-, Wölflings- und Jungpfadfinderstufe, ist sichergestellt, das alle Pfadfinder, Rover, Leiter und Gildenmitglieder eine entsprechende Pfadfinderausbildung abgeschlossen haben. Damit ist z.B. ausgeschlossen, dass Nichtpfadfinder in die Führungsmannschaften der EPG eingeschleust werden können. Obwohl aus Mangel an geeigneten Führungskräften in den Stämmen gerne auf Rover zurückgegriffen wird, sollte trotz dieser zusätzlichen Aufgabe auf die unbeschwerte Zeit in der Roverrunde nicht verzichtet werden. Diese Roverjahre sind vielleicht die einzige Zeit im Leben ohne wirkliche Zwänge. Nach Kindheit und Schulzeit eine erste Phase von jungem Erwachsensein, in der voll Energie und überschäumender Lebensfreude alles leicht erscheint und das Lebensglück greifbare

Formen angenommen hat. Noch lässt der Staat den gerade mündigen Jungbürger weitgehend in Ruhe und noch gibt es meist keine einengenden partnerschaftlichen Bindungen und Verpflichtungen. Diesem Zustand wird die Roverprüfung gerecht. Sie soll eine Hilfe sein zur Wegfindung und Leitfaden durch diese schöne Zeit der Jugendjahre, die zu schnell vergehen, nicht mehr wiederbringbar sind und wenn sie froh und glücklich verbracht wurden, als wahre Meilensteine fest und tief in die Lebenserinnerung eingegraben sind.
Als ich diese Vorgaben für die Rover in der EPG 1989 schrieb, gab es nur Leiter in unseren Stämmen, die aus den vorausgegangenen Stufen hervorgegangen waren. Deshalb die Formulierungen, dass dadurch ausgeschlossen sein muss, das „Nichtpfadfinder“ in die Führungsmannschaften der EPG „eingeschleust“ werden können. An diesen Vorgaben halte ich auch noch heute unverrückbar fest. Das in der letzten Vergangenheit auch Leiter in den Stämmen mitarbeiten, die in ihrer Ausbildung nicht von „ganz unten“ dabei waren, schränkt diese klare Feststellung in keiner Weise ein. Es bedeutet aber, dass diese Freunde die Verpflichtung haben, ihre Ausbildung schnell und effektiv auf EPG Niveau zu bringen. Das alleine ist es aber noch nicht, was einen Pfadfinder ausmacht. Wer von ganz unten dabei ist, kann auf Erlebnisse und Erfahrungen zurückgreifen, die nicht so schnell nachholbar sind.
Um allen Spekulationen vorzubeugen weise ich in diesem Zusammenhang auf § 9.8 aus „Satzung und Ordnung der EPG“ hin: In die Organe der EPG auf allen Ebenen kann nur gewählt oder berufen werden, wer volljährig und Pfadfinder ist entsprechend den Forderungen der Bundessatzung und -Ordnung , sowie der Bundesprobenordnung und Bundes-Ausbildungs-Ordnung.
Aus diesen genannten Schriften geht alles ganz klar und deutlich hervor.
Der Rovermeister hat mit sog. Seiteneinsteigern kein Problem, denn unsere Rover sind alle durch die lange und gute Schule der vorausgegangenen Stufen der EPG gegangen.
Mit diesem „Material“ kann er wirklich etwas anfangen. Die Rover in der EPG haben nach der Roverprüfung und der Versprechenserneuerung das Recht, das Abzeichen (ROVER) aus Metall zu

tragen. Dieses Metallabzeichen ist für alle der Beweis, dass eine Ausbildung abgeschlossen und ein großes Ziel erreicht wurde.
In dem Buch „Glück auf die Lebensfahrt“ hat Baden-Powell seine Vorstellungen über die Ausbildung und das Leben als Rover sehr ausführlich beschrieben. Wenn uns auch seine Ausdrucksweise darin manchmal etwas altmodig anmutet so stehen darin doch Weisheiten und Werte, die auch heute noch und auch in Zukunft Gültigkeit haben.
Vom Rovermeister erwarte ich nicht nur, dass er die jetzigen und kommenden Rover in seine Unternehmungen bei Hike, Lager und Fahrt erfolgreich führt und einzusetzen weiß, sondern dass er auch die bereits abhanden gekommenen wieder einsammelt, neu motiviert und für unser Rovertum begeistert.
Rover sein heißt auch zu wissen, was „Dienen“ bedeutet und das diese Pfadfinderische Lebensauffassung den ganzen Menschen zu seinem eigenen Wohl erfüllen muss.
Das Ausleben der Lebenslust und Lebensfreude sollte in dem Maße geschehen, wie es die Charakterbildungsfabrik EPG Pfadfinder uns allen eingeprägt hat.
Der alte Bund aus dem wir kommen, hat sich dabei nicht mit Ruhm bekleckert. Unter dem Motto – „Mir lasse die Wutz raus“ – tobten vor einigen Jahren sogenannte Rover in Koblenz ein ganzes Wochenende in der Stadt herum als abschreckendes Beispiel und Gegenwerbung für das Pfadfindertum.
Wer bis in die EPG Roverstufe vorgedrungen ist und später möglicherweise einmal Leiter in unserem Bund wird, verdient unser aller Achtung und Anerkennung. Das sollten wir unseren anderen Stufenmitgliedern beibringen und vermitteln. Die Rover haben natürlich die Verpflichtung, dieses gehobene Ansehen auch durch ihre Erscheinung und ihre Taten zu untermauern und zu bestätigen.
Was für die Rover gilt ist natürlich für den Rovermeister insbesondere gültig und anwendbar. Er hat eine beneidenswerte Aufgabe, die ihn persönlich auch weit bringen wird.
Die Rover sollten auf Großfahrten die Welt entdecken, mit Pfadfindern anderer Bünde und Nationen Kontakte pflegen und für unser Pfadfindertum werbend auftreten. Die ganze Welt liegt ihnen zu Füßen; sie müssen sie nur betreten und sich zu Nutzen machen. Es ist

ganz in unserem Sinne und im Sinne der Grundidee des Pfadfindertums, das unsere Rover und soweit wie möglich auch die Stufen davor, den Gedanken des Weltpfadfindertums pflegen und ausbauen helfen. Hier nun einige Worte von BiPi:
Mit Rovertum meine ich nicht zielloses Wandern, ich meine damit, euren Weg auf frohem Pfade mit einem bestimmten Ziel im Auge zu finden und eine Vorstellung von den Schwierigkeiten und Gefahren zu haben, denen ihr wahrscheinlich auf dem Wege begegnen werdet.
Rover sind eine Bruderschaft des Lebens im Freien und des Dienstes. Sind nicht nur eine Bruderschaft in ihren Zeltlagergemeinschaften, ihren Fahrtenhemden und ihren Lagerplätzen oder Treffpunkten überall in der Welt.
Da es sich um eine Bruderschaft von Wanderern handelt, könnt ihr als deren Mitglied eure Reisen ins Ausland ausdehnen und dort Freundschaften mit Roverbrüdern anderer Nationen schließen.
Diese Seite unserer Bewegung ist nicht nur interessant und erzieherisch, sondern sie ist auch ein echter Schritt zur Sicherung des künftigen Friedens in der Welt durch gegenseitigen guten Willen. (Zitat Ende)
Wenn heute auch dieser Gesichtspunkt der Völkerverständigung in Europa nicht mehr so bedeutsam zu sein scheint, so ist er weltweit nicht von der Hand zu weisen. Wären alle Menschen durch die Lebensschule des Pfadfindertums gegangen, so gäbe es diese vielen und immer noch schrecklichen Auseinandersetzungen und den verschiedenen Völkern und Rassen nicht mehr.
Also, unseren Rovern und ihrem Rovermeister wünsche ich viel „Glück auf die Lebensfahrt“.

Pfadfinder-Gilde

Gildenmitglieder sind Erwachsene ab 20 Jahre. Sie haben verschiedene Stufen der EPG Bundes-Probenordnung durchlaufen und ihre Ausbildung abgeschlossen. Da sie keine Leitungsfunktion oder eine andere Aufgabe kraft eines Wahlauftrags im Stamm oder im Bund übernommen haben, bietet sich in der Gilde die Möglichkeit, dem Pfadfindertum trotzdem verbunden zu bleiben. Nach dem Motto „einmal Pfadfinder – immer Pfadfinder“ setzen sie das Pfadfinderische Leben in Pfadfinderischer Tradition fort. Wenn sie dem roten

Faden durch die Ausbildung in Kindheit und Jugend gefolgt sind und nach Pfadfindergesetz und Pfadfinderversprechen hinter die Lebensphilosophie des Pfadfindertums geblickt haben, so stehen sie nun am Anfang eines Erwachsenenlebens, für das die Weichen richtig gestellt sind.

Baden-Powell hat das Pfadfindertum zwar für Kinder und Jugendliche geschaffen, jedoch mit dem klaren Ziel auf den Nutzen für das anschließende Leben als Erwachsene. Aus der letzten Botschaft BiPis geht klar hervor, dass es kein Abschiedsbrief an Kinder sein sollte, sondern ein Aufruf an Erwachsene, sein Programm des Scouting als Erbe anzunehmen und daraus den bestmöglichen Nutzen zu ziehen. So sind die Pfadfindergesetze nicht nur Spielregeln, sondern Wegweiser für das ganze Leben, und das Pfadfinderversprechen ist keine Beitrittserklärung zu einem Club oder Verein, sondern eine freiwillige Verpflichtung zur Pfadfinderischen Lebensführung.

Die Mitglieder der Gilde treffen sich zu Unternehmungen, die dem Alter und den Interessen angepasst sind. Sie wählen sich einen Vorstand, der das Zusammenleben organisiert und in Absprache mit der Stammesleitung steuert. Der Vorsitzende der Gilde ist Mitglied der Stammesleiterrunde. So bleibt der Kontakt zwischen Gilde und Stamm gewahrt und die Möglichkeit für gemeinsame Aktionen und Unternehmungen bleibt offen.

Die Pfadfinder-Gilde ist also für viele, die in ihrer Jugend vom Pfadfindertum begeistert waren und die Baden-Powells Idee als Lebensanschauung angenommen haben, eine gute Möglichkeit, nicht nur in Erinnerung vergangenen Zeiten nachzutrauern, sondern aus vollem Herzen mit Freunden den weiteren Lebensweg zu gehen.

Tut immer Euer Bestes und seid stets Allzeit Bereit. Haltet euch immer an das Pfadfinderversprechen, auch dann, wenn ihr keine Knaben und Mädchen mehr seid. Diese Worte von Baden-Powell sollen uns allen immer Ansporn und Auftrag sein.

Der EPG Gildenmeister hat die wunderbare Aufgabe, diese Gruppe von „Altpfadfindern“ zu aktivieren, zu begeistern und aus ihrem Alltagsleben heraus zu holen. Die meisten kämpfen in diesen Jahren mit dem Aufbau von Existenzen und sind mit Nestbau und Nestfüllung beschäftigt. In ihnen allen aber lebt die Sehnsucht nach

den schönen Tagen der frühen Jugend mit den Erinnerungen an Fahrten, Lager und Unbeschwertheit.
Trifft man einmal den einen oder anderen in geselliger Runde, so spürt man diese Gefühle und bei gestiegenem Alkoholkonsum werden dann die Hemmungen weniger und es sprudelt aus ihnen heraus wie aus einer tiefen Quelle. Dabei kann es sein, dass schon mal die Augen feucht werden bei den Worten wie „weißt du noch“ und „das waren noch Zeiten“.
Als ich diese Gedanken zum Thema Pfadfinder-Gilde formulierte, gab es noch nicht wirklich Altpfadfinder in der EPG. Ich habe allerdings gesehen, dass es kommen wird.
Der EPG Gildenmeister wird bemüht sein, die inzwischen bereits größer gewordene Zahl dieser Pfadfinder wieder in den Kreis der EPG zurück zu führen. Es gibt, gerade in diesen Jahren, ideale Anlässe und Voraussetzungen dafür.
Welch eine Chance für den Gildenmeister und vor allen Dingen für diese Personengruppe.
Gerne steht der Bundesmeister und der Bundesvorstand hilfreich zur Seite.
Den Nutzen für diese „Ehemaligen“ habe ich schon angedeutet; den Nutzen für die Stämme kann sich jeder selbst ausmalen. So viel ungenutztes Potential sollte sich kein Stamm entgehen lassen. Natürlich muss man auf die Leute zugehen und sie aus der Reserve locken.
Treffen mit Partner sind möglich, ebenso die Teilnahme an allen EPG Veranstaltungen.
Ich wünsche dem EPG Gildenmeister eine gute Hand und viel Geschick bei dieser sicher sehr interessanten Aufgabe und biete alle meine mögliche Hilfe an.
Es liegt mir auch persönlich sehr viel an dieser EPG Pfadfinder-Gilde.

So, das war´s in Sachen EPG Stufenmeister.
Ich hoffe sehr, damit etwas an Hilfestellung gegeben zu haben und stehe weiterhin sehr gerne zur Verfügung.
Natürlich ist unser EPG Pfadfindertum eine rein freiwillige Sache und beruht auf dem Prinzip der absoluten Ehrenamtlichkeit. Umso mehr

freut es mich, dass so viele die Notwendigkeit und den Nutzen erkannt haben.
Und um mit IHM zu sprechen:
„Das eigentliche Glück aber findet ihr darin, dass ihr andere glücklich macht.“

Die Bundes-Wallfahrt

Wir haben nun schon so manch eine Bundesaktion angesprochen oder zumindest erwähnt und so soll die Bundes-Wallfahrt auch nicht zu kurz kommen.
Im Jahre 1981 bereits habe ich mit dem damals von mir gegründeten Stamm Speicher die Wallfahrt nach Klausen ins Leben gerufen und seit dieser Zeit wurde sie ununterbrochen durchgeführt.
War es am Anfang eine reine Stammes-Wallfahrt, so wurde daraus ab dem Jahr 1990 eine Bundes-Wallfahrt.
Klausen ist ein Marien-Wallfahrtsort, zu dem das ganze Jahr über zahlreiche Wallfahrten, zu Fuß pilgern oder mit Fahrzeugen anreisen. Die Kirche mit Kloster und Pfarrhaus selbst ist sehr alt und wurde kürzlich völlig renoviert. Der Ursprung mit dem Namen Klausen geht zurück auf einen Einsiedler, der tief gläubig die Mutter Gottes verehrte und in einer Klause lebte. In der heutigen Kirche ist diese Klause am Rande integriert und in einem besonders abgeteilten Raum steht die sehr schöne schmerzhafte Mutter Gottes, zu der die Menschen beten und ihre Sorgen und Nöte, aber auch ihren Dank bringen.
Und wie es so ist in Wallfahrtsorten, hängen überall die Tafeln mit Inschriften über Heilung und Hilfe, während draußen an Ständen die Utensilien zur Erinnerung verkauft werden.
Das Motto der ersten Wallfahrt lautete „Wir Wallfahrten Wieder“ und sollte auf den Neubeginn der alten Wallfahrtstraditionen hinweisen. Das schien uns wichtig, denn der Wallfahrtsgedanke war gerade in diesen Jahren sehr rückläufig und nicht gerade sehr gefragt.
Danach änderten wir das Motto auf „Wir Wallfahrten Weiter“ und stellten damit fest, dass uns nichts davon abbringen könne. Da gab es

Jahre, in denen das Häuflein, das sich da morgens um 6 Uhr am Marktplatz versammelte, auf gerade mal 25 kleine und größere Pfadfinder mit zwei oder drei Eltern beschränkte. Aber Durchhalten ist ja eine der Pfadfinder Stärken und so ist es erfreulich, dass in den letzten Jahren die Zahlen bis über 200 Teilnehmer angestiegen sind. Das liegt aber auch daran, dass inzwischen auf EPG Bundesebene die Stämme im Sternmarsch nach Klausen kommen. Dabei werden Entfernungen bis zu 25 Kilometer zurück gelegt. Das Datum liegt meist um den 20. Juni herum und das ist natürlich eine Jahreszeit, in der die Natur sich so richtig voller Saft und Kraft zeigt. Das bedeutet nicht, dass es sich um eine Schönwettergarantie handeln muss, aber Wetter bedeutet uns als Pfadfinder nicht unbedingt etwas sehr wichtiges.

Wer nun glaubt, man könne von dieser Wallfahrt aus schließen, dass wir dem Passus in unserer Satzung in § 2.2 in Bezug auf das Glaubensbekenntnis zuwider handeln würden, der irrt gewaltig. So, wie die Teilnahme an religiösen Veranstaltungen, die in unseren Lagern angeboten werden, absolut freiwillig ist, so ist es auch mit diesen Wallfahrten. Wer mit will, ist dabei und wer nicht will, kommt einfach nicht mit. Hinzu kommt noch der Aspekt, dass wir Teilnehmer haben, die nicht unbedingt tief religiös sind, die aber dem Gemeinschaftserlebnis dieser Wanderung durch eine erblühte Natur sehr viel für sich abgewinnen können. Ein Marsch über 25 Kilometer bringt für jeden etwas anderes mit sich. Der eine geht still vor sich hin, während die anderen fröhlich miteinander plaudern. Manche singen munter miteinander und andere meditieren über den Sinn des Lebens, die frohen und weniger glücklichen Erlebnisse und manche Sorge wird so zum Ziel gebracht. Es gibt auch Gelübde, die einmal abgelegt wurden und denen wir so zu ihrer Erfüllung verhelfen, denn teilnehmen kann jeder aus der Bevölkerung, der oder die guten Willens sind. Unterwegs werden die Gruppen in jeder Beziehung versorgt und am Ziel auf dem Sportplatz in Klausen gibt es in den Stämmen meist einen kräftigen Eintopf mit Brötchen und Tee.

Wenn dann kurz vor 13 Uhr die Kirchenglocken läuten, ziehen alle Teilnehmer hinter den Lilienbannern durch den Ort hinauf zur Wallfahrtskirche, in der wir dann gemeinsam eine Wallfahrtsandacht nach Pfadfinderart feiern. Nach Pfadfinderart bedeutet Gitarren,

passende Lieder aus unserem Liederbuch und Gebete, die zum Thema Jugend, Natur und Gott passen.
Für die Teilnahme bekommen alle ein Abzeichen zur Erinnerung und erhalten damit auch einen Punkt für den „Goldenen Pfeil“. Dann trifft man sich vor der Kirche und mit dem Erinnerungsfoto geht dieses jährliche Gemeinschaftserlebnis zu Ende, bis man sich an irgend einem Lagerfeuer wieder findet.

Wallfahrtsgebet der EPG

Heilige Maria, Mutter Gottes,
Wir sind heute durch die wunderschöne Natur zu diesem Gnadenort gekommen, und bringen dir unsere Sorgen und Nöte, aber auch unsere Freude und Glück mit. So wie du zuerst gelitten hast, bevor dein Sohn die Menschheit befreite, so hoffen auch wir auf Gnade und Erlösung durch ihn. Bitte du für uns, denn als Mutter weißt du, was uns Menschen fehlt. Hilf uns hier in unsern Erdentagen, damit auch wir das Ziel erreichen. Wir vertrauen auf deine Fürbitte und deine Unterstützung.

Natur und Umwelt

Schon lange bevor Regierungen, Minister, Umweltorganisationen und die breite Masse der Weltbevölkerung das Thema Natur und Umwelt entdeckten, hatten die Pfadfinder bereits das 6. Pfadfindergesetz „Der Pfadfinder schützt Pflanzen und Tiere“.
Damit war Baden-Powell auch in diesem Punkt seiner Zeit weit voraus.
Aber schon immer gab es Menschen, die dem jeweiligen Zeitgeist voraus waren und Gedanken entwickelten, die nicht ernst genommen wurden.
Dabei denke ich an einen Tag, den ich mit meinem Vater verbrachte. Wir fuhren mit der Eisenbahn von Koblenz aus das Lahntal hinauf. Er war Kunstmaler und betrachtete verträumt die schöne Landschaft.

Dann machte er mich, den kleinen Sohn, auf etwas aufmerksam. Schau mal, sagte er, da draußen sind dumme Menschen gerade dabei, diesen Fluss zu vergewaltigen. Sie bauen ihm ein Bett aus Beton. Dann ist alles fein sauber. Er fließt ganz schnell dahin, tritt nicht mehr so einfach über die Ufer und macht keine Probleme mehr. Allerdings, so sprach er weiter, wird es seine Auswirkungen haben auf den Grundwasserspiegel, die angrenzenden Feuchtgebiete, die Biotope und die gesamte Tierwelt. Und wenn es dann einmal zu einer Überschwemmung kommt, dann gibt es eine Katastrophe, denn es gibt keine Ausweichbecken für die Wassermassen mehr.

Er war sehr nachdenklich geworden. Wenn du einmal groß bist, meinte er, werden die Menschen viel mehr Geld dafür ausgeben müssen, um dem Fluss wieder zu helfen, seine natürlichen Aufgaben zu erfüllen. Sie werden noch lange brauchen, um ihre Fehler zu erkennen.

Heute, 53 Jahre später, ist es bereits soweit. Die Fehler sind erkannt, aber ihre Beseitigung ist eine fast nicht mehr lösbare Aufgabe. Eine Aufgabe für Generationen.

Die intakte Natur gibt es heute im eigentlichen Sinne nicht mehr. Überall hat der Mensch eingegriffen und seine Spuren hinterlassen.

Die Evolution hat den sogenannten modernen Menschen über die Naturvölker eingeholt. Die Rede von Häuptling Seattle sagt darüber einiges aus:

Was die Erde befällt, befällt auch die Söhne der Erde. Ihr müsst eure Kinder lehren, dass der Boden unter euren Füßen die Asche unserer Großväter ist. Damit sie das Land achten, erzählt ihnen, dass die Erde erfüllt ist von den Seelen unserer Vorfahren.

Lehrt eure Kinder, was wir unseren Kindern lehren.

Die Erde ist unsere Mutter.

Was die Erde befällt, befällt auch die Söhne der Erde.

Wenn die Menschen auf die Erde spucken, bespeien sie sich selbst. Denn das wissen wir, die Erde gehört nicht den Menschen, der Mensch gehört zur Erde – das wissen wir.

Alles ist miteinander verbunden, wie das Blut, das eine Familie vereint.

Alles ist miteinander verbunden. Was die Erde befällt, befällt auch die Söhne der Erde.

Der Mensch schuf nicht das Gewebe des Lebens, er ist darin nur eine Faser.
Was immer ihr dem Gewebe antut, das tut ihr euch selber an.
Nein, Tag und Nacht können nicht zusammen leben.
Unsere Toten leben fort in den süßen Flüssen der Erde, kehren wieder mit des Frühlings leisen Schritt, und es ist ihre Seele im Wind, der die Oberfläche der Teiche kräuselt.
Eine sehr liebevolle Beschreibung der Natur von einem Naturvolk.
Die Beschreibung einer intakten Natur fällt heute schwer. Die unberührte Natur ist einer Kulturlandschaft gewichen. Trotzdem gibt es auch noch Gebiete, die relativ intakt sind.
Die noch recht unbekannte Eifel ist ein Beispiel dafür. Vor rund 10.000 Jahren von Vulkanen geprägt, ist sie auch heute in den abgelegeneren Gegenden noch recht unberührt. Da gibt es die sauberen Maare, kraterförmige Senken aus der Zeit des Vulkanismus, oft mit Wasser gefüllt, oder auch verlandet. Sie werden auch „Augen Gottes" genannt. Der Westwind bringt wenig Schadstoffe mit, da im Westen noch recht wenig Industrie ist und auch die großen Ballungsgebiete fehlen. Deshalb sind auch die riesigen Wälder noch einigermaßen gesund. Die Beschreibung einer einigermaßen intakten Natur bezieht sich also auf gutes Quellwasser, frische Luft, lebende Wälder, Esswaren angebaut nach den Grundsätzen der Ökologie in einer Umgebung, in der noch Platz ist für Leben.
Die Skizzierung von Beispielen, wo die Natur aus ihrem Gleichgewicht gekommen ist und unsere nähere Umgebung belastet, könnte umfangreicher sein wie die Beschreibung der noch relativ intakten Natur. Insbesondere wenn ich dabei weiter ausholen würde. Denn was heißt heute schon nähere Umgebung.
Uns berührt heute ebenso die Abholzung im Regenwald wie die Umweltkatastrophen in Sibirien und die Verwüstungen in China, um nur einige zu nennen.
Dazu kommen die Ölverschmutzungen auf den Weltmeeren, die Dünnsäureverklappungen auf der Nordsee und die ständigen Bedrohungen durch Kernkraftenergiegewinnung.
Der dumme Mensch ist dabei die Erde zu zerstören. Die Generationen vor uns haben wenigstens noch versucht, etwas für die nachkommenden Menschen übrig zu lassen. Sie haben noch Bäume

gepflanzt, die ihre Urenkel ernten können. Heute pflanzt man Monokulturen, die schnell wachsen und auch schnell Ertrag bringen, wenn sie nicht vorher von starken Stürmen umgeweht werden.
Was also belastet unsere Umwelt ganz besonders?
Da ist z.B. die Flurbereinigung in den 70er Jahren. Die Bauern waren größtenteils begeistert. Alle Bäume wurden aus den Gemarkungen entfernt. Endlich konnten die großen Maschinen gewinnbringend eingesetzt werden. Heute, wo nur noch ganz wenige Bauernbetriebe existieren, vermissen die Menschen die Blütenpracht, die Vogelschwärme und beklagen die ungezügelte Kraft der Stürme, die über die Dörfer blasen.
Da ist weiter die Kanalisierung der Weinberge beispielsweise an der Saar und der Mosel. Bei starkem Regen schießt das Wasser von den Steilhängen. Es kann nicht mehr einsickern und führt zwangsmäßig und regelmäßig zu verhängnisvollen Überschwemmungen.
Weiter ist zu nennen der stark überzogene Straßenbau mit dem Hang der Menschen, möglichst alles zu betonieren. Die These „immer schneller" bringt mehr und mehr Autos und besonders Lastzüge auf die bereits überlasteten Straßen und Autobahnen, anstatt Warentransporte auf Schiene und Schiffe zu verlegen, die weniger umweltbelastend sind. Ist das Auto auf dem Land auch unentbehrlich, so bringt es den Städten unnötigerweise den Kollaps. Ein schnelles Umdenken und Umsteigen auf andere Nahverkehrsmittel ist unumgänglich.
Zu oft wird unter dem Deckmantel der Arbeitsplatzsicherung die Öffentlichkeit regelrecht vergewaltigt und gezwungen, Zugeständnisse in Sachen Umweltschutz zu machen. Da lassen die großen Industriewerke Gift in die Flüsse laufen und ebenso giftige Dämpfe entweichen, obwohl es heute schon geeignete, wenn auch teure, Filteranlagen gibt.
Noch schlimmer als in Europa, sieht es in der sog. Dritten Welt aus. Wir ziehen uns schöne Lederschuhe an mit einem Etikett aus einem europäischen Land, dabei wird das Leder beispielsweise in Indien aufbereitet und der ganze obere Schuh dort hergestellt. Da dort die Umweltauflagen fehlen und der Mensch nichts zählt und kostet, ist die Produktion sehr billig. Dabei wird die totale Vernichtung der gesamten Umwelt einfach toleriert, Kinderarbeit unter schlimmsten

Bedingungen hingenommen und der frühe Tod der Menschen durch die Laugen und Gifte akzeptiert. Und das alles aus Gewinnsucht der Unternehmen.
Ebenso steht es um die Verteidigungsbereitschaft. Tiefflieger stören Mensch und Natur und werden als unbedingt notwendig hingestellt. Piloten lassen vor der Landung aus Sicherheitsgründen den größten Teil ihres Resttreibstoffes aus den Kampfmaschinen in niedriger Höhe ab und vergiften die Luft. Militärs verbrennen in der Abenddämmerung auf ihren hoch gelegenen Air Basen Altöl und lassen schwarze Giftwolken über das Land ziehen.
Während in der breiten Öffentlichkeit, zumindest in Mitteleuropa, ein Umdenken stattgefunden hat, erlauben sich die sog. Großen dieser Welt in Politik und Wirtschaft immer noch ungestraft die unglaublichsten Umweltsünden.
Aus Profitgier zetteln sie Kriege an, lassen sie alte Riesentankschiffe risikoreich auf den Weltmeeren Öl transportieren, werden Walfische weiter getötet und viele Tierarten ausgerottet.
Die Energiegewinnung durch Atomkraftwerke erzeugt unaufhaltsam radioaktiv verseuchten Atommüll, der auf unabsehbare Zeit das gesamte Leben auf diesem Planeten gefährdet.
Jedoch wird bei uns in den Haushalten der Hausmüll getrennt gesammelt und abgeliefert.
Was ich sagen will ist folgendes:
Der Mensch träumt vom Fortschritt und übersieht dabei, dass es ihn in Wirklichkeit nicht gibt. Er zerstört die Ozonschicht und bekommt dafür Hautkrebs.
Jedes Ding hat zwei Seiten.
Überdüngte Böden ergeben ungesunde Lebensmittel, verdorbenes Grundwasser und verpestete Luft bringen Körperkrankheiten, Hektik und Stress sorgen für Seelenkrankheiten und freizügiges Liebesleben unter Umständen für Aids.
Es bedarf also der Einsicht und intensiven Anstrengung aller, um den Teufelskreis zu durchbrechen.

BiPi: Gott hat uns eine Welt zum Leben gegeben, die voller Schönheit und Wunder ist, und er hat uns nicht nur die Augen gegeben, um sie zu sehen, sondern auch den Verstand, sie zu verstehen, wenn wir nur die Vernunft haben, sie in diesem Lichte zu sehen.

An anderer Stelle habe ich einige Male den Begriff wie „Innen so Außen“ erwähnt.

Dieses Naturgesetz ist auch hier zutreffend und anwendbar.

Es muss zu einem neuen Bewusstsein kommen, damit die Katastrophe auf diesem Planeten abgewendet werden kann. Durch die Arbeit verschiedener Umweltorganisationen und den unermüdlichen Aufruf von Forschern und Wissenschaftlern aufgeschreckt hat bereits weltweit ein Umdenken eingesetzt. Aber es bedarf der geistigen Unterstützung vieler Millionen in allen Erdteilen, um die Umkehr unumkehrbar zu machen.

Dazu können und werden wir als Pfadfinder einen wichtigen Beitrag leisten

Tagesstreifen, Wochenendfahrt, Fahrt, Großfahrt

Unterwegs- Sein

Stellenwert von „Fahrt und Lager“ für die Gruppe:

Das Pfadfindertum, so wie wir es verstehen, setzt sich zusammen aus 1. der Lebensphilosophie und 2. dem äußeren Erscheinungsbild.

Wie „Innen so Außen“, kann man als Zusammenfassung wieder einmal sagen.

Bevor eine Gruppe (Sippe, Trupp oder Stamm) sich auf eine der oben genannten Unternehmungen einlässt, sollte sie sich mit den Inhalten des Pfadfindertums intensiv beschäftigt und vertraut gemacht haben.

Gegenüber anderen Verbänden mit guter Jugendarbeit, bietet das internationale Pfadfindertum große Vorteile. Es zeigt dem jungen Menschen Wege auf zur Selbstverwirklichung.

Pfadfindergesetz und Pfadfinderversprechen sind die Stützpfeiler, die helfen, den Pfad ins Leben zu finden.

Sie vermitteln eine Lebenseinstellung, die auf allen Gebieten zu Erfolg und Glück führt.
Wer also die Grundkenntnisse inneren und äußeren Pfadfindertums kennen gelernt hat, kann sich getrost auf das Abenteuer eines Lagers oder einer Fahrt einlassen.
Baden-Powell schreibt zum Thema Lager:
Das Lager ist ein sehr erfreulicher Teil im Leben eines Pfadfinders. In Gottes freier Natur leben, zwischen den Hügeln und Bäumen und den Vögeln und Tieren und den Menschen und Flüssen – das ist mit der Natur leben, sein eigenes kleines Zelt haben, selbst kochen und entdecken – all das gibt Gesundheit und Glück, wie man es niemals zwischen den Backsteinen und dem Rauch der Stadt findet.
Auch eine Erkundungsfahrt, bei der man weiter hinaus fährt, und jeden Tag neue Orte entdeckt, ist ein herrliches Abenteuer. Sie stärkt und härtet dich ab, so das dir Wind und Regen, Hitze und Kälte nichts ausmachen. Du nimmst sie alle, wie sie kommen, und fühlst dabei dieses Gefühl von Fitness, das dich befähigt, jeder Schwierigkeit mit einem Lächeln ins Gesicht zu sehen, wohl wissend, dass du am Ende siegen wirst.
Diese Worte von Baden-Powell sagen sehr viel aus über den Sinn von Lager und Fahrt, aber auch über die Lebensinhalte unseres Pfadfindertums.
Die Lebensphilosophie des Pfadfindertums kann also bei Lager und Fahrt erkundet und ausprobiert werden. So wie beim ersten Pfadfinderlager auf Brownsea Island am 25. Juli 1907 treffen Menschen unterschiedlicher Herkunft und Charaktere aufeinander. Die Gruppe hat die Chance, zusammenzuwachsen. Sie muss sich bewähren.
In den Sippen, Trupps und Stämmen der EPG nehmen Lager und Fahrt einen großen Stellenwert ein.
Tagesstreifen unternehmen bereits die kleinen Biber 5-7 Jahre alt. Sie sind auch schon bei einigen Wochenendfahrten dabei, die ab der Wölflingsstufe selbstverständlich sind. Ab der Jungpfadfinderstufe sind alle dabei, wenn es zu Fahrten und Großfahrten geht, auch über mehrere Wochen und in andere Länder.
Lager und Fahrt sind also ein fester Bestandteil in unserem pfadfinderischen Lebenslauf. Sie dienen auch der pfadfinderischen

Ausbildung, entsprechend der Bundes-Probenordnung der EPG. Dort sind auch die entsprechenden Anforderungen für die einzelnen Stufen festgehalten.
Sie steigen je nach Altersstufe an.
Dienen Lager und Fahrt auch vom Grundsatz her den gleichen Zielen, so sind sie doch von ihrem Wesen her völlig verschieden. Zwar werden vom Lager aus auch Unternehmungen in die Umgebung gestartet, jedoch führen sie schließlich wieder ins Lager zurück. Man kehrt heim in die Jurte.
Anders ist es bei der Fahrt. Sie bedeutet immer Aufbruch in das Ungewisse, in das Abenteuer, das hinter jeder Wegbiegung wartet.
Die Gruppe ist auf sich alleine angewiesen. Der Rucksack drückt bei jedem Schritt. Man hat alles Notwendige dabei. Alle Lasten sind gleichmäßig verteilt. Schwächere und stärkere bilden eine Einheit in der Gruppe, die nur gemeinsam voran kommt.
Das Ziel kann immer nur das gemeinsame Ziel sein. Das „Unterwegs-Sein" wird zum gemeinsamen Erlebnis und Abenteuer. Entweder wächst die Gruppe zusammen oder sie zerbricht. Man kommt an seine Grenzen. Der Einzelne erkennt sich und seine Möglichkeiten. Er offenbart sich den Freunden in all seinen menschlichen Eigenschaften. Und daraus entstehen die wahren Freundschaften. Die Erlebnisse, die später die Feuerrunden in den Zelten so lebendig werden lassen.
Nur wer die Strapazen einer großen Fahrt erlebt hat, kennt die Freuden, wenn das jeweilige Tagesziel erreicht ist, das Feuer brennt und ein Süppchen gelöffelt wird. Wenn du dann Wache hältst unterm Sternenzelt und dir die Füße brennen, erkennst du so manches, was dir sonst verborgen geblieben wäre.
Bei der Fahrt, ob sie nun kurz ist oder länger dauert, erkennt der Pfadfinder sich selbst, seine Freunde in der Gruppe und lernt Menschen kennen, sei es nun positiv oder negativ. Er ist in Kluft unterwegs und stellt fest, dass er meistens so aufgenommen wird, wie er es selbst durch sein Auftreten verursacht. Dabei hilft ihm die Umsetzung von Pfadfindergesetz und Pfadfinderversprechen.
Ehre, Treue, Hilfsbereitschaft, Freundschaft, Höflichkeit und Ritterlichkeit sind ihm selbstverständliche Wegbegleiter. Das Leben in und mit der Natur macht ihn fast automatisch zum Schützer der

Pflanzen und Tiere. Die Gemeinschaft der Freunde bringt ihn dazu, freiwillig zu gehorchen und die Dinge nicht halb zu tun. Natürlich wird er guter Laune sein, auch wenn es naturgemäß Schwierigkeiten gibt. Sparsam und einfach werden die Tage verlaufen. Rein in Gedanken, Worten und Werken versucht er zu sein, entgegen dem Zeitgeist und somit beitragen zum Gelingen der Fahrt.
Ich habe mit vielen gesprochen, die von Fahrt zurück kamen und war selbst oft auf Fahrt. Dabei wurde auch nicht selten die Frage nach dem Sinn der Fahrt diskutiert. Schließlich gibt es heute die Möglichkeit anderer Fortbewegungsmittel und den Massentourismus. Die Fahrt, und auch das Lager, kann aber durch nichts ersetzt werden. Sie ist urtypisch für das Pfadfindertum und die Jugendbewegung. Sie ist ein Erziehungsmittel. Sie stärkt den Zusammenhalt in der Gruppe wie sonst fast nichts. Wer solche Fahrten miterlebt hat, wird dem Pfadfindertum treu bleiben. Zumindest wird es ihn für sein Leben, so wie es das Pfadfindertum sowieso tut, prägen. Die Erkenntnis, bis an die Grenzen seiner Leistungsfähigkeit gegangen zu sein, wird ihn bei zukünftigen Belastungen durchhalten lassen, egal wo er hingestellt ist.
So ist das Pfadfindertum der EPG also eine gute Schule für das Leben, ganz im Sinne des Gründers.

Das internationale Pfadfindertum

Bei allem was wir schreiben, lehren oder tun, können wir auf die Gedanken und Vorgaben des Gründers Baden-Powell zurückgreifen. Gehen wir davon aus, das jeder Pfadfinder die Pfadfindergesetze kennt und das Buch „Scouting for Boys“ gelesen hat, so dürfen wir annehmen, dass die Grundbegriffe internationalen Pfadfindertums bekannt sind.
Das 4. Pfadfindergesetz – Der Pfadfinder ist Freund aller Menschen und Bruder aller Pfadfinder – der Begriff „Friedenspfadfinder“ und BiPis Ausführungen zum Thema – Weltbruderschaft der Pfadfinder – sind erste Anhaltspunkte einer pfadfinderischen Lebenseinstellung zu diesem Themenkreis.

In der „Satzung und Ordnung der EPG“ habe ich den internationalen Gedanken unseres Pfadfindertums in mehreren Passagen verankert.
Die EPG ist eine freiwillige, unpolitische Erziehungsbewegung, die offen ist für alle Kinder, Jugendliche und junge Erwachsene ohne Unterschied von Herkunft, Rasse und Glaubensbekenntnis.
Sie bekennt sich zu den pädagogischen Grundelementen des internationalen Pfadfindertums nach ihrem Gründer Lord Robert Baden-Powell und stellt das Pfadfindergesetz in den Mittelpunkt ihrer Jugendarbeit.
Weiter befürwortet sie ausdrücklich den Zusammenschluss der freien Völker Europas und mit diesen eine Zusammenarbeit aller Nationen zur Erhaltung des Weltfriedens.
Der Bundesname – Europäische Pfadfinderschaft Sankt Georg – ist uns eine besondere Verpflichtung zur internationalen Zusammenarbeit. Unter dem Begriff „Doppelmitgliedschaft“ haben wir in der Bundes-Satzung festgehalten, dass Pfadfindergruppen (Stämme) sowie Einzelpersonen, die in ihren Heimatländern Mitglied nationaler Pfadfinderverbände sind, auf internationaler Ebene Mitglied der EPG werden können.
Damit verbunden ist auch das Stimmrecht in der Bundesversammlung der EPG.
So haben wir also von unserem Schrifttum her die Voraussetzungen zu internationaler Zusammenarbeit geschaffen.
Nach BiPi – Die Seele wird erzogen, das heißt sie dehnt sich von innen aus; sie kann nicht künstlich durch Anwendung schriftlicher Instruktionen und Regeln von außen entwickelt werden – müssen die Pfadfinder die Internationalität der Bewegung selbst erleben.
Lernen durch tun.
Die geeignetsten Mittel und Wege dazu sind Treffen und Lager unter Beteiligung mehrerer Nationen.
Solche Unternehmungen habe ich in der Vergangenheit oft durchgeführt und will daraus einige Beispiele anführen, um ihren praktischen Nutzen zu dokumentieren.
Da war ein Pfingstlager (5 Tage) unter Beteiligung von Pfadfindern verschiedener Stufen aus Luxemburg, Holland, Belgien, USA und Deutschland.

Sehr deutliche Unterschiede wurden sichtbar im Erscheinungsbild, der Ausrüstung, dem Zeltmaterial, der Verpflegung, natürlich auch der Sprache und dem Auftreten.

Wie auch in Deutschland so entwickeln sich auf internationaler Ebene entsprechend der Mentalität der Region unterschiedliche Pfadfinderkulturen. Dieser Tatsache muss man bei solchen Lagern Rechnung tragen.

Bei der gemeinsamen Lagereröffnung zeigte sich die ganze wunderbare Vielfalt der Gruppen.

Das Lagerfeuer zur großen Feuerrunde wurde von einer Gruppe echt gekleideter Indianer durch einen gezielten Pfeilschuss aus größerer Entfernung entzündet und dann mit wildem Tamm Tamm umtanzt.

Die Vorstellung der Gruppen aus den verschiedenen Ländern begeisterte die Teilnehmer.

Für die Tage des gemeinsamen Lagers wurden die Gruppen gemischt. So entstanden neue internationale Sippen, die alles zusammen erarbeiteten und erlebten. Total gemischt wurde gezeltet, gekocht, gegessen und gespült, gelernt, gesungen, gekauderwelscht und auf Hike gegangen.

Natürlich ging das nicht immer ganz einfach und problemlos. Jedoch zeigten sich bei den gemeinsamen Morgen- und Abendrunden, der Pfingstmesse, den Versprechensfeiern und der Abschlussrunde, wie aus völlig fremden Kindern und Jugendlichen Freunde oder zumindest verständnisvolle Nachbarn wurden.

Entscheidend waren also nicht die zunächst erkennbaren Unterschiede, sondern die Gemeinsamkeit der Ausrichtung des Pfadfindertums nach Baden-Powell, Pfadfindergesetz und Pfadfinderversprechen.

Man konnte sehr oft und sehr deutlich erkennen, wie überrascht und erfreut die Lagerteilnehmer reagierten wenn sie feststellten, dass ihre Freunde aus einem anderen Teil der Welt und einem anderen Land genau nach dem gleichen Vorbild ausgebildet waren und handelten, die gleichen Gesetze kannten und das Versprechen ablegten. Mit anderen Worten, sie erkannten den selben Ursprung und den gleichen Inhalt ihres Pfadfindertums.

Sie sahen auch, wie freundschaftlich die erwachsenen Leiter (Führer) miteinander umgingen, wie eine Gemeinschaft entstand. Ein schönes und nachhaltig wirkendes Erlebnis.
Natürlich muss die Lagerleitung auf solche Veranstaltungen vorbereitet sein und die Ziele kennen, die dem Pfadfindertum in Bezug auf internationale Gemeinschaft der Bewegung vorgegeben sind. Eine geeignete Ausbildung ist also die notwendige Voraussetzung.
Baden-Powell:
Nur die internationale Konzeption der Prinzipien der Brüderlichkeit kann die Welt vor dem Chaos retten.
Vergesst auch nicht, dass der Pfadfinder nicht nur Freund der Mitmenschen seiner engsten Umgebung ist, sondern „ein Freund zu allen Menschen auf der Welt".
Freunde bekämpfen einander nicht. Wenn wir mit unseren Nachbarn in fremden Ländern und Übersee Freundschaft schließen und wenn sie unsere Freundschaft erwidern, so werden wir nicht das Verlangen haben, gegen sie zu kämpfen. Das ist bei weitem die beste Methode, um künftig Kriege zu verhindern und einen dauerhaften Frieden zu sichern.
Was sehr oft zu Kriegen führt, ist die Tatsache, dass die Leute in den verschiedenen Ländern meist persönlich sehr wenig voneinander wissen, von ihren Regierungen jedoch hören, es sei notwendig, zu kämpfen. So gehen sie in den Kampf und bereuen es hinterher.
Hätten sie sich in Friedenszeiten befreundet, so hätten sie einander besser verstanden, und es wäre nie zwischen ihnen zum Kampf gekommen. Das Ziel ist also die „Weltbruderschaft" der Pfadfinder.
Sie trägt heute weltweit ihre Früchte und Baden-Powell hätte seine Freude daran. Der Samen, den er ausgeworfen hat, ist auf fruchtbaren Boden gefallen und aufgegangen.
Ein kleines Beispiel über die Möglichkeiten, wie sich internationale Beziehungen entwickeln können, möchte ich noch anführen.
Es war vor 15 Jahren im Brexbachtal. Umgeben von Pfadfindergruppen aus verschiedenen deutschen Bünden und vielen Ländern der Erde lagerten wir mit unserem Stamm zum Sommerlager. Es wurden Kontakte geknüpft nach allen Seiten. Man traf sich zu den abendlichen Feuerrunden und saß in den Jurten zusammen.

Als Stammesmeister beobachtete ich so ganz nebenbei, wie zwei Jungpfadfinder versuchten, trotz sprachlicher Barrieren miteinander klar zu kommen. Der kleine Engländer und unser Junge tauschten Adressen und Telefonnummern und wollten auch über das Lager hinaus weiter in Verbindung bleiben.
Nun ist das nichts besonderes und durchaus üblich. Nur wird in den meisten Fällen im Alltagsgeschehen nicht mehr viel daraus. Anders in unserem Fall.
Die Freundschaft der beiden festigte sich. Als sie etwas älter wurden fanden gegenseitige Besuche statt. Zu allen guten Gelegenheiten kam der nicht mehr so kleine Engländer mit Pfadfinderfreunden nach Deutschland.
Aus der Einzelfreundschaft wurde die Freundschaft zwischen den Stämmen. Sie dehnte sich weiter aus, so dass heute der Stamm London in Doppelmitgliedschaft zur EPG gehört. Im Sommer 1994 fand ein gemeinsames Lager in Wales statt und im Sommer 2001 in Südengland. Die Freunde aus England sind bei fast allen Pfingstlagern und Bundesversammlungen der EPG dabei.
Ich denke, ein gutes Beispiel und ganz im Sinne des Gründers.
Ganz wichtig für die Weitergabe des Gedankens von der Internationalität des Pfadfindertums sind also folgende Grundsätze und Erkenntnisse:
Pfadfinder sind keine Vereinsmeier, Spießer und Kleingeister. Sie schauen über ihren Kirchturm hinaus und sehen das Ganze. Vorurteile und Vorverurteilungen sind ihnen fremd. Gleichgültig welchem Bund, Verband oder Land ein Pfadfinder angehört, erkennt er in dem anderen seinen Pfadfinderbruder in seiner Ausrichtung nach Pfadfindergesetz und Pfadfinderversprechen.
Im Zusammenhang mit der Internationalität des Pfadfindertums will ich aber noch auf ein Thema zu sprechen kommen, das Baden-Powell auch einige male anspricht.
Es geht um die

Weltorganisationen der Pfadfinder

Die Weltorganisation der Jungen heißt „The World Organization of the Scout Movement“ und wird WOSM abgekürzt. Die Zentrale ist das Pfadfinder Weltbüro in Genf. Sie ist das Sekretariat der Pfadfinder Weltkonferenz und des Pfadfinder Weltkomitees.
Die Weltorganisation der Pfadfinderinnen heißt „World Association of Girl Guides and Girl Scouts“, abgekürzt WAGGGS. Ihr Sitz ist in London und hat die gleichen oder ähnlichen Organisationsstrukturen wie bei den Pfadfindern.
Die nationalen Verbände bilden die Weltkonferenz. Aus jedem Land wird nur eine Pfadfinderorganisation anerkannt. Mehrere Pfadfinderverbände eines Landes schließen sich zu einer solchen Organisation zusammen.
Alle Pfadfinder, die nicht in diese nationale Organisation aufgenommen werden, bleiben draußen. Sie können noch so treue Pfadfinder sein, es hilft ihnen nichts. Die aufgenommenen Bünde verteidigen ihren Status und schauen stolz auf alle vor der Tür hinab.
Ob das im Sinne des Gründers war oder ist?
Baden Powell:
Die Pfadfinderbewegung ist ein spontanes Gewächs, keine geplante Organisation. Sie ist aus den natürlichen Wünschen junger Leute entstanden und ihnen nicht als Lehrplan aufgezwungen worden.
Wir sind eine Bewegung und keine Organisation. Wir arbeiten durch Liebe und Gesetz.
Unser Ziel ist es, die Verwaltung so weit wie möglich zu dezentralisieren, um die Bürokratie vom grünen Tisch zu vermeiden und den örtlichen Gruppierungen so viel demokratische Autonomie wie möglich zu geben.
Wir sind eher eine Bruderschaft als eine Organisation, eher angeregt vom Geist und dem ungeschriebenen Gesetz der Loyalität als von gedruckten Regeln und Vorschriften.
Zuerst hatte ich eine Idee. Dann sah ich ein Ideal. Nun haben wir eine Bewegung, und wenn einige von euch nicht aufpassen, werden wir nur mit einer Organisation enden. (Zitat Ende)

Welch eine Weitsicht, in der Baden-Powell die Schwächen des Menschen so deutlich erkennt.
Mir ist es inzwischen gleichgültig, ob sich da oben Bürokraten mit der Verwaltung ihrer Organisation beschäftigen, während unten das pfadfinderische Leben nach seinem Gründer pulsiert.
Den gläubigen Einsiedler kümmert es auch nicht, ob seine Kirche ihn haben will oder nicht.
Wir sind unabhängig und absolut frei. Es gibt nichts schöneres. Baden-Powell, unser großes Vorbild, wäre sicher mit unserem Weg einverstanden.
Das alleine zählt.
Nun hat sich in den letzten Jahren ein neuer Weltverband gebildet. Der Name WFIS = World Federation of Independent Scouts, sagt bereits um was es geht. Ein Weltverband für die Unabhängigen. Ein Zusammenschluss, der unabhängigen Pfadfinderverbänden und Bünden den Raum lässt, den sie zu ihrem Selbstverständnis brauchen. Eine Plattform sich auch international zu treffen, sich aus zu tauschen, zu diskutieren und gemeinsame Wege zu suchen beim WOODBEADSKURS, beim REUNION, auf JAMBOREES. Einheit in Vielfalt heißt hier: Viele Farben, unterschiedliche Erscheinungsformen, verschiedene Sitten und Gebräuche, unterschiedliches Liedgut, differierende Auffassungen aber ein Ziel „Scouting nach Gesetz und Versprechen“, gemäss Baden-Powell.
Das sind gute Voraussetzungen und inzwischen hat die WFIS Mitglieder in Europa, Asien, Ozeanien so wie Nord-, Zentral- und Süd-Amerika. Man muss sehen, wie es weiter geht.
Noch idealer aber erschiene wohl ein Weltverband, der bei aller Unterschiedlichkeit der Kulturen, die Gemeinsamkeit seiner Mitglieder in der Weltpfadfinder-Bruderschaft nach Innen ausgerichtet auf das Georgspfadfindertum von Baden-Powell erreichen könnte und nach Außen auf einen ähnlichen Ausbildungs- und Erscheinungsniveau aller, auch in gleicher Kluft, gelangen würde. Eine Zukunftsvision.

Zuschussmentalität

Viele Pfadfinderstämme haben Angst davor, den gleichen Weg zu gehen, den wir gegangen sind. Sie befürchten, ihren Gruppenraum zu verlieren, keine Zuschüsse mehr zu bekommen und auch ansonsten in kirchlichen oder politischen Misskredit zu geraten.
Dafür opfern sie dann ihre Freiheit und Unabhängigkeit und senken das Haupt ehrfürchtig und demütig.
Die Mitglieder, sprich Kinder und Jugendliche, bekommen von alledem meist nichts mit.
Wenn die Stammesleitung dann noch ganz mutig ist, widersetzt sie sich, teilweise wenigstens, den Anweisungen von oben und praktiziert noch ein wenig vom Pfadfindertum, immer gewiss, dass es nicht bis an die richtigen Stellen durchdringt.
So gibt sie alles auf, dass mit dem Geist BiPis vereinbar wäre und gibt zusätzlich noch ein schlechtes Beispiel von Unaufrichtigkeit und Unehrlichkeit.
Um Beiträge an ihren Bund zu sparen oder Zuschussansprüche in die Höhe zu treiben werden nicht selten und je nach Bedarf falsche Zahlen angegeben. Das ist dann wohl nicht im Sinne des Erfinders – wie man so salopp und volkstümlich zu sagen pflegt.
Die uns anvertrauten Kinder und Jugendlichen sollen auch „Lernen durch Beispiel“. An anderer Stelle bin ich darauf noch näher eingegangen. Hier will ich aber noch folgendes dazu sagen: In den Augen der Mitglieder werden durch ihre Taten die Leiter zu positiven oder negativen Vorbildern. Man sollte sich also überlegen, ob man aus den aufgeführten Gründen und wegen Zuschüssen eine ganze Gruppe von jungen Menschen zu unfreien Kriechern erziehen will.
Baden-Powell schreibt dem Sinne nach, dass Pfadfinder keine Wohltätigkeitsorganisation ist, die Leuten der sog. besseren Gesellschaft Gelegenheit gibt, es gut mit armen Kindern zu meinen. Ebenso ist es keine Botenorganisation für die Befriedigung öffentlicher Interessen.
Es kann also nicht sein, dass finanzstarke Organisationen durch Bereitstellung öffentlicher oder kirchlicher Mittel Einfluss auf die pfadfinderische Jugendarbeit nehmen.

Das widerspricht jeglicher Form des freiheitlichen Denkens bündischer Jugend und insbesondere dem Pfadfindertum, das nach dem Willen des Gründers unpolitisch angelegt ist.
Um pfadfinderische Jugendarbeit zu machen, bedarf es keiner großen finanziellen Mittel. Sie machen es natürlich einfacher. Deshalb sollte man nur die Gelder annehmen, die ohne Auflagen bereitgestellt werden.
Alles andere macht abhängig. Die Freiheit aber ist die Voraussetzung zur Entfaltung all der positiven Werte, die uns durch das Pfadfindertum angeboten werden.

Etwas davon, was Recht ist

Überall kann man die geflügelten Worte hören:
„Als Jugendleiter steht man sowieso immer mit einem Bein im Gefängnis".
Das es nicht so sein muss, möchte ich, zur Beruhigung der Beteiligten, hier aufzeigen. Voraussetzung dafür ist aber immer, dass man die Gesetze kennt und die Vorschriften beachtet. Sonst kann in der Tat sehr schnell ein Problem entstehen, das einem den Schlaf rauben könnte.
Baden-Powell hat zu seiner Zeit das Thema Gefahren natürlich etwas lockerer sehen können. Er schreibt dazu:
Ich bedauere die moderne Tendenz, „Sicherheit zuerst" vor alles andere zu stellen. Eine gewisse Menge Gefahr ist notwendig im Leben, eine gewisse Menge Praxis in der Übernahme von Gefahren ist notwendig zur Verlängerung des Lebens. Pfadfinder müssen bereit sein, Schwierigkeiten und Gefahren im Leben zu begegnen. Wir wollen ihre Erziehung daher nicht weich machen. (Zitat Ende)
Daran haben wir uns bisher auch gehalten. Jedoch müssen wir den heutigen Gesetzen und der gültigen Rechtsprechung folgen und uns danach richten.
Zuerst will ich auf die Versicherungen eingehen, die das Risiko abmildern sollen. In der Satzung und Ordnung der EPG steht unter Beitragsordnung der EPG auf Seite 23:

Für alle Mitglieder hat die EPG Versicherungen abgeschlossen. Die Haftpflichtversicherung deckt Schäden gegenüber Dritten, die durch die Mitglieder entstanden sind, wenn sie im Auftrag der EPG gehandelt haben oder für diese aktiv waren.
Das bezieht sich nur auf ausgebildete Leiter der EPG. Im Auftrag gehandelt haben bedeutet, dass ein Leiter für die EPG Pfadfinder z.B. mit seiner Sippe unterwegs war. Er hat nicht „grobfahrlässig" gehandelt und trotzdem ist etwas geschehen, dass versicherungsrechtlich abgedeckt werden soll. Dann tritt der Versicherungsschutz ein. Ebenso ist es mit dem letzten Absatz.
Die Rechtschutzversicherung unterstützt die EPG bei der Durchsetzung ihrer berechtigten Interessen und Forderungen gegenüber Dritten.
Ist also in der Sippenstunde etwas geschehen, dass zu einer Anklage der Eltern eines Kindes gegen den Leiter führt, so ist, bei dem hier geschilderten Fallbeispiel, die Situation etwa wie folgt:

Ein Leiter und sein Hilfsleiter erleben vor dem Jugendhaus mit ihren Wölflingen eine Schneeballschlacht. Dabei gerät ein Mädchen mit einem Jungen zusammen und wird von diesem gewürgt. Im Tumult bemerken es die Leiter erst, als das Kind wild strampelnd nach Atemluft ringend am Boden liegt. Am nächsten Tag melden sich die Eltern des Mädchens und drohen mit einer Anzeige. Der Leiter kann die Leute beruhigen und so das Ungemach abwenden. Wäre es aber zur Anzeige gekommen, hätte ein Staatsanwalt die Ermittlungen aufnehmen müssen. Bei diesen Ermittlungen wäre es von Bedeutung gewesen, ob der oder die Leiter sich an der Schneeballschlacht beteiligt hätten oder nicht.
Im ersten Fall wäre die Aufsichtspflicht bereits verletzt gewesen, im zweiten Fall nicht. In beiden Fällen hätte aber unsere Rechtschutzversicherung die Interessen des Leiters vertreten. Bei grober Fahrlässigkeit, also wenn die Leiter sich in der Zeit anderweitig beschäftigt hätten oder sogar alkoholisiert gewesen wären, hätten sie alleine da gestanden.

Wäre nun aus dem Unglück auch noch ein Krankenhausaufenthalt entstanden und die Eltern hätten auf Schmerzensgeld geklagt, hätte es wie folgt ausgesehen:

Bei richtiger Aufsicht und evtl. leichter Fahrlässigkeit hätte die EPG Haftpflicht den Leiter unterstützt, bei grober Fahrlässigkeit nicht.

Ein wichtiger Gesichtspunkt ist der folgende, den wir so beschrieben haben:
Für Schäden untereinander muss die Haftpflichtversicherung des jeweiligen Mitglieds eintreten, dass den Schaden verursacht hat. Deshalb muss jedes Mitglied bei seinem Eintritt in den Bund diese eigene Haftpflichtversicherung bestätigen.
Alle Stämme sind also aufgefordert, bei der Aufnahme von Mitgliedern, diese eigene Haftpflicht bestätigen zu lassen. Das folgende Fallbeispiel soll den Hintergrund etwas verdeutlichen:

In einem Pfingstlager spielen die kleineren Lagerteilnehmer, unter Aufsicht, an einem Bach. Trotz ständigem Ermahnen der Leiter wird mit Steinen geworfen, um sie auf dem Wasser möglichst weit hüpfen zu sehen. Dabei trifft plötzlich ein Geschoss von Robert den Kopf von Hans und dieser blutet stark. Er wird sofort in ein Krankenhaus gefahren. Dort wird die Wunde genäht mit Spritze und so weiter und so fort. Natürlich wollen die Leute im Krankenhaus den Grund und den Täter wissen. Dabei wird nur gesagt, es geschah im Pfadfinderlager. Dann verlangt der Vater von Hans Erstattung der Kosten, denn er ist privat versichert. Ergebnis: Die Haftpflicht von Robert muss zahlen. Hätte aber keine ständige Ermahnung statt gefunden wäre eine Aufsichtspflichtverletzung zum Tragen gekommen und die Versicherungen hätten sich gestritten. Bei grober Fahrlässigkeit hätten die Pfadfinder selbst die Kosten übernehmen müssen.

Aus diesen Fallbeispielen geht der Kern der Sache recht klar hervor, wenn man im Rechtswesen und Versicherungswesen überhaupt von klar sprechen kann.

Bei nachweislicher und entsprechender Aufsicht und Ausbildung kann auch dem Leiter nichts geschehen. Bei „leichter Fahrlässigkeit", also bei einer nachvollziehbaren Unachtsamkeit, wird es ebenso sein. Allerdings bei einer „groben Fahrlässigkeit", oder sogar „Vorsatz" würde es sehr ernst.
Wichtig ist also, dass die Leiter sich über ihre Aufgaben und die übernommene Verantwortung klar sind und entsprechend handeln. Dem Bund kommt hier auch eine gewisse Aufgabe der Vorsorge für ihre Leiter zu als Träger der Jugendhilfe. Deshalb führen wir regelmäßig spezielle Ausbildungswochenenden durch, an denen insbesondere auch die Themen „Erste Hilfe" und „Aufsichtspflicht" umfassend behandelt werden. Außerdem stellen wir geeignetes Schrifttum zur Verfügung. Es wurde vom derzeitigen Rovermeister der EPG – Martin Berens – zusammengestellt und kann über das Bundesamt oder die EPG Geschäftsstelle angefordert werden. Der Titel: „Wegweiser zur Aufsichtspflicht".
Es gibt also mehrere Möglichkeiten für Leiter, sich mit den Themen der Aufsichtspflicht intensiv auseinander zu setzen und sich entsprechend zu schulen. Wer es nicht tut, begibt sich leichtfertig auf glattes und dünnes Eis. Es ist heute nicht mehr damit getan, einfach los zu ziehen und die Dinge treiben zu lassen. So lange alles glatt läuft, sind Kinder und besonders die Eltern zufrieden. Wenn aber einmal etwas daneben geht, haben es schon vorher alle gewusst und ganz schnell kommen die Forderungen.

Wenn z. B. die Leiter eines Lagers zu Beginn eine Belehrung der Lagerteilnehmer durchführen, ist das völlig in Ordnung. Sie müssen ihre Warnungen und Ratschläge aber mindestens täglich wiederholen, um rechtlich abgesichert zu sein. Tun sie es nicht, müssen sie damit rechnen, für entstandenen Schaden haftbar gemacht zu werden.

Hier nun ein paar Definitionen der Altersstufen:

0 bis einschließlich 13 Jahre:	Kind
14 bis einschließlich 17 Jahre:	Jugendliche/r
0 bis einschließlich 17 Jahre:	Minderjährige/r
ab 18 Jahre:	Volljährige/r

18 bis einschließlich 20 Jahre:	Heranwachsende/r
18 bis einschließlich 26 Jahre:	Junge/r Volljährige/r
0 bis einschließlich 26 Jahre:	Junger Mensch

Das bedeutet folgendes:

Geschäftsfähigkeit

0 bis einschließlich 6 Jahre:	nicht geschäftsfähig
7 bis einschließlich 17 Jahre:	beschränkt geschäftsfähig
ab 18 Jahre:	voll geschäftsfähig

Deliktsfähigkeit

0 bis einschließlich 6 Jahre:	nicht haftbar (deliktunfähig)
7 bis einschließlich 17 Jahre:	bedingt haftbar
ab 18 Jahre:	voll haftbar

Strafmündigkeit

0 bis einschließlich 13 Jahre:	strafrechtlich Schuldunfähig
0 bis einschließlich 20 Jahre:	Anwendung des Jugendstrafrechts
0 bis einschließlich 26 Jahre:	Leistung aus Kinder- und Jugendhilfegesetz

Aus diesen Definitionen geht hervor, mit welchen Gegebenheiten wir es in unseren verschieden Altersstufen zu tun haben und welche rechtlichen Folgen sich daraus ergeben.
Diese Definitionen von Geschäftsfähigkeit, Deliktsfähigkeit und Strafmündigkeit haben also auch ihre Auswirkungen auf die Strukturen in unseren Altersstufen.

Mäuse von 3-5 Jahre sind noch nicht versicherbar und deshalb bleiben ja auch die Beiträge in den Stämmen und werden von diesen stammesintern sinnvoll eingesetzt. Weiter muss bei jedem Kind ein Elternteil dabei sein, denn hier können keine Sippenleiter die alleinige Verantwortung übernehmen. Dadurch hat jedes Kind eine verantwortliche Bezugsperson.
Biber von 5-7 Jahre sind (bis 6 Jahre) nicht geschäftsfähig, nicht haftbar und nicht schuldfähig. Das bedeutet für die Sippenleiter eine

besondere Verantwortung, denn alles was die Kinder tun, hat für diese noch keine Konsequenzen, können aber im ungünstigen Fall den Leiter treffen. Ab 7 Jahre treten dann die Haftpflichtversicherungen ein und die Mitglieder der Stufen Wölflinge, Jungpfadfinder und Pfadfinder sind entsprechend ihrem Alter beschränkt geschäftsfähig, bedingt haftbar und unterliegen dem Jugendstrafrecht.
Rover und Leiter ab 18 Jahre sind dann voll geschäftsfähig und voll haftbar.

Hier noch ein paar Worte zu den Definitionen der unterschiedlichen Verantwortlichkeiten:

Wer **widerrechtlich** und ohne Notwehr gegen Gesetze und Vorschriften verstößt, macht sich strafbar und muss sich selbst dafür verantworten.

Wer **vorsätzlich** eine Situation herbeiführt, die anderen zum Schaden ist, muss ebenfalls selbst dafür haften. Es tritt keine Versicherung zu seiner Unterstützung ein.

So ist es auch bei **grober Fahrlässigkeit**. Der Leiter will zwar nicht, dass etwas passiert. Er tut aber nicht ausreichend etwas dagegen und ist für alle entstehenden Schäden alleine verantwortlich.

Im Falle einer **leichten Fahrlässigkeit** geht es um leichte Unachtsamkeiten und Nachlässigkeiten. In diesen Fällen erhält der Leiter die Unterstützung der Versicherungen und kann mit Hilfe rechnen. Trotzdem ist jeder angehalten, die Verantwortung gegenüber den ihm anvertrauten Kindern und Jugendlichen sehr ernst zu nehmen und keinen Leichtsinn aufkommen zu lassen.

In seiner Broschüre „Wegweiser zur Aufsichtspflicht“ hat Martin Berens das Thema sehr umfassend behandelt und führt auch die rechtlichen Konsequenzen aus dem Bürgerlichen Gesetzbuch (BGB) und dem Strafgesetzbuch (StGB) ausführlich auf. Er beschreibt die zivilrechtlichen Folgen ebenso wie die strafrechtlichen Folgen und

geht ein auf das Sexualstrafrecht und das Gesetz zum Schutz der Jugend in der Öffentlichkeit. Schließlich wird an Hand von Fallbeispielen sehr anschaulich beschrieben und geschildert, wie es in der Praxis zugehen kann und welche Folgen daraus resultieren.
Ich rate dringend allen Leitern in der EPG, sich intensiv mit der Materie zu befassen, damit auch weiterhin unser Pfadfindertum nur Freude und Erfolg bringt.

Meditation

Das Wort Meditation hat viele Auslegungen erfahren, wird aber hauptsächlich definiert mit „Nachdenken“, „sinnende Betrachtung“ und etwas spezieller und je nach Veranlagung mit „religiöser Versenkung“ belegt. Demnach ist meditieren nichts anderes als nachdenken und sinnend betrachten, also eine Art innere Einkehr.
In meiner Zeit als Jungpfadfinder gab es manchmal sogenannte „Einkehrwochenenden“.
Sie fanden statt in Klöstern. Nicht in sehr guter Erinnerung ist mir das Kloster in Leutesdorf am Rhein. Wir waren alles Jungen und hatten wegen der sommerlichen Hitze natürlich kurze Stoffhosen und teilweise auch kurze Lederhosen an. Dafür wurden wir von dem Pater als „unsittliche Schweine“ tituliert. Das hat uns natürlich sehr zu denken gegeben.
Viel besser war es auf Kloster Arnstein an der schönen Lahn. Dort war ich einmal als Jungpfadfinder zum Einkehrwochenende und zweimal als Pfadfinder und Begleiter einer solchen Aktion für Jüngere.
Nur hat man damals diese Dinge rein religiös dazu benutzt, die Teilnehmer auf den rechten Pfad des Glaubens zu führen oder sie dort zu halten.
Es gibt viele verschiedene Formen von Meditation, oder was dafür gehalten wird.
Ich war vor etwa 15 Jahren mit Pfadfinderleitern zu einem Wochenende in einem Kloster bei Wittlich. Ein Kloster wurde

ausgesucht, weil man dort wirklich abgeschieden von der Außenwelt sein wollte und auch tatsächlich sein konnte.

Allerdings muss ich sagen, dass es auch viele andere sehr geeignete Orte gibt, die den gleichen Zweck erfüllen. Es ist halt nur eine Frage der Organisation.

In unserem Fall also waren wir gut untergebracht. Die Versammlung verlief auch erfolgreich. Nur die Sache mit der Meditation hatte der dafür zuständige Freund etwas falsch angepackt.

Zur dafür vorgesehenen Stunde versammelten wir uns in einem abgedunkelten Raum, einer Art Hauskapelle. Auf dem Altarstein in der Mitte brannte eine große Kerze und wir setzten uns im Kreis rundherum. Schweigend lauschten wir der leisen Meditationsmusik. Nach etwa 10 Minuten innerer Besinnung wurden wir aufgefordert, spontan aus der Runde heraus über unsere Fehler und Schwächen zu erzählen. Wir sollten uns also Outen.

Das unsinnige Gestammel von Schuldbekenntnissen werde ich nicht mehr so schnell vergessen. Es brachte das ganze Wochenende durcheinander. Sicher ein ungeübter Fehlversuch.

Ein Pfadfinderfreund berichtete mir von einem Treffen eines großen Bundes. Dort sollten die etwa 50 Teilnehmer über Menschlichkeit und Völkerverständigung meditieren. Ein Bild, bestehend aus einer völlig schwarzen Fläche mit weißem Rand wurde im verdunkelten Raum vor den auf dem Boden sitzenden Kandidaten aufgestellt und leicht angestrahlt.

Die Leute sollten sich auf die schwarze Fläche konzentrieren und nach einiger Zeit spontan von sich geben, welche Bilder oder Visionen ihnen dort sichtbar wurden.

Und in der Tat fingen plötzlich vergeistigte Stimmchen an zu erzählen. Ich sehe Menschen flüsterte jemand. Ein anderer sah Waffen und die nächsten sahen Menschen in Kämpfe verwickelt. Schließlich stimmte eine sehr zitternde Stimme aus der letzten Reihe ein Friedenslied an und während zwar zögernd aber unaufhaltsam immer mehr Teilnehmer in den Chor einstimmten, verließ unser Pfadfinderfreund den Ort der Versammlung und wurde auf solchen Treffen auch nicht mehr gesehen.

Weil wir gerade davon sprechen und weil es auch etwas belustigend ist, noch schnell eine ähnliche Geschichte.

Eine ebensolche Gruppe, nur aus einem anderen Bundesland, versammelte sich zu einem Wochenende mit dem gleichen Thema auf einer stolzen Burg.
Um dem Motto Nachdruck zu verleihen, bastelten die Teilnehmer aus Pappe und Papier symbolisch eine kleine, friedliche Stadt, in der alle ganz friedvoll miteinander leben wollten. Das war auch Meditationsziel.
Am letzten Tag verlor jemand die Beherrschung. Er sprang ohne Erklärung auf und zertrampelte die ganze Anlage. Anschließend verließen die Verwirrten noch vor Mittagessen und Gottesdienst fluchtartig den Ort des Grauens. Ein Kommentar dazu erübrigt sich wohl.

Wenn Meditation auch Nachdenken bedeutet, dann ist Denken alleine schon Meditieren.
Was aber ist eigentlich der Sinn dessen, was mit dem Wort Meditation gemeint ist und ist es überhaupt wert, sich mit diesem Thema zu beschäftigen. Wir haben doch weiß Gott alle genug mit der Bewältigung unserer wichtigeren Aufgaben zu tun, oder?
Und genau hier beginnt schon die falsche Ansicht der Dinge und der Ursprung vieler Lebensprobleme.
Leider wird uns Menschen bei der Erziehung und Vorbereitung auf das Leben meist nichts vermittelt, was die für ein glückliches und erfolgreiches Leben wichtigsten Grundlagen enthält.
Als ich in einer etwas schwierigen Lebensphase im Alter von 25 Jahren nach Auswegen suchte, fiel mir in einer Zeitschrift eine Anzeige auf, in der ein Buch mit dem Titel "Nutze die Kraft Deines Geistes" angepriesen wurde.
Ich bestellte und bekam eine Woche später das Werk in die Hand. Was ich da las war für mich so etwas von neu und umwerfend, dass ich sehr nachdenklich wurde.
Zum ersten Mal erfuhr ich etwas über das Unterbewusstsein, vom positiven Denken und den Erfolgs- oder Misserfolgsmechanismen, die damit verbunden sind. Und obwohl ich natürlich unwissend und deshalb sehr skeptisch war, leuchtete mir ein Teil der dort offerierten Dinge als logisch ein.

Das es die Möglichkeit geben sollte, mit der eigenen Geisteskraft die Dinge des Lebens zu beeinflussen, war natürlich ein sehr revolutionärer Gedanke, für einen jungen Menschen, dem man zeitlebens nur vom Schicksal und Gottesfügung gepredigt hatte.
Aber der Gedanke, den lebensbeeinflussenden Gewalten von außen nicht bedingungslos ausgeliefert zu sein, weckt doch wirklich Hoffnung.
Als Kind hat man uns gelehrt zu beten. Aber dieses Beten hatte wohl eher die Gestalt von Bitten und Unterwerfen, also eine Art Flehen und Anbiedern, an wen oder was auch immer.
Der Einsatz eigener geistiger Kräfte ist aber auf etwas entschieden anderes aufgebaut.
Bevor wir nun in die Materie des Meditierens einsteigen, möchte ich dir noch ein paar grundlegende Gedanken versuchen näher zu bringen. Dabei will ich mich versuchen kurz zu fassen und so einfach als möglich auszudrücken, denn dieses Buch ist ja kein reines Lehrbuch für Psychologie, obwohl im Pfadfindertum sehr viel davon enthalten ist.
Du bist als Einzelwesen geschaffen und kommunizierst mit deiner Außenwelt durch den Einsatz deines Bewusstseins. Dein Bewusstsein steuert den gesamten Ablauf in deiner äußeren Welt. Denken und Handeln werden dadurch gesteuert.
Im Schlaf kommst du dann zur Ruhe, verarbeitest aber schließlich trotzdem unbewusst die Dinge, die du bewusst erlebt hast. Hinzu kommen deine Träume und dabei denkst du natürlich an die Träume im Schlaf.
Aber was ist mit deinen Träumen, die dich auch begleiten, wenn du nicht oder noch nicht eingeschlafen bist. Deine geheimen Wünsche, deine Sehnsüchte.
Wenn du krank bist, wünschst du dir bestimmt Gesundheit. Wenn du einsam bist hast du Sehnsucht nach Freundschaft, nach Liebe und Geborgenheit. Wenn es in der Schule oder bei der Arbeit nicht so recht klappen will, wünschst du dir Erfolg auf der ganzen Linie und wenn die Finanzen nicht stimmen, erhoffst du dir ein kleines Wunder, egal woher es kommen mag.

Aber wenn sie dir beigebracht haben, dass du dumm bist, dass das Leben eine ständige Katastrophe bedeutet und du mit zu den Verlierern zählst, was dann?
Wenn sie dir als Kind schon die Lebensfreude geraubt haben, weil man sie ihnen auch genommen hatte. Was dann?
Ich kenne Menschen, die hadern ihr ganzes Leben lang mit ihrem „Schicksal". Sie trauern der verdorbenen Kindheit nach, jammern über das Elternhaus das an ihrem verpfuschten Leben Schuld hat. So finden sie ständig einen Grund als Entschuldigung ihres eigenen Versagens.
Dabei gibt es keinen anderen Schuldigen, und wenn es überhaupt einen Schuldigen gibt, dann sind sie es selbst.
„Du allein bist der Schöpfer deines eigenen Lebens."
Dieser Satz wird dir zu Denken geben und das soll er auch. Besser du sprichst mit keinem anderen Menschen über das was ich dir hier erzähle, denn aus Erfahrung weiß ich, dass sie es dir ausreden wollen. Sie werden es dir versuchen mies zu machen.
Lass es unser Geheimnis bleiben. Lass es dein Geheimnis bleiben. Sie werden mit ihrem Bewusstsein die Veränderungen an dir und um dich früh genug feststellen und wenn sie dich danach fragen, dann lächle sie freundlich an. Das ist Antwort genug.
Als Pfadfinder bist du ja sowieso stets guter Laune, auch wenn es einmal Schwierigkeiten gibt. Überhaupt sind die geistigen Gesetze, die ich dir in diesem Absatz näher bringen will, in unserem Pfadfindertum fest verankert. Die Lebensphilosophie des Pfadfindertums führt deshalb auch unabwendbar zu einem Leben in Freude und Fülle.
In einem anderen Buch werde ich versuchen, diese Gedanken entschiedener zu vertiefen. Kehren wir aber nun zurück zu dir, deinem Bewusstsein und deinen Lebenserwartungen.
Wenn du als Kind einen bislang unerfüllten Wunsch hattest, gingst du damit vielleicht zu deiner guten Oma. Der hast du vertraut und du hast daran geglaubt, dass sie dir deinen Wunsch erfüllt. Das hat dich schon als kleines Kind die Erfahrung gelehrt.
Aber an wen sollst du dich jetzt wenden, wenn es in deiner Seele brennt, kocht und brodelt.

Du hast vielleicht schon überall angeklopft, gehofft und geglaubt zu glauben und bist enttäuscht worden. Wo sollst du noch suchen, wenn du in der äußeren Welt nichts gefunden hast?
Such in dir selbst und du wirst überrascht sein, wen du dort findest. Alles was du brauchst und nötig hast, trägst du in dir. Du musst nur danach greifen und deine Möglichkeiten richtig erkennen und einsetzen. Du bist als ein göttliches Wesen geschaffen, um gesund und glücklich durch die Jahre deines Erdenlebens zu gehen, auf der Spur deines Selbst und auf dem Weg zu Erkenntnis durch Erfahrung. Versuche zu verstehen, dass du eine Seele in einem Körper bist und nicht ein Körper, der möglicherweise so was wie eine Seele hat.
Wenn ich dir eben erzählt habe, dass die Außenwelt eine Sache des Bewusstseins ist, so findest du dein unsichtbares Ich im Unbewussten, dem Unterbewusstsein. Wenn also die Kommunikation in der Außenwelt durch das Bewusstsein der körperlichen Sinne erfolgt, geschieht dieser Vorgang im Unbewussten unsichtbar im Bereich des Seelischen.
Wenn du dir nun vorstellst, dass in einem Fußballstadion 80.000 Menschen toben und schreien, dann drücken sie dadurch äußerlich in ihrer Umwelt aus, um was es ihnen im Moment geht. Stellt sich die Frage, ob diese Menschen auch über ihr Unterbewusstsein miteinander in Kontakt treten könnten. Großangelegte weltweite Aufrufe haben in den 80er Jahren Menschen rund um den Erdball dazu gebracht, zu einer bestimmten Stunde gleichzeitig an den Frieden in der Welt zu denken. So sollte ein Band gemeinsamer Kraft für eine positive Entwicklung entstehen. Das Ergebnis könnte die langsame Beruhigung der vorher so gefährlichen und feindlichen Situation zwischen den Weltmächten im Osten und Westen gewesen sein. Schließlich kehrte ein Umdenken ein und das unvorstellbare geschah mit dem Fall der Mauer in Berlin. Vielleicht war es der gemeinsame unbewusste Geist vieler, der den Weltfrieden gesichert hat.

Ganz wichtig ist auch noch die Feststellung, dass dein Unterbewusstsein nur eine ausführende Kraft ist. Du triffst deine Entscheidungen ganz bewusst und dein Unterbewusstsein nimmt Kontakt auf und bringt deinen Entschluss zur Ausführung.

Deshalb ist auch Vorsicht geboten, was für Gedanken als Aufgabenstellung an dein Unterbewusstsein gelangen. Es können sich daraus Ereignisse anbahnen, an die man zwar gedacht hat, die aber ungewollt sind.
Im Wachzustand denkt der Mensch ja ununterbrochen. Würde man dieses Datendurcheinander auf einem Bildschirm sehen können, es käme zu größeren Verwirrungen.
Von daher wartet deine Unterbewusstseinszentrale natürlich auf konkretisierte Aufgabenstellungen, wenngleich aus dem Datendurcheinander Trends erkennbar werden und sich als Großwetterlage manifestieren und festsetzen.
Ich denke da an grundsätzlich positiv oder negativ, wie umgänglich, freundlich hilfsbereit oder bösartig, neidisch oder gehässig.
Das Unterbewusstsein ist ganz harmlos und göttlich einfältig. Es nimmt dich beim Wort.
Der Chef hat sich entschieden für Armut und Untergang, also weg mit der Arbeit, der Wohnung, den Freunden und der Familie und ab unter die nächste Brücke. Die Slums dieser Welt sind Ausdruck geistiger Verarmung und Unkenntnis der elementaren Zusammenhänge von Bewusstheit und Unterbewusstsein. Nur wenn es gelingt, der Menschheit das nötige Wissen darüber zu vermitteln, wird es möglich sein, den scheinbar unabwendbaren Weg ins Elend zu unterbrechen.
Der Chef hat sich entschieden für Gesundheit, Glück und Erfolg also wollen wir die geeigneten Wege dafür suchen und darauf hinarbeiten.
Als ein göttliches Geschöpf steht es dir zu, dass du völlig gesund bist. Alles andere ist gegen den Plan deines Schöpfers. Es widerstrebt seinem Willen von der Ganzheit und der Vollkommenheit seines Wollens.
Das betrifft auch alle anderen Dinge unseres Lebens. Glück steht dir ebenso zu wie Erfolg.
Da du aber ein freier Mensch bist mit einem ebenso freien Willen, kannst du Einfluss nehmen und mitentscheiden, was aus dir wird. Dumm ist nur, dass es uns keiner gesagt hat und wir uns deshalb oft falsch programmiert haben mit dem Ergebnis vielleicht von Krankheit und ungewollten Problemen.

Ganz wichtig auf diesem Weg der eigenen Erkenntnis ist aber auch noch, dass du nichts entscheiden oder wollen darfst und dass auf überhaupt gar keinen Fall das zum Nachteil eines Anderen wäre.
Hier hast Du natürlich durch das Pfadfindertum die allerbeste Stütze, festgelegt im Pfadfindergesetz und dem Pfadfinderversprechen, untermauert im Pfadfindergebet, dem Schutzgebet und dem Gebet des Franz von Assisi.
Alles was du dir also als Wunsch für dein Leben vorstellst, wird eintreffen und auf dich zukommen. Deshalb musst du vorher deine Gedankenwelt in Ordnung bringen, sonst könnte es dir sehr massiv zum Nachteil gereichen.
Weiter hätte es auch keinen Sinn und wäre erfolglos, wenn du deine eigenen Vorstellungen mit anschließenden Gedanken an unerreichbares begleiten würdest. Also mit anderen Worten, du musst fest darauf vertrauen, dass die Dinge deiner Vorstellungswelt sich auch mit Leben erfüllen werden. Es darf aber kein aufgesetzter Glaube sein. Du musst, und kannst, ganz einfach Vertrauen.
Alle deine Wünsche und Hoffnungen aus der feinstofflichen Welt werden sich in dir ausdrücken und sich in deiner sichtbaren Welt materialisieren. Probiere es aus und es wird dich faszinieren. Es wird dich regelrecht umhauen.
Doch bevor es soweit ist, hier noch einige weitere Informationen als eine Art Gebrauchsanweisung, damit nichts schief geht.
Was darfst du dir wünschen und gibt es Dinge, die für dich tabu sind?
Klare Antwort:
Du darfst Dir alles Wünschen.
Dein sensibilisiertes Gewissen wird dir sagen, ob deine Wünsche in Ordnung sind.
Bei einigen grundlegenden Dingen will ich dir behilflich sein, denn es ist durchaus möglich, dass man dich mit Vorurteilen in der einen oder anderen Sache falsch gepolt hat.
Z.B. das Thema Geld und materielle Werte.
Du kennst doch sicher die Redensarten, die für materiell ärmere Leute bestimmt sind. Geld ist schmutzig, es verdirbt den Charakter und aus der Bibel falsch zitiert „Eher geht ein Kamel durch ein Nadelöhr als das ein Reicher eingeht in das Himmelreich“.

Das ist natürlich großer Unsinn. Nicht das Geld ist schmutzig und auch gegen den Reichtum an materiellen Werten ist überhaupt nichts einzuwenden, denn nur wer da hat, kann an andere weitergeben. Es ist nur die Frage, wie man zu diesen Dingen gekommen ist. Wenn es durch die brutale Ausbeutung anderer erworben wurde, wird es nicht sehr lange anhalten und vor allen Dingen, es wird seinen Besitzer nicht glücklich machen. Und wenn es das nicht tut, hätte man besser nichts davon gewusst.
Alles was du dir wünschst, soll dich ein Stück weiterbringen und dich froh und glücklich machen.
Dann solltest du wissen, wie hoch du deine Wünsche ansetzen kannst. Für einen Menschen mit mäßiger Schulbildung wäre es ein Unding, wenn er sich am nächsten Monatsersten als Professor an einer Universität sehen würde.
Auch der schnelle Aufstieg zum Millionär dürfte nicht im Bereich von Realisierbarkeit stehen. Du verstehst was ich meine.
Reichtum beginnt zunächst einmal nicht nur mit Geld und materiellen Gütern, sondern auch mit Harmonie, Glück und Zufriedenheit.
Überlege dir also, was dir zunächst wichtig ist. Definiere auch deine Fernziele, damit du diese anstreben kannst. Und wenn du nicht so genau weißt, was für dich der richtige Weg ist, dann überlass es deiner inneren Führung. Auf die einzelnen Wege kommen wir noch zu sprechen.
Das positive Denken beginnt schon mit einer täglichen Eigenprogrammierung, mit Selbstsuggestion. Du entwickelst für dich eine Art Gebet, in der du deine Wünsche und Vorstellungen fest einfügst und sie dir mehrmals täglich vorsagst, so als seien sie schon in dein Leben getreten oder die Erfüllung stände kurz bevor.
So ein Kurzgebet könnte etwa folgendermaßen aussehen:
„Ich bin ein gesundes und glückliches Menschenkind.
Um mich herrscht Frieden und Harmonie.
Alle meine Unternehmungen sind erfolgreich."
Oder du suchst dir für dich wichtige Punkte heraus und fügst sie zusammen.
Du behauptest ganz fest und inbrünstig, dass es so ist wie z.B.:
„Ich bin völlig gesund und lebe in Harmonie mit mir und meiner Umwelt.

Die göttliche Führung in mir eröffnet mir alle Wege für mein Leben in Glück, Freude, Reichtum und Fülle. Alle meine Wünsche werden sich erfüllen."
Diese Selbstsuggestionen kannst du dir selbst zusammenstellen und mehrmals am Tag wiederholen. Das geht sogar während der Arbeit oder in der Schule, bei einer kurzen Einkehr in dich selbst.
Zum eigentlichen Meditieren, zum Nach-denken oder Vor-denken brauchst du, zumindest am Anfang, Ruhe und Abgeschiedenheit.
Ziehe dich in einen ruhigen Raum zurück, wo dich keiner stört. Sorge für angenehme Temperaturen. Vielleicht zündest du eine Kerze an und lässt es dir gut gehen in dem milden Licht. Etwas gedämpfte Musik, natürlich ohne Text und beruhigend, bringt die Stimmung auf den Punkt.
Dann lege dich bequem hin und atme ganz ruhig und bewusst ein und aus.

Lass dir Zeit und vergiss alles um dich herum. Spüre deinen Körper ganz bewusst auf der Unterlage. Du fühlst wie sich Dein Brustkorb hebt und senkt. Du spürst deinen Kopf, die geschlossenen Augen, die Nase durch die Luft ein- und ausdringt, die Lippen und den Rachenraum. In Deiner Gefühlswelt kannst du deine Arme, Gelenke und Hände spüren und deinen Brustbereich bis hinunter über den Bauch zum Becken. Die Schenkel, Knie und unten deine Füße mit allen Zehen. Du liebst deinen wohlgeformten Körper, der deine irdische Wohnung ist und wünschst dir körperliche Gesundheit, Unversehrtheit und Vollkommenheit.
Du atmest tief und ruhig ein und aus. Du bist ganz entspannt und ruhig. Nichts kann dich stören. Du bist ganz in dich zurückgezogen. Du weißt, dass du in deiner geistigen und feinstofflichen Welt überall sein kannst, obwohl dein Körper entspannt auf der Unterlage ruht.
In deiner Phantasie verlässt du nun diesen Raum und gehst hinaus. Durch Straßen hindurch verlässt du die Enge der Menschensiedlung und gehst hinaus, wo es hell ist und die Sonne lacht. Du gelangst an den Rand einer sehr großen Wiese. Sie reicht soweit das Auge sieht bis hin zu ganz entfernten hohen Bäumen.
Du schreitest durch das hohe Gras und streichst darüber mit den ausgebreiteten Händen. Um dich herum blühen bunte Blumen, roter

Mohn, gelbe Schlüsselblumen neben weißen Margarethen und blauen Kornblumen. Es riecht nach Frische und ein großes Glücksgefühl ist in dir. Die Vögel zwitschern und die Grillen zirpen ihr fröhliches Lied. Aus der Ferne hörst du den Kuckuck rufen und du bist so glücklich wie ein kleines Kind auf einer Frühlingswiese.
Mitten im grünen Gras legst du dich hin, einfach hinein in diese Pracht aus Blüten und Wohlgerüchen.
Über dir siehst du den blauen Himmel im gleißenden Sonnenlicht. Hier bist du deinem Schöpfer ganz nah. Hier kann dein Unterbewusstsein Kontakt aufnehmen mit dem Überbewusstsein. Hier kannst du alle deine Wünsche übermitteln. Keiner hört dir zu. Du bist alleine mit deinem Schöpfer.
Nun stell dir vor, wie du dein Leben gerne sehen möchtest. Stell es dir so vor, als sei alles schon eingetroffen, als seien deine Wünsche, Sehnsüchte und Träume schon in Erfüllung gegangen.
Lass dir dabei viel Zeit und sei ganz inbrünstig bei der Sache und sei ganz gewiss, dass alle deine positiven Vorstellungen sich mit Leben erfüllen werden. Alle deine Wünsche werden sich erfüllen. Wunder werden in dein Leben treten.
Du kannst hier auch gute Gedanken und kraftvolle Energien an Freunde senden. Ist jemand krank, dann schicke ihm Gedanken der Kraft zur Genesung. Hast du einen Feind, dann schicke ihm Gedanken der Freundschaft und der Verständigung.
Du musst nicht bescheiden sein. Dir steht es zu, ein Leben in Gesundheit, Glück und Erfolg zu führen.
Hier auf deiner Wiese kannst du alle deine Wünsche an das Überbewusstsein weiterleiten.
Und du weißt, dass du immer wieder an diesen Ort geistiger Kraft zurückkehren kannst.
Nun verabschiede dich ganz langsam und erhebe dich. Das helle Licht blendet dich ein wenig. Dreh dich um und gehe langsam deinen Weg zurück in die Alltagswelt in dem sicheren Gefühl der Erwartung von guten Zeiten und erfüllten Träumen.
Du lässt die Blumenwiese hinter dir, gehst hinein in die Straßen und vorbei an den Häuserreihen kehrst du zurück an den Ausgangsort.
Du spürst deinen Körper, der stillatmend auf der Unterlage ruht. So ganz langsam kehrst du zurück und es geht dir sehr gut. Die

gemütliche Atmosphäre mit dem Schein der Kerze und der leisen Musik empfängt dich. Du bist dir ganz sicher, dass in deinem Leben Veränderungen sichtbar werden. Du kannst absolut vertrauen. Dein Unterbewusstsein hat deine Wünsche dem Überbewusstsein vermittelt und nun kannst du ganz ruhig auf die Erfüllung warten.

Diese Art von Meditation eignet sich auch sehr für ein Erlebnis in der Gruppe. Es muss dann nur jemand für den geeigneten Rahmen sorgen und sehr ruhig diesen oder einen anderen geeigneten Text vorlesen.
Voraussetzung für die positiven Veränderungen in deinem Leben ist aber der Glaube.
Schummeln gilt hier nicht. Dein göttliches Unterbewusstsein erkennt sofort, ob du wirklich fest von dem überzeugt bist, was du ihm aufgetragen hast und ob du ihm in Wirklichkeit die erfolgreiche Durchführung zutraust.
Weiter ist natürlich von einzigartiger Bedeutung, ob du den Boden für den Samen, den du ausgesät hast, auch entsprechend vorbereitet hast. Das Pfadfindertum gibt dir hierzu die Mittel sehr umfassend an Hand.
Zum Schluss dieses Kapitels noch ein kleiner Nachtrag:
Wenn dir die Sache mit dieser Art zu Meditieren zu aufwendig erscheint, dann kannst du auch einen einfacheren Weg wählen, indem du die Phase vor dem Einschlafen dazu benutzt, deine Wünsche und Vorstellungen deinem Unterbewusstsein zu übermitteln.
Entscheidend ist nur die absolut positive Ausrichtung und der unerschütterliche Glaube an die Verwirklichung.
Ich konnte hier in diesem Buch das Thema des positiven Denkens und den Umgang mit dem Unterbewusstsein nur sehr allgemein anschneiden. In einem anderen Buch werde ich mich spezieller damit auseinandersetzen. Ich glaube auch nicht, dass es ein Thema für jeden von euch ist. Wer sich aber intensiver mit diesen Dingen befassen will, für den der Hinweis auf die umfassende Literatur der Esoterik und auf die Autoren Dr. Joseph Murphy, Erhard F. Freitag und Wulfing von Rohr. Außerdem stehe ich sehr gerne über das Bundesamt mit Rat und Tat zur Verfügung.

Scoutismus gegen Rassismus

Als ich noch ein Schulkind war, erzählte mir mein Vater, dass in seiner Jugend die Freizeitbeschäftigung vieler seiner Mitschüler unterschiedlichen Alters darin bestand, „Krieg“ gegen die Kinder aus den Nachbarorten zu führen.
Sie prügelten sich regelmäßig an den Ortsgrenzen. Älter geworden wurde der „Kampf“, meist um Mädchen und verstärkt unter Alkohol, bei den Tanzveranstaltungen abgehalten.
Aggressionen wurden überall dort in Gewalt abgebaut, wo Menschen geringer geistiger Frequenz aufeinander trafen.
Das Primitive im Menschen hat sich aus der Urzeit trotz fortschreitender Evolution noch nicht ganz verflüchtigt. Das zeigt sich deutlich von der Zeit der Stammesfehden über die Kleinkriege und Revolutionen bis hin zu den Schrecken der beiden vergangenen Weltkriege.
Während in Europa das Blutvergießen größerer Dimensionen wohl überwunden ist, sind weniger entwickelte Regionen der Erde noch nicht ganz soweit.
Jedoch gibt es weltweit – und leider auch in den scheinbaren Hochkulturen – den Begriff des Rassismus, der für viele Menschen schreckliche Folgen hat.
Überall werden Menschen wegen ihrer Hautfarbe, also ihrem Aussehen, ihrer politischen Ansichten und der Religion zu der sie sich bekennen, oder unter die man sie einstuft, verfolgt, gedemütigt und gequält.
Ebenso ist es mit der Herkunft und der Unterscheidung zwischen arm und reich. Weiter geht es mit der Diskriminierung derer, die aus der Norm herausfallen wie Schwule und Lesben und eben anders geartete Menschen.
Dann auch noch die zu dicken und zu dünnen neben den zu großen und zu kleinen Leuten. Die Behinderten nicht ausgenommen wie auch die zu dummen, zu braven und zu intelligenten neben zu jungen und den natürlich zu alten.

Manche Volksgruppen sind von der Ausrottung bedroht, weil andere etwas gegen sie haben, sie beiseite räumen wollen und glauben über diesen zu stehen.

Weltweit wird immer noch gefoltert, unterdrückt und gemordet. All dieser unter Rassismus zusammengefasste Schwachsinn macht schrecklich vielen Menschen das Erdenleben zur Hölle. Dagegen gilt es anzugehen.

Der Scoutismus ist ein sehr gutes Mittel gegen Rassismus und alles, was sich hinter diesem Oberbegriff verbirgt. Wohlverstandener Patriotismus hat nichts mit Rassismus zu tun. Im friedlichen Wettbewerb der Nationen kann sich jeder Mensch einsetzen für das Wohl seiner Heimat. Er muss aber den Zusammenhang erkennen, dass ohne das verständnisvolle Zusammenarbeiten der Völker kein Gemeinwohl entstehen und erhalten werden kann.

Wenn wir im Moment von der weltweiten Auseinandersetzung der Völker und Rassen sprechen, so ist in diesem großen Bereich der Gedanke Baden-Powells zur Bildung einer „League of Humanty“ der „Liga der Menschheit“ als „World Brotherhood“ der „Welt-Pfadfinder-Bruderschaft“ zu nennen.

Ich persönlich glaube, dass von den derzeit an der Spitze der Pfadfinder-Weltorganisation stehenden zu wenig in diese Richtung getan wird. Baden-Powell, wenn er noch auf Erden weilte, würde aktiver sein und sich nicht auf den Lorbeeren ausruhen. Ich frage mich oft, wo bleibt der zündende Funke, wo der weltweit aufrüttelnde „Geist des Pfadfindertums“ als „Spirit of Scouting“ und wo der „Geist BiPis“ als „BiPis Spirit“.

Es geht hier nicht um einen Aufruf zur Revolution, es geht um die weltweite Mobilisierung der „Jugend der Welt“ um mit den Mitteln der Weltbruderschaft der „Friedens-Pfadfinder“ gegen Hass, Ausbeutung, Intoleranz, Unterdrückung und Rassismus eine Barriere aufzurichten.

Die Jamborees (Weltpfadfindertreffen) sollten geöffnet werden für alle Pfadfinder nach Baden-Powell, nach Pfadfindergesetz und Pfadfinderversprechen. Dann würde eine Welle des Scoutismus in erfrischender Begeisterung und vor allem auch Vielfalt über die Grenzen der Nationen und Erdteile schwappen und Dinge bewirken, an die diese verkrustete Bürokratie heute nicht zu denken wagt.

Es mag ja ganz schön und repräsentativ sein, wenn Königinnen und Könige neben Prinzen und Großherzögen als Vertreter der Pfadfinder auftreten. Aber das bewirkt doch heute nichts mehr, zumal diese sich im eigenen Glanz sonnen und das Pfadfindertum so benutzen, wie Baden-Powell es nicht wollte, nämlich als eine Organisation, wo armer Leute Kindern etwas gutes getan werden kann. Es schüttelt mich, wenn ich nur daran denke.

Das Pfadfindertum nach Baden-Powell will dem einzelnen Individuum zum persönlichen Glück verhelfen. Und in dem das gelingt, entsteht alles Drumherum; die Sippe, der Trupp, der Stamm, der Bund und die gesunde Weltgemeinschaft.

Der Rassismus beginnt ja auch im Kleinen durch schlechte Bedingungen im Elternhaus, ungünstige soziale Verhältnisse in der Umgebung und falsche Erziehung durch die Gesellschaft.

Ergebnisse sind eben hilfloser Hass, Angst, Ratlosigkeit, Intoleranz und Gewalt. Und das Gewalt wieder Gewalt erzeugt ist ja bekannt.

Im Pfadfindertum (Scoutismus) liegen die Möglichkeiten, dem entgegen zusteuern. Die Pfadfindergesetze zeigen deutlich den Weg zu Verständigung im ganz Kleinen wie auch im ganz Großen.

Die EPG macht in der Satzung deutlich, dass die Entwicklung wegführt vom nationalen hin zu internationalem Denken und Handeln. Nach Baden-Powell setzen sich die Pfadfinder ein für das Wohl der örtlichen und nationalen Gemeinschaften, in denen sie leben.

Das große Ziel ist aber die völkerverbindende Welt-Pfadfinder-Bruderschaft.

Deshalb werden die rechtstaatlichen und demokratischen Systeme der Völker wie sie in deren Grundgesetzen verankert sind begrüßt und demokratisches Verhalten, Freiheit und Toleranz als Erziehungsbemühungen auch des Verbandes genannt.

Die EPG befürwortet ausdrücklich den Zusammenschluss der Völker Europas und mit diesen eine Zusammenarbeit aller Nationen zur Erhaltung des Weltfriedens.

Teste dich doch einmal selbst. Wieweit bist du gefeit gegen diesen Kleingeist, der umgeht und aufruft zu Gewalt, entstanden aus Neid und falschen Vorurteilen.

Du solltest dir den Film „Blue Eyed“ zusammen mit Freunden ansehen. Er dauert auf Video ca. 90 Minuten. Wenn du nicht weißt, wo du ihn bekommen kannst, wende dich an das Bundesamt oder die EPG Geschäftsstelle. Eine weiße Frau schildert darin, wie es ihr erging, als sie sich gegen Rassismus einsetzte. Sie war als Lehrerin in den USA tätig und musste erleben, wie sie von ihren Kolleginnen und Kollegen geschnitten wurde. Ihre Eltern, die ein Speiserestaurant betrieben, verloren 95% ihrer Kunden und wussten nicht warum. Man übte also Druck auf sie aus über unbeteiligte Familienmitglieder.
Diese Frau führt, in diesem Film eindrucksvoll dokumentiert, einen Kurs durch in Sachen Rassismus. Sie teilt die freiwilligen Teilnehmer auf in zwei Gruppen und zwar in die mit den „blauen Augen“ und in die mit den „braunen Augen“.
Das ist ein Vorgang mit System. Bei den Nazis waren die blauäugigen die Guten. Sie waren natürlich meist auch blond. Blond, weiß und blauäugig. Braunäugig, dunkelhaarig und schwarz ist das Gegenteil. Also eine Welt voller vorprogrammierter Vorurteile.
In diesem Film, der ja die Kurse wiedergibt, werden zunächst die blauäugigen in einem Raum untergebracht, in dem es sehr warm und ungemütlich ist. Die meisten müssen stehen, es gibt wenig oder nichts zu trinken und die Behandlung durch die Aufseher ist äußerst miserabel.
Die Teilnehmer beginnen zu schwitzen, können sich nicht frisch machen und geraten so ganz langsam in eine sehr ungünstige Position.
Anders bei den dunkeläugigen. Sie werden hofiert, bekommen alles was sie wollen und werden sogar auf den gemeinsamen Test mit den blauäugigen vorbereitet. Sie erhalten die genauen Antworten auf die gemeinsamen Fragen.
Das Ergebnis ist gewaltig und stimmt einen sehr nachdenklich. Die blauäugigen können machen, was sie wollen, es gelingt ihnen nichts. Natürlich ist alles manipuliert. Aber so ist eben das Leben in unserer Gesellschaft leider sehr oft.
Hier nun können die Beteiligten ihre Situation selbst erkennen und lernen sie einschätzen. Der schwarze Vater erzählt, wie ihm zumute ist, wenn er seine Kinder, die er liebt, morgens aus dem Haus lässt in eine Schule oder zu einem Arbeitsplatz, wo er weiß, dass es seinem

Kind dort nicht gut geht. Und die Privilegierten erkennen plötzlich auf Grund ihrer selbst freiwillig gemachten Erfahrungen an nur einem Vormittag und ohne wirklich in Gefahr zu sein, wie einer dunkelhäutigen Mutter zumute ist, wenn sie an die Zukunft ihrer Kinder denkt.

Schau dir diesen Videofilm an und du weißt genau was ich meine.

Auf die Frage nach den Möglichkeiten des Zusammenlebens unterschiedlicher Kulturen, den Menschen mit verschiedenen Religionen und Weltanschauungen sage ich dir:

Es gibt schöne Blumenwiesen mit nur einer Sorte Blumen und Wälder, in denen nur Blautannen stehen.

Aber um wie viel schöner ist eine Blumenwiese, auf der es Exemplare unterschiedlicher Herkunft und Farbenpracht gibt. Diese Farbenpracht, so bunt gemischt, kann es in Monokulturen nicht geben. Genau so ist es mit Mischwald. Erst die Vielfalt macht ihn so schön und Abwechslungsreich.

Dazu braucht es eine Subkultur, wenn du weißt, was ich meine.

Dem Rassismus in der Welt gilt unsere gemeinsame Abwehr. Durch das internationale Pfadfindertum habe wir die Mittel dazu in der Hand, sowohl im Überregionalen als auch im ganz kleinen Bereich.

Ich habe in diesem Buch mehrfach dazu angeregt, einen Blick hinter die Dinge zu tun und von Innen und Außen gesprochen. Die Ereignisse der letzten Jahre und die Entwicklungen in vielen Teilen der Welt, sind trotz manch furchtbarer Tragödien, auch ermutigend. Wir befinden uns in einer Art Aufbruch zu einer neuen Lebensweise der Menschheit. Immer mehr Menschen denken positiv und verändern dadurch die Gesamteinstellung von ganzen Völkern mitsamt ihren führenden Persönlichkeiten.

Wer hätte denn gedacht, dass ein schwarzer Gefangener in Südafrika die Apartheid überwinden könne und in Osteuropa und Südamerika Männer und Frauen in Regierungsämter kämen, die nicht mehr zu den Militärs gehören.

Überall in der Welt erheben Menschen mit gutem Willen ihre Stimme und helfen dabei, den Kurs neu zum Positiven hin zu verändern. Wir als Pfadfinder sind hier ganz besonders gefordert, unseren Beitrag zu leisten!

EPG...der „Jugend-Bund“ : Der Stammeskornett

Wer das Schrifttum der EPG aufmerksam studiert, findet die Bestätigung dafür, dass es sich um einen Bund oder Verband für die Jugend handelt.

Schnell wird auch deutlich, dass die EPG insbesondere das Georgspfadfindertum, in seiner vom Gründer gewollten Form, für die nachfolgende Jugend bewahren will. Es soll, von dem Neuen, nur das Gute und brauchbare, zum ursprünglichen Kern hinzugefügt werden.

Ein Jugend-Bund wie die EPG besteht aus den Kindern und Jugendlichen, die in ihren Gemeinden in Sippen zusammengefasst sind und mit diesen die Stämme bilden, aus denen sich der Bund zusammensetzt.

Um diese Strukturen am Leben zu halten bedarf es „erwachsener Pfadfinder“.

Sie schaffen durch ihr ehrenamtliches Engagement z.B. als Sippen- und Truppleiter, Stammesvorstand mit Stammesmeister und Stammesleiterrunde, Stufenmeister und im Bundesvorstand die Voraussetzungen, die nötig sind, um den Kindern und Jugendlichen das Pfadfindertum erlebbar zu machen.

Es ist also in erster Linie ein Dienst an der Jugend, ein freiwilliges, ehrenamtliches Engagement für die nachrückenden Generationen, das die Erwachsenen in den Bund einbringen.

Ohne die Kinder und Jugendlichen an der Basis in den Sippen wäre aber der Bund ein hohles und unnutzes Gebilde.

Deshalb ist auch die Vorstellung von einer Leiterrunde, die sich auf ihren Lorbeeren ausruhend selbst verwaltet, eine Horrorvision.

Demnach besteht die Stammesleiterrunde insbesondere aus den Sippenleitern, die aktive pfadfinderische Jugendarbeit an der Basis praktizieren. Sie leiten die Ausbildung nach der Bundes-Probenordnung und verhelfen ihren Sippenmitgliedern zu den gleichen, positiven Lebenserfahrungen, die ihnen selbst widerfahren sind.

Die Truppleiter und der Stammesvorstand und besonders der Stammesmeister sorgen für den pfadfinderischen Rahmen, in dem sich das Zusammenleben der Sippen abspielt.

Evtl. gehören zur Stammesleiterrunde auch noch einige fachspezifische Pfadfinder, die sich aber auch und unbedingt unter den Begriff der „Nützlichkeit für die Kinder und Jugendlichen“ in den Sippen und das Gesamtgebilde einstufen lassen müssen.
Wer nicht in diesem Sinne aktiv in der pfadfinderischen Jugendarbeit der EPG tätig ist oder als Stufenmeister oder im Bundesvorstand engagiert sich für die Interessen der uns Anvertrauten einsetzt, gehört in die Pfadfinder-Gilde.
Dort ist er nicht abgeschoben sondern kann durchaus pfadfinderisch aktiv und für den Bund sehr nützlich sein. Das ist auch in der Bundes-Probenordnung geregelt.
Somit haben wir uns noch einmal in Erinnerung gerufen – und das ist in der Satzung und Ordnung der EPG genau beschrieben – dass alle maßgeblichen Leiter in der EPG bis hin zu den Delegierten in der Bundesversammlung, aktive und ausgebildete Pfadfinder sein müssen.
Während in den großen Verbänden die „Stimme der Basis“ nicht bis zur Spitze durchdringt, weil die Vertreter der Stämme nur bis zur jeweils nächst höheren Gruppierung vordringen können, die dann erst zur Bundesversammlung vorstoßen können, ist das bei der z.Zt. noch kleineren EPG, wie eben beschrieben, anders.
Aber wie ist es mit der Vertretung der Interessen vor Ort, wenn sich die Meinungen der Kinder und Jugendlichen nicht richtig artikulieren lassen, evtl. nicht immer ernst genommen werden oder an irgend einer Stelle hängen bleiben.
Am nahesten an der Basis ist der Sippenleiter. Aber kommt über ihn auch die Meinung der Basis, um die es im Kern doch geht, auch dort an, wo etwas bewegt werden kann.
Um diese Frage geht es mir und ich habe mich intensiv damit auseinandergesetzt.

Aus den Anfangszeiten der Jugendbewegung klingen uns heute noch Ideen und Vorstellungen vom “Kinder und Jugendstaat“ herüber. Später dann war die Rede vom „Jugendparlament“. Jährlich finden „Jugend und Kulturtage“ statt und es gibt den „Tag der Jugend“.

Dabei wird von Politikern und amtlichen Jugendbeauftragten viel geredet und manch einer suhlt sich regelrecht in diesem Thema, solange die Öffentlichkeit zuschaut.
Dann ist wieder eine lange Zeit, oft ein Jahr lang, Ruhe.

Für uns als engagierte Pfadfinder ist die Kinder und Jugendfrage ein überwiegender Teil unserer Lebensphilosophie. Deshalb sollten wir als Erwachsene nicht zu Verwaltern einer großartigen und mitreißenden Idee werden, sondern immer wieder ganz tief darin eintauchen.
Dass uns dieses „freiwillige Dienen“ an der Jugend so ganz nebenbei auch noch selbst glücklich macht und ungewollt belohnt, nehmen wir dabei dankbar als erfreuliche Nebenerscheinung zur Kenntnis.

Wenn ich also beschrieben habe, wie die Strukturen in der EPG aufgebaut sind und zusammen arbeiten, so will ich nun auf den Kern meiner Gedanken kommen, nämlich die Intensivierung der Interessenvertretung der Kinder und Jugendlichen vor Ort, also der Basis.
Dabei möchte ich auf den Kern des Pfadfindertums zurückgreifen und mich ganz bewusst den Urgedanken Baden-Powells anschließen. Als er das erste Lager auf Brownsea-Island mit 22 Jungen aus verschiedenen Gesellschaftsschichten durchführte, praktizierte er 25 Tage lang das erzieherische Programm der eben entstehenden Pfadfinderbewegung. Dabei waren Kinder und Jugendliche aus Fürstenschlössern, Bürgerhäusern, den Londoner Slums, Söhne von Aristokraten, Millionären, Politikern, Pferdepflegern, Handlangern und Arbeitslosen.
Nicht dabei waren Erwachsene, denn solche Pfadfinder gab es noch nicht. Er war mit der Basis allein. Er bildete Sippen, die sich selbst, unter seiner Anleitung, verpflegen mussten – oder soll ich sagen durften. Die Insel war total verwildert, wie das Robinson Eiland im Stillen Ozean.
Die historisch gewordene Fahne von Mafeking – aus dem Armeemuseum ausgeliehen – flatterte über den Zelten. Morgens weckte BiPi die Jungen mit dem Ton des Kudu-Horns, das ihm Häuptling Matabele nach Abschluss der Friedensverhandlungen

verehrt hatte. Der „Trupp der Jungen“, so schreibt er später, wurde aufgeteilt in Patrouillen zu fünf Mann.
Der Älteste wurde Patrouillenführer. Diese Einteilung in kleine Gruppen war das Geheimnis seines Erfolges. Jedem Patrouillenführer wurde volle Verantwortung für das Verhalten seiner Leute übertragen, und zwar für die ganze Zeit des Lagers. Die Patrouille war eine Einheit für Ausbildung, Arbeit und Spiel. Jede Patrouille lagerte an ihrem eigenen Platz. Die Jungen wurden bei ihrer Ehre verpflichtet, die angeordneten Dinge auch auszuführen. Verantwortlichkeit und gesunde Rivalität wurden auf diese Weise geweckt. Eine gute, grundlegende Ausbildung erfolgte jeden Tag für den ganzen Trupp, und so wurde der gesamte Trupp fortschreitend in den Dingen des Pfadfindertums geübt.
Als die Jungen am 9. August 1907 von ihrer Insel zurückkehrten, hatten die ersten Jungpfadfinder das Pfadfinderversprechen abgelegt. Sie waren braungebrannt, aufgeladen mit Selbstbewusstsein und frei von Standesdünkel. Die Weltbewegung der Pfadfinder breitete sich unaufhaltsam aus.
Die Patrouille ist unsere heutige Sippe und der Trupp der Pfadfinder-Stamm.
Diese Erfahrung zeigt doch eigentlich, dass zur Gründung einer Pfadfinderschaft vor allen Dingen Kinder und Jugendliche gehören. Da die Bewegung heute natürlich über entsprechend ausgebildete Leiter verfügt, wird der Aufbau gegenüber früher wesentlich erleichtert.
Vorausgesetzt, die Leiter haben sich den Enthusiasmus aus ihrer eigenen Jugend bewahrt. Der Patrouillenführer von einst ist auf Grund seines Alters nicht der heutige Sippenleiter, sondern der heutige Kornett.
Wir haben in der EPG den Jungpfadfinder-Kornett und den Pfadfinder-Kornett.
Die Ausbildung ist in der Bundes-Probenordnung geregelt. Wir sollten die Position der Kornetts stärken und ihre Ausbildung weiter fördern. Dazu muss gesagt werden, dass jeder Jungpfadfinder oder Pfadfinder, der sich dazu berufen und fähig fühlt, die Ausbildung zum Kornett machen und abschließen kann.

Nach Erfüllung aller Proben und positiver Beurteilung durch die entsprechenden Leiter wie unter „12. Haltung und Zuverlässigkeit“ beschrieben, tragen sie das silberne oder goldene „K“. Nur die Kornetts, die in den Sippen als solche tatsächlich tätig sind, tragen auch die Kornettschnur, wie in der Satzung und Ordnung der EPG unter „5. Die Kluftordnung des Verbandes“ beschrieben. Und weil wir das Thema gerade anschneiden: Ich weiß sehr wohl, dass heute eine gewisse Abneigung gegen das Tragen von Auszeichnungen, zumindest in Deutschland, besteht.

Dennoch sollten wir als Leiter diese bei uns ganz harmlosen kleinen Besonderheiten pflegen, denn die Kinder nehmen die Dinge ernster als manche von uns vielleicht erwarten.

Es ist alles genau festgelegt und wartet nur darauf, mit Leben erfüllt zu werden.

Wenn wir also die wie ich meine wichtige Position der Kornetts im Bund stärken und die Vorgaben, die in der Bundes-Probenordnung jeweils vor den Proben aufgeführt sind anwenden, werden wir sehr bald in den Stämmen einen besonders fähigen und hervorgehobenen Nachwuchs haben.

Stellt man sich einen Stamm mit drei Jungpfadfinder-Sippen und zwei Pfadfinder-Sippen vor, so wären dort fünf Kornett vorhanden. Nehmen wir einfach an, dass zusätzlich drei Leute die Kornettausbildung erfolgreich absolvieren würden, so ständen dem Stamm acht Kornett zur Verfügung. Mit diesen würde sich der Stammesmeister alle drei Monate zu einem Gespräch treffen. Diese Stammes-Kornett-Runde würde sich einen Sprecher wählen.

Auf Bundesebene würden nun diese Rundensprecher aus den Stämmen zweimal im Jahr vom Bundesmeister zu Gesprächen auf den Georgshof eingeladen.

Diese Bundes-Kornett-Runde würde sich den EPG Kornett Sprecher wählen, der bei Bedarf in ständigem Kontakt mit der Bundesleitung stehen kann.

So würde neben der üblichen Aufbaustruktur des Verbandes eine neue Verbindung entstehen, die ganz problemlos von der Basis über die Stammesleitung zur Bundesleitung reicht.

Das mag jetzt noch als etwas überzogen aussehen. Wir bauen aber jetzt das Gebilde auf, das auch für die Zukunft halten soll.

Zur Position der Kornetts steht in der Bundes-Probenordnung unter Jungpfadfinder (Kornett):
An den Kornett werden besondere Anforderungen gestellt, denn er ist das Vorbild seiner Sippe. Als „Rechte Hand“ des Sippenleiters muss er in der Lage sein, bei dessen Abwesenheit die Sippe zu leiten. Das geht nur, wenn er selbst das alles bereits beherrscht, was er von der Sippe verlangt. Durch die Befähigung seine Sippe zu begeistern und anzuspornen übernimmt er Verantwortung und begibt sich dadurch auch für sich selbst auf einen erfolgreichen Weg ins Erwachsenenleben.
Bei Pfadfinder (Kornett) wird noch hinzugefügt: Er ist in der Lage, auch ohne Sippenleiter über einen längeren Zeitraum die Sippe souverän zu leiten und wächst dadurch bereits in eine Leiterposition hinein.
Es liegt nun an uns allen, die Position der EPG Kornetts durch entsprechende Ausbildung so zu stärken, dass uns aus Ihnen eine echte Verstärkung erwächst. Wenn wir zusätzlich dadurch die demokratische Aufbaustruktur der EPG wie ausgeführt untermauern, so denke ich haben wir einen guten Schritt getan, insbesondere für die Kinder und Jugendlichen in der EPG.

Wenn ich von entsprechender Ausbildung schreibe, so denke ich nicht nur an die Erlernung von Fähigkeiten des äußeren Pfadfindertums wie beispielsweise Karte- Kompass, Knoten- Bünde- Lagerbauten, Sternenkunde und die vielen anderen praktischen Anforderungen aus der Bundes-Probenordnung.
Nein, ich denke dabei an die geradezu wunderbaren Möglichkeiten, die uns mit dem Pfadfindertum an Hand gegeben werden, auf die positive Ausrichtung des jungen Menschen durch das innere Pfadfindertum einzuwirken.
Pfadfindergesetz und Pfadfinderversprechen sind uns dabei Richtschnur unseres Georgspfadfindertums.
Es ist keiner ein guter und wirklicher Pfadfinder, der in vorschriftsmäßiger Kluft durchs Leben schreitet und mit stolzerfüllter Brust jeden niedermacht, der etwas anders erscheint. Der in Schule, Beruf und Alltag mithilft Minderheiten die Freude am Leben zu nehmen oder es billigend in Kauf nimmt.

Es ist auch keiner ein guter Pfadfinder-Leiter, der seine Sippe nur unter dem Gesichtspunkt dieser leeren Hüllen wohlwollend betrachtet und den Kern dabei völlig übersieht.
Das Pfadfindertum ist weit mehr als nur eine „Organisation“ zum „Camptraining“.
Es bietet die pädagogischen Voraussetzungen, um dem jungen Menschen einen Weg ins Erwachsenenleben zu zeigen, der frei ist von Hass, Intoleranz und geistigem Kleinbürgertum.
Man muss sich nur damit beschäftigen und auseinandersetzen.

Bannerklau, fair und sauber

Ein sicher sehr interessantes Thema, für manch einen wahrscheinlich sogar ein Reizthema. Für mich nicht.
In einem echten Pfadfinderlager wird immer bei der Lagereröffnung das Lilienbanner gehisst.
Dabei wird immer das „Bundeslied“ gesungen. Damit beginnt auch die Verantwortung der Lagerleitung für das begonnene Lager und die jeweilige Lagerwache. Ganz klar bleibt das Banner während des gesamten Lagers da oben! Eingeholt wird es immer erst bei der Abschlussfeier in Verbindung mit dem Lied „Nehmt Abschied Brüder“. Erst dann ist das Lager zu Ende und erst dann endet auch die Verantwortung der Lagerleitung für das unmittelbare Lager und für die Lagerwache.
Ich würde in keinem Lager bleiben, wenn kein Lilienbanner am Mast wehte, und schon gar nicht über Nacht.
Wenn ich dann höre, dass man am Abend, so wie in den Kasernen, die Fahne einziehen müsse, wird mir ganz anders ums Herz.
Toll kann ich da nur sagen. Die Fahne liegt gefaltet und geborgen unter dem Kopfkissen des Stammesmeister, die Lagerwache kann man sich sparen und schließlich in aller Ruhe zur Kanne greifen.
Das Lilienbanner am Lagermast ist natürlich für die einen nur ein Stück Stoff und man kann ja auch öfter erleben, dass ganz besonders bewusste Pfadfinder ein Bettuch hochziehen. Damit wollen sie dann

dokumentieren wie sinnlos es ist, sich ihrem Lager zu nähern und in der Tat, es wird sich nicht lohnen, denn wie Außen so Innen.
Aber bitte nicht jetzt etwas falsch verstehen, ich bin Späßen gegenüber sehr aufgeschlossen. Als ich einmal zu unserem Herbstlagerplatz zurückkehrte, empfing mich am Bannermast, dem immer mein erster Blick schon von weitem gilt, eine Totenkopffahne, so wie sie die Piraten auf ihren Schiffen zeigten.
Im total stillen Lager empfing mich dann in der Jurte eine fröhliche Schar von jungen Freunden, die sich an meinem fragenden Blick erfreuten. Ein Spaß, mehr nicht. Schnell war auch alles wieder in Ordnung gebracht.
Was hat es also auf sich mit Lilienbanner am Bannermast, Lagerwache und der Überschrift „Bannerklau, fair und sauber“.
Nun, wenn ich geschrieben habe, dass ich in keinem Lager bleiben würde ohne Lilienbanner über den Zelten, so gilt das auch für ein Lager ohne Wache. Wenn ich in meinem Schlafsack liege, weiß ich, da draußen ist zumindest ein Pfadfinder, der meinen und den Schlaf der Freunde bewacht. Ob es mehrere sind, liegt an der Größe des Lagers. Wenn nur ein Feuer brennt und nur ein Banner weht, sitzt am besten auch nur ein Pfadfinder draußen. Er ist absolut still, denn er schützt seine Kameraden und sorgt nicht dafür, dass sie wach bleiben. Der Wachwechsel erfolgt absolut zuverlässig und ohne nennenswerte Störung der Freunde im eigenen Zelt und im Umfeld des Lagers. Wenn plötzlich etwas unerwartetes eintritt, dass er nicht einzuschätzen weiß, verständigt er leise den Lagerleiter oder einen vorher bestimmten Pfadfinderleiter.
Sollte aber etwas eintreten, dass wirklich Gefahr bedeutet, weckt er lautstark das ganze Lager. Diese Möglichkeit wurde von der Lagerleitung ausführlich mit den Lagerteilnehmern vorher besprochen und die Sofortmaßnahmen greifen dann auch sehr schnell.
In einem Herbstlager bei Schüller trat diese Situation ein. In Sekunden war das gesamte Lager um den Bannermast versammelt und wir – es waren nur Wölflinge und Jungpfadfinder mit mir im Lager, alle anderen waren unterwegs – verteidigten unser Lilienbanner gegen eine große Übermacht aus dem Dunkel. Es war hart gefroren und ich bin noch heute ganz glücklich, wenn ich an die kleinen tapferen Mitstreiter denke.

Wie sich herausstellte, waren die geschulten „Angreifer“ Pfadfinder aus unserer Gilde, die sich die Sache etwas leichter vorgestellt hatten und den Mut der „Kleinen“ später lobten.
Daran sieht man, wozu Teamgeist in der Lage ist.
Das Lilienbanner ist doch der äußere Mittelpunkt, nicht nur im Lager. Ein Symbol, in einer Feierstunde, wie auch immer, geweiht. Geweiht auch dadurch, dass alle sich damit identifizieren, es als Zeichen der Gemeinschaft akzeptieren.
Also mehr, als nur ein Stück Stoff.
Aber es kommt auch, und ganz besonders, auf den Inhalt an. Den Gedanken – oder Vorwurf – von Militarismus oder negative Andeutungen auf andere unliebsame Ereignisse in der Geschichte, lasse ich in diesem Zusammenhang nicht gelten.
Das Lilienbanner der EPG – und natürlich auch fast aller anderen Pfadfinderverbände – zeugt in seiner Auslegung, wie ich sie an anderer Stelle schon in Bezug auf Lilie, Pfadfindergesetz und Pfadfinderversprechen beschrieben habe, vom Geist der Toleranz, der Freundschaft und der grenzübergreifenden Verständigung.
So bewacht und behütet z.B. der Jungpfadfinder am Feuer in der stille der Nacht nicht nur ein Stück Stoff am Bannermast da oben in der Höhe, sondern auch die Verkörperung unserer gemeinsamen Ideale. Die Lagerwache ist also um Gottes Willen nicht die „Bestrafung“ für einen Lagerteilnehmer sondern ganz im Gegenteil, es ist eine große Ehre, den guten Schlaf der Freunde zu behüten. Deshalb ist es auch angebracht, der nächtlichen Lagerwache in der täglichen Morgenrunde ein kurzes Dankeswort zu widmen und natürlich in der täglichen Abendrunde immer wieder und leidenschaftlich dieses Engagement zu fordern und hervorzuheben.
Nachdem wir nun wissen, was uns, in diesem Fall wichtig und schützenswert ist, nähern wir uns der Frage, wieso Bannerklau als etwas überhaupt diskutierbares angesehen werden kann und wenn es dann tatsächlich geschehen soll, wie dann dieser Diebstahl auch noch als fair und sauber ablaufen und deklarierbar ist.
Baden-Powell hat immer wieder den fairen Wettkampf hervorgehoben. Dieser entwickelt sich auch dann, wenn Pfadfinderstämme im Lager überraschenden Besuch erhalten, um die Aufmerksamkeit

der Lagerwache zu testen mit dem Ziel, in den vorübergehenden Besitz einer Trophäe zu kommen.

Befinden sich mehrere Pfadfinderstämme im gleichen Lager oder unabhängig voneinander aber auf dem gleichen Lagerplatz, herrscht Lagerfrieden. Das heißt, untereinander ist Bannerklau kein Thema. Alles andere ist niveaulos. Im gleichen Lager bzw. auf dem gleichen Lagerplatz steht man sich gegenseitig bei.

Ist aber im Pfadfinderlager selbstbewusst das Lilienbanner gehisst, muss immer damit gerechnet werden, dass andere der Versuchung eines Überfalls nicht widerstehen können.

Und das ist auch gut so, denn in einem Lager, in dem nichts geschieht, ist nichts los.

Allein schon der Gedanke, dass jemand kommen könnte, bringt Spannung in ein Lager und motiviert die Lagerwache nebst der ganzen Mannschaft.

Abwehrmechanismen werden ausgelöst und das Gefühl der Gemeinschaft gestärkt.

Der angreifenden Gruppe gehen andere Gedanken durch den Kopf. Das Gelände muss studiert, Straßen und Wege erkundet werden um geeignete Stellen für das Vorgehen und den schnellen Rückzug zu finden. Es muss gut beobachtet werden um zu den richtigen Schlussfolgerungen zu kommen. Das setzt typisch pfadfinderische Wesensmerkmale in Gang.

Um es vorweg zu nehmen, aus einem richtig, gut und konsequent bewachten Pfadfinderlager ist es nicht möglich, das Banner zu klauen. Da es aber öfter zu lasch gehandhabt wird, kommt es gelegentlich zu einem Erfolgserlebnis für die angreifende Truppe, die dann der überraschten Lagergemeinschaft zu einem lehrreichen Erlebnis verhilft.

Es muss sich aber in jedem Fall um eine freundschaftliche Aktion handeln, die nicht in Gewalt ausarten darf. Das gilt sowohl für die Eindringlinge als auch die Verteidiger.

Ein befreundeter Pfadfinder-Stammesleiter empfing mich einmal anlässlich meines Besuches in seinem Sommerlager am helllichten Tag mit den aufgeregten Worten, er habe uns schon in den letzten Nächten erwartet. Leider seien wir nicht gekommen, oder für uns

glücklicherweise, denn sie hätten eine böse Überraschung für uns – und alle die es versucht hätten – bereitgehalten.
Und schnell erklärte er mir seine Maßnahmen, die bei mir auf absolutes Unverständnis und innere Ablehnung stießen. Er habe im Lager 4 junge Vietnamesen, die allesamt gut ausgebildete Karatekämpfer seien. Diese habe er in den Nächten an den gefährlichsten Punkte platziert und die hätten unsere Leute brutal zusammengeschlagen. Und um der unglaublichen Abhandlung noch eins drauf zu setzen prahlte er noch damit, dass alle Lagerteilnehmer mit dicken Knüppeln ausgerüstet und aufgefordert waren, gnadenlos alles niederzuschlagen, die sich dem Lager nähern würde.
Dieser Mann wird wohl meine Ausführungen zu diesem Thema nicht verstehen und ich denke, ihm wird auch so manches andere des Pfadfindertums verborgen bleiben.
Aus einem Pfingstlager heraus haben wir mit einer ausgesuchten kleinen Gruppe von Pfadfinderleitern und Rovern ein Stammeslager von Pfadfindern aus Koblenz in der Westeifel erkundet. Die zwei Autos stellten wir im Ort ab und näherten uns an einem Bachlauf aufwärts dem Lager. Dann mussten wir über eine Wiese durch hohes Gras, das vom Tau der Nacht völlig nass war und uns bis zu den Ohren mit Wassertropfen ableckte. Gegen 2 Uhr in der Frühe sahen wir zwischen den Zelten hindurch das glimmende Lagerfeuer. Daneben hob sich der Bannermast als dunkle Silhouette gegen den Sternenhimmel ab. Am Mast machten wir zwei Fahnen aus, die in der fast völligen Windstille lustlos herunter hingen.
Zwischendurch mussten wir kurz zurückweichen, weil ein Lagerteilnehmer schlaftrunken hinter sein Zelt trat um die Blase zu entleeren.
Schließlich mussten wir handeln, denn der Morgen war nicht mehr weit. Die Lagerwache döste vor sich hin und starrte ins Feuer. Sie nahm die Aktion im Hintergrund knapp 4 Meter entfernt nicht wahr. Die erste Fahne kam problemlos herunter und wurde gebracht. Es war die Weltpfadfinderlilie. Wir wollten aber das Lilienbanner. Das klemmte oben an einem Stück Restast. Also wurde der Bannermast kurzerhand behutsam herausgehoben und umgelegt, das Banner entnommen und der Mast wieder ins Loch gestellt, wenn auch ziemlich schief. Die Lagerwache hatte nichts bemerkt, vielleicht auch

weil sie aus mehreren Pfadfindern bestand, die sich leise unterhielten und Stubbis in der Hand hatten.
Wir rückten lautlos, wenn auch eilig, wieder ab. In unserem Lager wurden wir von den Lagerwachen erwartet, die sich auch noch darüber freuten, dass wir einen toten Hasen, den eines unserer Autos überfahren hatte, mitbrachten. Er wurde von einem Lagerteilnehmer, der in der Metzgerlehre war, am Morgen fachmännisch bearbeitet, im Beisein besonders der jüngeren Lagerteilnehmer. Als Vegetarier war ich darüber nicht besonders glücklich.
Als ich mich dann etwas von den Anstrengungen der Nacht erholt hatte, rief ich den Jugendpfarrer an, der dem besuchten Stamm zu ihrem Lagerplatz verholfen hatte und teilte diesem mit, wo die Banner geblieben seien.
Am nächsten Tag, rechtzeitig zu unserer Abschlussrunde, traf eine Abordnung der Pfadfinder aus dem Koblenzer Stamm bei uns ein. Wir standen im großen Kreis um unsere Bannermasten, an deren Fuß, sauber gefaltet, die Beutestücke auf ihre rechtmäßigen Besitzer warteten. Nach kurzer Verständigung wurden die Fahnen zurückgegeben. Anschließend tauschten wir in kleiner Runde noch ein paar Gedanken aus. Dabei wurde uns erzählt, dass erst am Morgen von den aus den Zelten herauskommenden Freunden das Fehlen der Banner am leeren Mast entdeckt wurde. Unsere Nachricht über den Priester kam dann einer großen Erleichterung gleich, wenn auch der Umstand etwas zum Nachdenken anregte.
Wie sich Dinge entwickeln können, zeigt das nächste kleine Beispiel: Freunde besuchten einen in etwa 25 km entfernt zeltenden Pfadfinderstamm. Sie wurden bei ihren Bemühungen um das Banner entdeckt und dann in die Jurte eingeladen. Daraus entwickelten sich Gespräche, die später dazu führten, dass ein Teil dieser Leiterrunde ihren Stamm verließ und mit einem Teil der Mitglieder einen neuen Stamm gründeten und in die EPG wechselten.
Die gleichen Leute bereiteten uns, und ganz besonders mir, anlässlich eines Biber-Wölflingslagers einen unvergesslichen Schreck.
Wir waren mit mindestens 50 Kindern, natürlich aufgeteilt in unterschiedliche Gruppen, in der Nacht auf dem Mosenberg, einem Vulkankegel in der Zentraleifel unterwegs und hatten Erlebnisse der besonderen Art.

Als wir gegen 2 Uhr zum Lager bei Brockscheid zurückkehrten, sahen wir von weitem schon das Blaulicht der Polizei über die Eifelhöhen leuchten. Der Wagen stand direkt vor dem Lagereingang. Jetzt ist genau das passiert, wovor ich mich immer gefürchtet habe, sagte ich zu Hans-Peter, neben dem ich im Jeep saß. Polizei im Lager kann nur bedeuten, dass etwas unerwartet schlimmes passiert ist.
Wir stiegen aus und ich ging vorneweg auf das Blaulicht zu. Ein Beamter löste sich aus dem Dunkel und rief laut: „Halt, wer sind sie!?“ Er war in Uniform und hielt etwas in der Hand, dass nach einer Waffe aussah. Dann ertönte aus dem Raum hinter dem Polizeiauto lautes Gelächter zu uns herüber und der Bann war gebrochen. Das Polizeiauto war keines, aber das Blaulicht war echt. Die Uniform war von der Feuerwehr und die Waffe ein Spielzeug.
Unsere kleine Lagerwache stand gefesselt und geknebelt am Bannermast und die Polizeitruppe waren unsere Pfadfinderfreunde aus Mönchengladbach. Man kann hier sehen, wie eine vorgefertigte Meinung durch Effekte so vertieft werden kann, dass sofort die schlimmsten Befürchtungen und Besorgnisse auftreten können.
Da ich in meinem Pfadfinderleben sehr viele Lager geleitet habe, könnte ich hier die Reihe von entsprechenden Berichten beliebig weiter fortführen.
Es war und ist immer mein Bestreben, in einem Lager für Ereignisse zu sorgen, die zwar kontrolliert, aber für Aktion und Abenteuer sorgen.
Nun ist das mit erfahrenen Pfadfindern oft nicht mehr so einfach machbar.
Deshalb will ich hier nur noch einen speziellen Akt erzählen, der wirklich bemerkenswert ablief:
Vom 30. September bis 3. Oktober 1994 wurde auf dem Ferschweiler-Plateau in der Südeifel das 1. AzJ-Camp durchgeführt. Man hatte mich gebeten, die Lagerleitung zu übernehmen. Das tat ich gerne, wenn auch mit etwas gemischten Gefühlen, waren die Lagerteilnehmer doch nicht nur Pfadfinder sondern setzten sich auch aus Gruppen der THW-Jugend und der Kyffhäuser-Jugend DJBK zusammen, die aus allen Teilen Deutschlands anreisten.
Schon der Lageraufbau führte zu ersten Verstimmungen, denn die Pfadfinder konnten es kaum fassen, dass die THW-Jugend ihre Zelte

unter groß ausgefahrenen Lichtmasten aufbaute. Überhaupt traten die Gegensätze von modernster technischer Ausrüstung bei THW und mehr einfacher, naturverbundener Auffassung bei EPG und DJBK sehr massiv in Erscheinung. Von daher hatte ich wirklich alle Hände voll zu tun, die Gegensätze der Lagerteilnehmer durch die Vermittlung der Gedanken von Toleranz, Großzügigkeit und Zusammenarbeit überwinden zu helfen.
Schließlich lief alles recht reibungslos. Aber was ist schon ein Lager, wo alles einfach so dahin plätschert. Was sollen die Lagerteilnehmer daheim ihren Leuten erzählen? Vielleicht das sie gutes Essen hatten, das es mit dem Wetter nicht besonders war und das man ein paar ruhige Tage erlebt habe. Aber ist das wirklich das, weshalb junge Leute aufbrechen und so weite Fahrten machen? Ich denke nein. Deshalb sollten Lagerleiter Menschen mit Erfahrung und möglichst mit Phantasie sein.
Da sich im 1. AzJ-Camp also eine ganze Reihe – in diesen Dingen der Abenteuer – völlig unerfahrener Freunde befanden, war es möglich, auf bewährtes zurückzugreifen.
Die Ereignisse will ich hier ohne jede Erklärung und absolut wertfrei wiedergeben:
Im ca. 5 km entfernten Jugendlager Ernzen lagerte eine Gruppe der Deutschen Waldjugend DWJ.
Während sich in unserem Lager die verschiedenen Gruppen zu einer Abendrunde am Lagerfeuer versammelten, traf freudig jubelnd einer kleiner Trupp von Pfadfindern ein, die eine Fahne der Waldjugend schwenkten, die sie wohl aus deren Lager mitgenommen hatten.
Ich ließ das Tuch – es war aus weißem Stoff und trug das Emblem der DWJ – an unserem Lagerturm neben den Fahnen der teilnehmenden Verbände anbringen.
Diese Tat kam bei unseren Lagerteilnehmern sehr unterschiedlich an. Die einen freuten sich darüber, anderen war es recht gleichgültig und den nächsten gab es ernsthaft zu denken, denn schließlich sei die Waldjugend ja auch ein Mitgliedsverband im AzJ.
In der großen Runde lief inzwischen ein munteres Programm ab. Man stellte sich gegenseitig unter den Verbänden vor, sprach über die doch recht unterschiedliche Jugendarbeit, sang Lieder und erzählte Geschichten.

Zwischen einigen gespielten Sketchen bat ich gegen 21Uhr30 den neben mir am Feuer sitzenden Geschäftsführer des AzJ Paul Streit darum, aus einem Begleitfahrzeug einen Stapel Liederbücher zu holen.
Der verschwand in der Dunkelheit und als er nach einer Dreiviertelstunde nicht zurück war, beauftragte ich den Ordnungsdienst (ein Ordnungsdienst ist in so gemischten Lagern üblich, nicht bei Pfadfinderlagern), zu prüfen, wo Paul denn bleibe.
Prompt kam nach wenigen Minuten folgende Meldung: Man habe das Fahrzeug gefunden. Die Türen auf der Beifahrerseite haben offen gestanden und ein anderes Fahrzeug habe, mit verdeckten Nummernschildern, das Lagergelände mit durchdrehenden Reifen verlassen.
Im Fahrzeug selbst habe man Kampfspuren gefunden, aber von dem Gesuchten keine Spur. Meine Frage nach den Liederbüchern ergab, dass diese teilweise verstreut im Fahrzeug und bis auf den Boden davor gelegen hätten.
Ich begab mich, ohne das Lager zu beunruhigen, mit dem Leiter des Ordnungsdienst und jeweils einem Vertreter der anwesenden Verbände an den Tatort.
Nach eingehender Prüfung der Lage befand die Mehrheit dieser Freunde, dass es sich wohl um eine Entführung des Vermissten handeln müsse.
Schnell war auch klar, dass nur der Fahnenklau der Pfadfinder daran Schuld sein könne, denn die Waldjugend habe sich wohl ein Pfand für die verschwundene Fahne besorgen wollen.
Meinen Einwand, dass sie sich ja dann ihre Fahne hätten wiederholen können, ließ man nicht gelten mit dem Argument, dass die Waldjugend wegen dem Standort mitten in unserem Lager da wohl nicht herankommen konnte.
Daraufhin berief ich eine Krisenbesprechung der Lagerleitung ein mit dem Ordnungsdienst und den führenden Persönlichkeiten der Verbände.
Nach eingehender und sehr ernsthafter Beratung kam man zu dem Ergebnis, dass man den Freund befreien müsse, im Austausch gegen die dummerweise geraubte Fahne.

Dann überstürzten sich die Ereignisse und nur unter Anwendung aller meiner Möglichkeiten gelang es mir, zusammen mit dem Ordnungsdienst, die Lagerteilnehmer im Zaum zu halten.
Der geneigte Leser stelle sich nun folgendes Bild vor:
Am Lagerrand parkten ca. 20 THW-Riesenfahrzeuge. Eine solche Ansammlung von Material hatte selbst ich (als Pfadfinder sowieso) noch nicht gesehen.
Der Ordnungsdienstleiter namens C.C. pfiff auf seiner Pfeife und schrie das Kommando „Aufsitzen“ und in 3 Minuten waren alle Lagerteilnehmer (außer der Lagerwache) in und auf den Riesenböcken verstaut.
Ich stieg mit meinem Stellvertreter in das Führungsfahrzeug, hörte noch von draußen das Kommando „Motoren anlassen“ und dann saß C.C. neben mir.
Die Kolonne verließ röhrend das Lager und rollte durch Ferschweiler in Richtung Ernzen.
Am Ortseingang von Ernzen lehnte ich mich weit aus dem Fenster und sah hinter uns diese entschlossene Riesenschlange, die auf meine Verantwortung hin gegen ein Waldjugendlager regelrecht aufmarschierte, dass mir etwas seltsam wurde. Als dann aber C.C. bei der Durchfahrt durch den Ort über Funk das verbotene Kommando „Blaulicht an“ gab, wurden die Dimensionen von Spiel und Wirklichkeit selbst für mich etwas verwischt.
Nun füge ich an dieser Stelle den Bericht einer unserer Pfadfindergruppen ein, die von all den Geschehnissen im Lager nichts wussten und ihrerseits ganz nahe am Lager der Waldjugend im Straßengraben lagen, um dort etwas abenteuerliches in die Wege zu leiten.
Sie hörten zunächst in der sonst völlig stillen Nacht vom Dorf her zunehmenden Motorenlärm. Dann aufmerksam geworden erblickten sie über den Häusern ein seltsam helles und immer intensiver werdendes blaues Leuchten. Schließlich aufblinkende Scheinwerfer und nicht erklärbar näher kommend immer mehr laut aufbrüllend riesig erscheinende Fahrzeuge in einer nicht enden wollenden Kolonne.

Um vom Objekt ihrer Begierde nicht gesehen zu werden flohen sie dann aus dem Licht in den Straßengraben und erlebten so den für sie unbegreiflichen Aufmarsch.

Ebenso ging es den Freunden der Waldjugend. Sie hörten den Lärm, sahen das Blaulicht und wussten natürlich damit nicht umzugehen.

Die Kolonne war so lang, dass sie vom inzwischen am Lagereingang eingetroffenen Führungsfahrzeug bis weit in den Ort Ernzen reichte.

Die Freunde der DWJ bildeten vor unserem Fahrzeug eine mehrreihige Menschenkette.

Ich rief ihnen von hoch oben über Lautsprecher zu: Hier spricht der Lagerleiter des 1. AzJ-Camp in Ferschweiler. Gebt uns sofort unseren Paul Streit heraus, wir geben euch dafür eure Fahne zurück.

Um das Ganze etwas abzukürzen nun das Folgende: Die Leute wussten nichts von einem Entführten und vermissten auch keine DWJ- Fahne.

Trotzdem wurde Paul Streit – angeblich gefesselt – im Lager gefunden. Im Austausch wurde der Waldjugend das nicht vermisste und auch angeblich nicht fehlende Banner zurückgegeben.

Nachdem Paul Streit im Führungsfahrzeug in Sicherheit gebracht worden war, rückte das blinkende und lärmende, mit weit über 200 Lagerteilnehmern besetzte Befreiungs-Ungeheuer wieder ab, dem die Ratlosen noch lange nachschauten.

Im AzJ- Camp wurde die Befreiung gefeiert und ich denke, noch heute haben nicht alle erkannt und begriffen, wie die Dinge gelegen und sich entwickelt haben.

Diese Inszenierung hat bei allen Beteiligten für interessante und erlebnisreiche Stunden gesorgt, wert erzählt und weitergegeben zu werden.

Der Gedanke „Bannerklau, fair und sauber" hat also viele Facetten. Er sorgt für Vorsicht und Aufsicht im Lager, stimuliert die Phantasie aller beteiligten Gruppen bis zum jüngsten Lagerteilnehmer und stärkt die Philosophie der Gemeinschaft.

Und wenn ich so begeistert davon berichte, dann weißt Du als mein Pfadfinderfreund ganz sicher, dass diese Erlebnisse ein kleiner Beitrag dazu sind, auf dem Weg des Pfadfinders, auch mit zunehmender Zahl der Lebensjahre nicht ganz erwachsen zu werden.

Denk einmal jetzt an die Geschichte von Peter Pan. An anderer Stelle darüber mehr.
Bannerklau, fair und sauber ist also eine Art Wettkampf unter Gleichen. Er ist immer nur dazu da, den anderen zu etwas abenteuerlichen Erlebnissen zu verhelfen, damit sie etwas zu berichten und zu erzählen haben. Dabei erkennen alle Beteiligten ihre Stärken und Schwächen. Weiter lernen sich Menschen durch Aktion kennen und oft werden dadurch intensive Bindungen und Verbindungen hergestellt.
Ohne Aktion ist das Leben langweilig, es plätschert so vor sich hin. Seht sie euch an, diese armen, gelangweilten Menschen, ohne Abenteuer.
Hilf Du mit, Dir und Deinen Freunden das Leben mit Abenteuern zu würzen.

Der Nutzen des Pfadfindertums für die Gesellschaft

Wenn ich der Bürgermeister einer Gemeinde wäre, gleichgültig ob von einem Dorf oder einer Stadt, so würde ich mich sehr intensiv um die Jugendarbeit kümmern, denn jeder dort sinnvoll ausgegebene Euro spart in der Zukunft erheblich größere Summen.
Dabei würde ich die Abteilungen meiner Behörden, die für die Jugend zuständig sind und die es ja überall gibt um sich mit diesen Aufgaben zu befassen, durch Schulung und Ausbildung sensibilisieren.
Gute Jugendarbeit ist breit gefächert und wird vielfältig angeboten. In fast allen Fällen beschränkt sie sich jedoch auf nur einen Teil menschlicher Möglichkeiten. Ob nun mehr dem körperlichen oder musischen zugewandt, immer oder meistens geht es um eine Sportart oder eine Ausübung im Bereich der Freizeit, der Unterhaltung und Kultur.
Mir ist keine Kinder- und Jugendbewegung bekannt, die so wie das Pfadfindertum den ganzen Menschen umfasst und die außerdem auch noch weltweit tätig ist.

Leider blüht diese Wunderblume meist ganz bescheiden und verdeckt im Hintergrund.
Es ist unser aller Aufgabe, diesen Zustand zu ändern und bessere und effektivere Aufklärungsarbeit zu betreiben. Nicht um selbst zu glänzen, sondern um der Öffentlichkeit und vor allen Dingen den zuständigen Behörden die Möglichkeiten zu eröffnen, die ihnen in der pfadfinderischen Jugendarbeit zur Verfügung stehen.
Diese Behörden fragen sich nämlich schon immer und heute ganz besonders, was sie nur tun können, um die großen Probleme, die sie mit den Kindern und Jugendlichen haben, in den Griff zu bekommen.
Angesichts einer perspektivlos scheinenden Generation von arbeitslosen oder aus der Schule in die Arbeitslosigkeit hineinwachsenden und unterprivilegierten Jugend, die zur Gewalttätigkeit und Kriminalität neigt und außerdem ein leichtes Opfer linker oder rechter Agitatoren ist, mag mein Ansatz naiv und weltfremd erscheinen.
Jedoch werden die Probleme nicht dadurch gelöst, dass der Staat die jungen Menschen bestraft und sie einsperrt. Daraus entwickelt sich nur ein neuer Bodensatz der Gesellschaft.
Aus einer Statistik ist bekannt, dass die Kriminalitätsrate der Jugendlichen, die in eine gute Jugendarbeit aus Vereinen und Verbänden eingebunden sind, verschwindend gering ist.
Auf das Pfadfindertum nach Baden-Powell bezogen dürfte sie sich gegen 0 Prozent bewegen.
Wenn das keine Argumente sind für Eltern, Erzieher und Behörden, dem Pfadfindertum in ihren Kommunen wohlwollend und unterstützend zu begegnen.
Aber zuerst müssen die Menschen aufgeklärt werden. Das ist Eure Aufgabe als erwachsene Pfadfinder. Wie man einen Pfadfinderstamm gründet, habt Ihr bereits in einem anderen Kapitel vorher gelesen. Wie man einen Stamm erfolgreich führt, will ich hier noch einmal kurz anführen.
Die Stammesleiterrunde trifft sich mindestens einmal im Monat zum vereinbarten Termin, wie beispielsweise immer am ersten Dienstag um 19Uhr30 im Pfadfinderheim. Dort werden, unter Führung des Stammesmeister, alle anstehenden Fragen erörtert, Schwerpunkte der gemeinsamen Unternehmungen besprochen auf Stammes- wie auch

auf Bundesebene oder überbündischen Aktionen. Die Leiter der Sippen bringen ihre Probleme vor und erhalten alle Hilfe und Unterstützung aus der Gemeinschaft der Freunde.
Aufgaben sind verteilt für verschiedene Schwerpunkte z.B. Sammelbesteller, Chronik, Öffentlichkeitsarbeit, Lagermaterial und je nach Bedarf im Stamm.
Obwohl ich sehr für ein eigenes und abgesichertes Innenleben des Pfadfindertums bin, sollte die Öffentlichkeit so viel erfahren wie nötig ist, den unschätzbaren Wert des Pfadfindertums für die Gesellschaft zu erkennen. Damit meine ich, dass eine Einflussnahme von Behörden und ihren Organen in die örtlichen und natürlich auch überregionalen Gruppen der EPG unbedingt ausgeschlossen sein muss, dass es aber den Wunsch nach dem hilfreichen Einsatz des Pfadfindertums für die Jugend vor Ort zu erwecken gilt.
Dazu müssen die genannten Personen und Gremien Einblick in unser Schrifttum erhalten.
Bei ausreichendem Interesse und der nötigen Intelligenz wird ihnen der Kern unserer positiven Aussagen nicht verborgen bleiben. Hinzu kommen können interne Gespräche Eures Stammesvorstandes mit den Spitzen kommunaler Vertreter und natürlich den Eltern vor Ort.
Bevor ich einige Tipps für eure Vorgehensweise mit der angestrebten Zielgruppe von Kindern und Jugendlichen geben möchte, hier noch einmal das, was nicht sein darf. Ich erzähle es an einem Beispiel.
Wir stellen uns vor, dass seit vielen Jahren an der Mosel ein internationales Pfingstlager stattfinden würde. Bei Lageranfang würde die Blaskapelle der Gemeinde fröhliche Weisen zum Besten geben. Die Eröffnungsrede hielte der Bürgermeister, möglicherweise die Weinkönigin im Schlepptau. Touristenattraktion mit eingeplant.
Kai würde in seinem Grab zu randalieren anfangen. Alles verstanden? Sehr gut!
Oder die Artikel über sogenannte Pfadfinderleiter, die sich in ihrem Ort als Gurus breitgemacht haben, aus allen Verbänden ausgetreten sind und den Namen Pfadfinder missbräuchlich für ihren eigenen Nutzen einsetzen. Der Name ist ja nicht geschützt, aber es gibt doch wohl unter zivilisierten Menschen den Begriff wenigsten von Anstand.

Häns Brog, unser Ehrenmitglied, hat mehrfach das Bundesverdienstkreuz abgelehnt, das ihm für seinen großen Einsatz für die Jugend überreicht werden sollte. Er sei nur Pfadfinder. Dafür wolle er keinen Dank und keine öffentliche Anerkennung.
Erkennt Ihr den Unterschied von Dienen und sich bedienen? Sehr Gut!
Was also muss vor Ort getan werden, um den Nutzen des Pfadfindertums für die Gesellschaft zum Tragen zu bringen? Wie könnt Ihr in schwierigen Regionen vorgehen? Nicht überall ist guter Wille vorhanden. In den Ballungsgebieten wird es schwieriger sein wie auf dem Land.
Nehmen wir uns also hier nicht den leichtesten Fall vor, sondern den schwierigsten.
Ein Stadtteil voller unterprivilegierten, meist arbeitslosen Familien. kinderreich, arm und leicht asozial. Alkohol, Hass, Gewalt aufgebaut aus Armut, Existenzangst und Milieu.
Fangt im Kindergarten an und geht in die Grundschule. Die Kleinen sind noch leicht zu gewinnen. Dann die älteren Kinder aus der Hauptschule. Hier müsst Ihr schon etwas bieten, um sie wenigstens zu interessieren. Aber auch in der Pfadfinderstufe solltet ihr es versuchen. Der eine oder andere wird froh sein, für ein paar Stunden der Tristess entfliehen zu können.
Baden Powell hat es uns vorgemacht, denn das England seiner Zeit und die Industrienationen seiner Welt waren auch zutiefst gezeichnet vom unterprivilegierten Proletariat.
Einige ganz alte Fahrtenlieder singen noch heute von der Aufbruchstimmung dieser Zeit.
Aus grauer Städte Mauern ziehn wir durch Wald und Feld heißt es da, oder die grauen Nebel hat das Licht durchdrungen, und die düstren Tage sind dahin, wir sehen eine frohe Schar von Jungen, an der lauten Stadt vorüberziehn.
Allein was zählt, ist der Mensch, dem als Kind oder Jugendlichen geholfen werden muss.
Das Pfadfindertum nach Baden-Powell hat die probaten Rezepte dazu.

Ihr müsst der Tatenlosigkeit, der Langeweile und dem Gefühl nicht gebraucht zu werden entgegenarbeiten. Alle werden gebraucht und alle sind brauchbar.
Verbringt soviel Zeit mit Euren Leuten draußen in der frischen Luft als nur möglich. Setzt alle Möglichkeiten des Pfadfindertums für sie ein. Die Tipps dazu stehen im Schrifttum der EPG.
So werdet Ihr mit viel Liebe und Verständnis etwas wunderbares bewegen können, auch für euch selbst. Versucht es und ihr werdet staunen. Wer Hilfe braucht, wendet sich an das Bundesamt der EPG oder die EPG Geschäftsstelle.
Wäre ich ein Bürgermeister, ein Politiker, ein Abgeordneter oder gar ein Minister, dann wüsste ich mir mit der Jugend zu helfen.
Du auch?
Prima!
Dann haben wir uns verstanden!

Das Leben ist ganz einfach

So ganz langsam kommen wir an das Ende dieses Buches und deshalb will ich unter diesem Titel des letzten Kapitels eine Art Resümee wagen. Kritiker werden sagen, wie kann einer kommen und behaupten, das Leben sei ganz einfach. Der hat ja auch schon alles hinter sich höre ich sie höhnen, während sie dir als möglicherweise noch von den Jahren her jungen Menschen die Probleme des Lebens und der Zeit vor Augen halten. Da können viele Dinge angeführt werden. Aber dem entgegen halte ich das, was du in diesem Buch gelesen und vielleicht ja auch als Anstoß für Deine Weiterentwicklung in dich aufgenommen hast.

Wir müssen eine Gegenüberstellung machen, wodurch das Leben „nicht einfach" abläuft und was der Grund ist für die Behauptung, das Leben sei „ganz einfach".

Du belügst deine Eltern, Lehrer, Kollegen und Vorgesetzte und verstrickst dich in ein Netz selbstgeschaffener Probleme. Du bist ehrlos, keiner traut dir über den Weg und man meidet dich. Selbst wenn es dir dann vielleicht auch nicht so erscheint, aber es ist so.

1. **Auf deine Ehre kann man unerschütterlich bauen. Welch ein Satz und was für eine tiefe Bedeutung. Es spricht sich herum, dass man sich auf dich verlassen kann. du arbeitest nicht mit Tricks, auch dann nicht, wenn es ganz sicher nicht bemerkt würde.**

Du bist untreu in jeder Beziehung, spottest über Gott und die Welt, bist für Geld bereit alles zu tun deines Vorteils willen. Du scheust vor nichts zurück, auch nicht wenn es zu deinem Nutzen auf Kosten anderer geht. Kein Mensch mag solche Typen, allenfalls müssen sie ertragen werden.

2. **Du bist dir und deinen Entscheidungen treu, ohne wenn und aber. Das macht dich selbstsicher und kalkulierbar. Man weiß, dass du verlässlich bist und arbeitet gerne mit dir zusammen.**

Wenn einer von Dir Hilfe erwartet, hat er Pech gehabt. Oder er muss tief in die Tasche greifen und dafür zahlen. Ohne Moos nichts los. Das wäre ja noch schöner. Dir schenkt doch auch keiner was. Unverschämt, die wollen alle was von dir. Einsam bleibst du und wunderst dich, wenn andere fröhlich und glücklich sind.

3. **Du bist hilfsbereit. Kompromisslos stehst du für andere ein, erwartest dafür nichts. Es ist ganz einfach aus deiner tiefsten Überzeugung heraus so. Selbst wenn du merkst, dass da einer von der schlauen Sorte ist und dich ein wenig auszunutzen versucht, du lächelst darüber. Einen Menschen wie dich kann man gebrauchen. Dir würde man auch gerne weiterhelfen.**

Freundschaft ist für dich ein echtes Fremdwort. Brüderlichkeit, vielleicht sogar gegenüber Ausländern, eine Zumutung. Wie kannst du einen mögen, der im Knast war, der ein anderes Aussehen hat wie du oder so ein blödes Kind – einen schlaueren Mitschüler – einen behinderten Krüppel oder einen nutzlosen Alten. Das ist ja wohl das Letzte. Du armer Wicht. Mit so einem wie dir kann man wirklich nur Mitleid haben. Du kennst die Wechselwirkung von Geben und Nehmen nun wirklich nicht.

4. **Du bist Freund, Bruder oder Schwester, bedingungslos. Überall wo du bist, empfindet man deine angenehme Art und freut sich, denn du vermittelst in allen Lebenslagen. Wer dich zum Freund hat, kann froh sein. Weltoffen stehst du über allem, was für den Nächsten schädlich wäre.**

Warum solltest du höflich sein, denn für Geld bekommst du doch alles. Alles ist käuflich. Dafür braucht man sich nicht zu bemühen. Ritterlichkeit ist für dich ein Begriff aus den Sagen und Märchen der Ritterzeit und heute gelten die Gesetze des Marktes, also raus mit den Ellbogen. Ob Du auch Liebe und echte Zuneigung für Geld bekommst?

5. **Du bist höflich und ritterlich. Es ist einfach so. Zu dir kann jeder kommen. Du machst keine Unterschiede. Dir kann man sich anvertrauen. Mit dir kann man „Pferde stehlen“ und auch allein sein, wenn es dunkel wird. Höflichkeit ohne**

Arroganz und Ritterlichkeit als Lebensprinzip sind deine bemerkenswerten und liebenswerten Kennzeichen.

Umwelt-, Natur-, Tier- und Pflanzenschutz sind für dich Dinge, um die sich andere kümmern sollen. Du wirfst weiter deinen Dreck aus dem Autofenster oder in den Wald. Gelingt es dir, auf der Straße ein Tier zu überfahren, hast du daran große Freude und sprichst auch gerne stolz darüber. Du hast vergessen, dass auch du ein Teil dieser wunderbaren Natur bist.

6. **Du bist ein Freund der Lebewesen, der Umwelt und Refugien, in denen sie sich zur Freude und auch zum Nutzen aller artgerecht entfalten können.**
   Überall wo Tiere gequält und falsch behandelt werden, setzt du dich für sie ein.
   Der Schutz der Umwelt ist dir ein echtes Herzensanliegen, kompromisslos und unnachgiebig.

Selbstloses Dienen ist für dich etwas, worüber du nur lachen kannst. Den Begriff Dienen beziehst du lediglich auf bezahlte Dienstleistungen. Wer etwas ohne Bezahlung tut, ist für dich ein weltfremder Spinner. Dir hat keiner etwas zu sagen und deshalb gilt für dich und alles um dich herum nur deine Meinung. Gehorchen sollen andere nur dir. Du bist ein Machtmensch, quengelig, unangenehm und unbeliebt.

7. **Du bist ein Mensch, der das Ehrenamt z.B. in der Jugendarbeit für bedeutungsvoll hält und bereit, dich freiwillig und uneigennützig zu Engagieren und einzuordnen. Du willst durch deinen Einsatz mithelfen, die Mitwelt in der Freizeit von Menschen zu gestalten um deren Nischen und Freiräume auszubauen. Dadurch können sich diese entfalten und ihre Lebensqualität steigern. Das macht auch dich ein ganzes Stück glücklicher.**

Schlechte Laune ist dein Markenzeichen. Der Tag beginnt, verläuft und endet mit Ärger.

Alle wollen was von dir und alles geht dir auf die Nerven. Im Straßenverkehr benimmst du dich wie ein Rowdy. In der Firma schikanierst du jeden und spielst einen gegen den anderen aus. Deine Nachbarn sind zu bedauern und gehst du mal aus, wer will mit dir zu tun haben.

8. **Du bist ein fröhliches, heiteres und in Dir ruhendes Wesen. Ausgeglichen, selbstbewusst und glücklich meisterst du mit Toleranz und einem guten Maß von ausgleichender Gerechtigkeit auch schwierigere Situationen, dich selbst oder andere Menschen betreffend. Dir kann man nicht böse sein, denn du bist es ja auch nicht.**

Es gibt nichts, das dich erfreuen könnte. Das neue Auto nicht, nicht das Haus und nicht der neue Partner. Kein Geschäft ist gewinnbringend genug, damit du endlich einmal zufrieden wärst. Raffen, angeben und prahlen sind einige deiner Merkmale, die dich noch unangenehmer und einsamer machen. Um dich machen viele, wenn sie denn können, einen großen Bogen.

9. **Du bist in allen Dingen Deines Lebens maßvoll, einfach und bleibst bescheiden, gleichgültig deiner Erfolge oder Lebensumstände. Schon die kleinen Dinge des Alltags können dich erfreuen. Du gönnst allen Menschen alles erdenklich Gute, selbst wenn es dir bis dahin verwehrt geblieben sein sollte. Du weißt, das die Anhäufung irdischer Güter zwar gut und schön sein kann, das aber das Lebensziel ein ganz anderes ist.**

Vor Deinem Schandmaul ist nichts und niemand sicher. Du denkst negativ und bist es auch. Für dich ist die Flasche immer halb leer und nicht halbvoll. An Deinen Werken wird man dich erkennen.

10. **Du bist ein feinfühliger Mensch, dessen positive Gedanken sich in den Worten ausdrücken und die in den Werken und Taten sich sichtbar manifestieren.**

Die im Titel dieses Kapitels gemachte Feststellung schließt Trauer und Schmerz, Tränen und vorübergehende Verzweiflung nicht aus. Dafür sind wir alle Menschen. Wir werden nie ganz fertig sein und befinden uns auf dem beständigen Weg über Erfahrungen zur Vervollkommnung.

Um die Lebensziele zu erreichen, stehen uns auch die Möglichkeiten des Pfadfindertums zur Verfügung, die ich in diesem Buch versucht habe zu interpretieren und möglichst verständlich zu vermitteln.

Begib dich auf Deinen eigenen Weg. Wir stehen miteinander in geistiger Verbindung.
Vielleicht begegnen wir uns,
wenn wir in Freiheit und Liebe,
Schönheit und Harmonie,
Freude und Fülle,
den „Königsweg" der „Erfüllung" gefunden haben.

Weiterhin erschienen im Georgsburgverlag

Da verbringen junge Leute, Scouts aus der Nähe von Paris, die Herbstferien in einem Pfadfinderlager im westlichsten Zipfel Europas - der Bretagne - und erleben Abenteuer, von denen sie nicht einmal zu träumen gewagt hätten.
Nur durch ihre gute Ausbildung und innere Einstellung gelingt es ihnen, mit den Ereignissen einigermaßen Schritt halten zu können.
Ob der Titel über dem letzten Kapitel mit einem Fragezeichen versehen werden muss oder ob die Worte, anders angeordnet, mit einem Ausrufezeichen bedacht werden können, erfahren die Leser in diesem kleinen Büchlein über „Das Fahrtenabenteuer in der Bretagne".

Günther Alsbach
Die Nacht im Chateau
Das Fahrtenabenteuer in der Bretagne
Jugend-Roman
1. Auflage 2002
Georgsburgverlag

ISBN 3-8311-3440-5

SCOUTING THE BEST FOR YOU AND THE WORLD

E G P